Cuerpos disidentes del México imaginado

Cultura, género, etnia y nación más allá del proyecto posrevolucionario

Rosana Blanco Cano

Colección nexos y diferencias

Estudios culturales latinoamericanos

Enfrentada a los desafíos de la globalización y a los acelerados procesos de transformación de sus sociedades, pero con una creativa capacidad de asimilación, sincretismo y mestizaje de la que sus múltiples expresiones artísticas son su mejor prueba, los estudios culturales sobre América Latina necesitan de renovadas aproximaciones críticas. Una renovación capaz de superar las tradicionales dicotomías con que se representan los paradigmas del continente: civilización-barbarie, campo-ciudad, centro-periferia y las más recientes que oponen norte-sur y el discurso hegemónico al subordinado.

La realidad cultural latinoamericana más compleja, polimorfa, integrada por identidades múltiples en constante mutación e inevitablemente abiertas a los nuevos imaginarios planetarios y a los procesos interculturales que conllevan, invita a proponer nuevos espacios de mediación crítica. Espacios de mediación que, sin olvidar los nexos que histórica y culturalmente han unido las naciones entre sí, tengan en cuenta la diversidad que las diferencian y las que existen en el propio seno de sus sociedades multiculturales y de sus originales reductos identitarios, no siempre debidamente reconocidos y protegidos.

La **Colección nexos y diferencias** se propone, a través de la publicación de estudios sobre los aspectos más polémicos y apasionantes de este ineludible debate, contribuir a la apertura de nuevas fronteras críticas en el campo de los **estudios culturales latinoamericanos.**

Cuerpos disidentes del México imaginado

Cultura, género, etnia y nación más allá del proyecto posrevolucionario

Rosana Blanco Cano

Iberoamericana • Vervuert • Bonilla Artigas • 2010

© Iberoamericana, 2010
Amor de Dios, 1 – E-28014 Madrid
Tel.: +34 91 429 35 22
Fax: +34 91 429 53 97
info@iberoamericanalibros.com
www.ibero-americana.net

© Vervuert, 2010
Elisabethenstr. 3-9 – D-60594 Frankfurt am Main
Tel.: +49 69 597 46 17
Fax: 49 69 597 87 43
info@iberoamericanalibros.com
www.ibero-americana.net

© Bonilla Artiga Editores, S.A. de C.V.
Cerro Tres Marías, 354
Col. Campestre Churubusco 04200
México D.F.

ISBN 978-84-8489-509-1 (Iberoamericana)
ISBN 978-3-86527-574-5 (Vervuert)
ISBN 978-607-7588-25-2 (Bonilla Artigas)

Depósito Legal: M-25512-2010

Diseño de cubierta: Carlos Zamora
Ilustración de cubierta: La Monja coronada (Archivo Visual de las Artes Escénicas de México)
Impreso en España
The paper on which this book is printed meets the requirements of ISO 9706

Índice

Introducción 7

Capítulo 1
Maternidad, arte y ciudadanía: proyecto *¡Madres!* del grupo Polvo de Gallina Negra (Maris Bustamante y Mónica Mayer) 33

Capítulo 2
De cuerpos e historias: el cabaret de Astrid Hadad y la narrativa de Carmen Boullosa 71

Capítulo 3
Geografías de poder y ciudadanía desde Chiapas: teatro y activismo social de Fortaleza de la Mujer Maya (FOMMA) 115

Capítulo 4
Negociaciones con la espectacularidad nacional oaxaqueña en las producciones visuales de Martha Toledo y Yolanda Cruz 157

Reflexiones finales 201

Bibliografía 213

Introducción

"Bajo la mortaja de las leyes humanas, duerme la masa mundial de mujeres, en silencio eterno, en inercia de muerte, y bajo la mortaja de nieve son las Iztacíhuatl".

(Nahui Olin)

Cuerpos disidentes del México imaginado. Cultura, género, etnia y nación más allá del proyecto posrevolucionario analiza la producción literaria, visual y de performance de mujeres artistas quienes, con sus propuestas, han creado, desde la década de los ochenta hasta el día de hoy, espacios de expresión y poder, así como nuevos significados culturales. A través de obras que rebasan las disciplinas artísticas tradicionales Polvo de Gallina Negra (formado por las artistas Maris Bustamente y Mónica Mayer),[1] Astrid Hadad (artista de cabaret-performance),[2] Carmen Boullosa (escritora),[3] Fortaleza de la Mujer Maya (fundado por las dramaturgas Petrona de la Cruz Cruz e Isabel Juárez Espinosa),[4] Martha Toledo (fotógrafa) y Yolanda Cruz (cineasta) reconfiguran los límites de la comunidad imaginada[5] mexicana posrevolucionaria al revisar las

[1] Para una reflexión sobre las trayectorias de Bustamante y Mayer véase Mayer (2004) y McCaughan (2003).

[2] Trabajos dedicados al análisis de la obra de Hadad son: Gutiérrez (2000) y Constantino (2003).

[3] Un estudio relevante sobre la vertiente histórica de Boullosa y otras narradoras mexicanas es Seydel (2007).

[4] Véase Steele (1994).

[5] Este libro retoma el concepto de nación como comunidad imaginada propuesto por Benedict Anderson: "[The nation] is *imagined* because the members of even the smallest nation will never know most of their fellow-members, meet them, or even hear of them, yet in the minds of each lives the image of their communion. [...] Finally, it is imagined as a *community*, because, regardless of the actual inequality and exploitation that may prevail in each, the nation is always conceived as a deep, horizontal comradeship. Ultimately it is this fraternity that makes it possible, over the past two centuries, for so many millions of people, not so much to kill, as willingly to die for such limited imaginings" (1991: 6-7).

prácticas, rituales y sentimientos que cotidianamente se repiten para encarnar o desencarnar discursos reguladores de identidades en relación a la nación, el género, la etnia, entre otras figuras simbólicas. Analizar críticamente los trabajos de este grupo de artistas, que representan apenas una muestra del rico trabajo que se produce contemporáneamente, es una tarea urgente, pues sus producciones incitan a la reflexión sobre dinámicas que siguen demarcando una mayor o menor agencia sociocultural, económica y política para las subjetividades femeninas e indígenas en el México contemporáneo (trans)nacional. Examinar estas obras a la luz de perspectivas como los estudios culturales, los estudios de género y de performance, la filosofía del nacionalismo, entre otros campos, invita a formular las preguntas: ¿dónde comienza México?, ¿dónde termina?, ¿quién y a través de qué prácticas se define lo mexicano?; asimismo, ¿cuáles son los límites del cuerpo discursivo femenino mexicano?, y, en definitiva, ¿las experiencias de género e identidad cultural en el México contemporáneo están en correspondencia con la democratización esperada en los ámbitos políticos o contradictoriamente responden a discursos lacerantes y prácticas coercitivas que insisten en controlar el cuerpo femenino para así asegurar la estabilidad de la comunidad imaginada mexicana? Las producciones culturales que interesan a esta investigación han propuesto, desde posiciones diversas, experiencias alternativas del ser mujeres mexicanas, evidenciado la pluriculturalidad del género y de lo mexicano a través de estilísticas innovadoras que dan representación a nuevas identidades culturales.

Si durante las décadas de consolidación de la cultura posrevolucionaria (1920-1950 aproximadamente)[6] se promovió una actitud nacionalista, falocéntrica y celebratoria del triunfo de la Revolución en varias de las corrientes dominantes —como la novela de la Revolución; el movimiento muralista, financiado por iniciativas gubernamentales; las iniciativas para recuperar ritmos y danzas regionales de México; o el desarrollo de la industria cinematográfica— hubo también desde estos años definitorios disidencias artísticas hacia los estilos y temáticas auspiciados por iniciativas representantes del espíritu posrevolucionario. Grupos como los Contemporáneos buscaron el desarrollo de una literatura fuera de la tutela ideológica y temática de la Revolución, evocando el universalismo del entonces ya extinto Ateneo de la Juventud; figuras como Cantinflas trasladaron el espíritu disidente y car-

[6] Una reflexión sobre los géneros artísticos y figuras clásicas del período de consolidación cultural posrevolucionaria es Monsiváis (1978 y 1992).

navalesco de las carpas a las pantallas cinematográficas; y actores como Tin Tán presentaron un discurso e identidad cultural transnacional en su trabajo, fortaleciendo de este modo canales alternativos de expresión que más tarde han sido recuperados, desde sus propias perspectivas, por artistas dedicados a mostrar el carácter plural, multidiscursivo y performativo de identidad cultural mexicana. En páginas posteriores de esta introducción, se analiza en particular la disidencia de productoras culturales mexicanas durante este período de consolidación de la cultura posrevolucionaria. Reconocer las disidencias propuestas por este reducido grupo de artistas permite una mayor comprensión de las estrategias discursivas que algunas productoras contemporáneas han empleado con la finalidad de reconfigurar cuerpos y significados en el entramado cultural mexicano.

Como sugiere Carlos Monsiváis, después de 1968 se estrena el ejercicio de la ciudadanía en México,[7] dinámica que se refleja en las décadas posteriores a través de la crítica a los modelos de género tradicionales, para así proponer familias y narraciones alternativas de la nación. Desde la década de los setenta se han desarrollado formas artísticas y temáticas que atentan directamente contra discursos definitorios de la estabilidad de la comunidad imaginada tanto dentro como fuera de las fronteras geopolíticas del país. Destacan en los trabajos que este libro analiza —producidos entre 1983 y 2006— líneas de producción cultural que expresan inconformidad a repetir los mitos fundacionales del proyecto de consolidación nacional posrevolucionaria. Entre los sistemas simbólicos que estas productoras culturales reconfiguran, mostrando la interdependencia entre los diversos mecanismos y prácticas productores de significado, se encuentran la maternidad sagrada como base de la gran familia mexicana;[8] la historia entendida como una narrativa organizadora de lo nacional (Rosales/Béjar 1999: 46);[9] y las geografías centralistas que propusieron lo mestizo como modelo ideal de ciudadanía,[10] las mismas que han definido lo mexicano a través de la creación de fronteras culturales que excluyen a grupos disonantes de la mexicanidad

---

[7] Véase Monsiváis (1999).

[8] Para una reflexión sobre las mitologías de la maternidad como misión femenina posrevolucionaria, véase Lamas (1995).

[9] Véase el análisis de la historiográfica mexicana y su función como mito definitorio de la estabilidad nacional de Florescano (2000).

[10] Como sugiere Jean Franco, el régimen posrevolucionario enarboló la figura de la virilidad como símbolo de revolución y transformación social. De aquí que, aunado a la revaloración de lo mestizo como auténticamente mexicano, se definiera al ciudadano por excelencia como masculino y mestizo. Véase Franco (1990).

hegemónica como los indígenas, las identidades genéricas emergentes, las comunidades transnacionales, entre otros.[11]

Perspectivas de análisis cultural: género y nación en México

Cuerpos disidentes es el primer trabajo multidisciplinario que da continuidad a la investigación propuesta por Jean Franco en *Plotting Women: Gender and Representation in Mexico* (1989). A través de un análisis de prácticas simbólicas y ejercicios institucionales, así como su relación con metanarrativas históricas, Franco examina múltiples canales de disidencia de mujeres que, desde el período colonial hasta finales del siglo XX, tramaron estrategias discursivas para tener acceso al poder interpretativo. Entre las figuras analizadas por Franco destacan Sor Juana Inés de la Cruz, monjas místicas reguladas por el espacio del convento, figuras divergentes del texto y espacio religioso como Ana de Aramburu, escritoras como María Enriqueta y la labor educativa de Laura Méndez de Cuenca. La pesquisa de Franco termina analizando figuras ya inscritas en el régimen posrevolucionario que, como sus predecesoras, fueron o poco reconocidas o controversiales por salir de los límites impuestos a su género en los ámbitos culturales y sociales de su tiempo.

La idea original de *Cuerpos* era dar continuidad a la tarea de Franco: analizar producciones literarias que, a finales del siglo XX y comienzos del nuevo milenio, mostraran estrategias disidentes de intervención e interpretación cultural desde las voces de mujeres enmarcadas en el mapa cultural mexicano. Sin embargo, durante los años de investigación aparecieron como ejes ordenadores cuestiones teóricas, artísticas, políticas y vivenciales que transformaron la naturaleza de esta investigación, siendo más orgánico para el estudio de la producción cultural de mujeres enmarcadas en el mapa cultural del nuevo milenio un marco transdisciplinario que mostrara no sólo las estrategias discursivas disidentes, sino también los nuevos medios formales a través de los cuales las artistas contemporáneas están planteando sus intervenciones críticas, dando énfasis al cuerpo femenino como vía privilegiada de expresión y reconfiguración de significados culturales. En este sentido, reflexionar sobre la propia posición como investiga-

---

[11] Para un análisis de los discursos definitorios de las geografías de lo mexicano hegemónico véase Florescano (1997).

dora, en tanto que mujer mexicana ubicada en un espacio transnacional, ha sido de vital importancia para concebir propuestas analíticas que buscan descentrar las esferas culturales dominantes como territorios privilegiados de enunciación cultural.

La perspectiva transdisciplinaria, que en este libro se percibe desde la perspectiva teórica que se adopta y en la naturaleza de las propias obras analizadas, permite concebir nuevas categorías de análisis, así como nuevos horizontes de comprensión de la producción cultural. El examen crítico que este libro propone, que de ninguna manera se considera exhaustivo sino exploratorio, se enfoca en los modos de representación de los discursos que construyen una jerarquización de los cuerpos con género en los entramados sociales, y cómo es que la diferencia sexual sigue constituyendo la base para la desigualdad y falta de participación cultural para las mujeres y otros grupos invisibilizados: las comunidades indígenas, las identidades genéricas emergentes y divergentes de la tradición, así como las nuevas identidades culturales resultantes de los complejos fenómenos migratorios que caracterizan la experiencia actual de la mexicanidad transnacional. Así, estas obras representan la posibilidad de reflexionar —y concebir intervenciones políticas— sobre las condiciones que en México siguen demarcando mayor o menor agencia sociocultural para gran parte de la ciudadanía.

A través de un marco de análisis con perspectiva múltiple ha sido también posible analizar cómo estas obras discuten la producción y posicionamiento de las subjetividades en el texto social, las mismas que se derivan de las intersecciones entre categorías como nación, identidad nacional, género, clase social, origen étnico, entre otros factores. Por nación se han adoptado las propuestas de Bendict Anderson, quien la define como una "imagined political community [that is] imagined as both inherently limited and sovereign. It is *imagined* because the members of even the smallest nation will never know most of their fellow-members, meet them, or even hear of them, yet in the minds of each lives the image of their communion" (1991: 6-7). Analizar textos inconformes con los sistemas que se imaginan como nacionales, obliga a incorporar otras discusiones sobre los conceptos de nación que, como propone Homi Bhaba (1990), ha sido narrada metafóricamente a partir de mitos que se conjugan compulsivamente para buscar una unidad básica que otorgue coherencia y homogeneidad. Sin embargo, la ambigüedad y artificialidad de estos textos queda en evidencia a partir de dos elementos intrínsecos la constitución de los mismos: por una parte están los sistemas que anteceden a determinado proyecto y por otro su intrínseco carácter temporal (Bhaba 1990: 3-4).

En cuanto a la comprensión de la identidad nacional mexicana, este trabajo adopta la perspectiva propuesta por Héctor Rosales y Raúl Béjar quienes definen que

> la identidad mexicana no es algo que ya esté dado como realidad cristalizada y acabada, sino que, en cuanto realidad compleja, sólo es pensable dándose en un proceso de construcción y reconstrucción permanente que integra especialidades y temporalidades plasmadas en proyectos múltiples, contradictorios y en permanente confrontación, negociación, consenso, fragmentación y recomposición. Este enfoque permite liberar la imaginación de los discursos hechos y de las seguridades que ofrece pensar en lo nacional como intemporal o inamovible (1999: 30).

La identidad nacional, enmarcada dentro de las expresiones del nacionalismo, constituiría entonces un conglomerado de construcciones simbólicas que intervienen en la formación, interpretación y transformación de lo nacional (Rosales/Béjar 1999: 46) y de las subjetividades que se definen como mexicanas. En este sentido, como sugiere Estela Serret, "el nacionalismo es un fenómeno de significación, pero que está acotado históricamente por la conjunción de elementos (económicos, topográficos, políticos, culturales) que proveen al referente de la nación una fuerza simbólica para la construcción de identidades colectivas en ese contexto" (1999: 253). De aquí que resulte también pertinente recordar que la formación de la subjetividad, depende en su constitución de las intersecciones entre múltiples factores como el género, nivel educativo, etnia, edad, entre otros que a su vez producen una posición particular en la escala social (Serret 1999: 40). La obra de José Manuel Valenzuela Arce *Impecable y diamantina. La deconstrucción del discurso nacional* (1999), ha sido invaluable para comprender los mecanismos discursivos del nacionalismo previo y posterior a la Revolución que, en aras de sustentar su legitimidad, formuló una comunidad imaginada estable y uniforme a partir de la producción y regulación de subjetividades femeninas e indígenas que cumplieran la función de matrices de mexicanidad. Sin embargo, como sugiere este crítico, estos dos principios fundacionales de la mexicanidad han estado presentes en la vida nacional a partir de su constitución discursiva y retórica y nunca como agentes históricos, políticos y económicos. De aquí que analizar producciones con poder de agencia cultural para estos grupos históricamente excluidos sea de vital importancia para los estudios culturales del México contemporáneo.

En cuanto al estudio de las relaciones entre el género y la identidad cultural han sido relevantes las propuestas de Estela Serret, quien define al géneroro como una construcción "simbólica" basada en la estructuración de componentes inseparables, masculino-femenino, que "cumplen una función como polos ordenadores" (1999: 243) y crean dinámicas que siguen la discursividad cultural. De acuerdo a esta crítica la simbología de género asigna comportamientos idealmente representados que determinan, a su vez, valencias jerárquicas que en muchos de los casos definen lo masculino como positivo, poderoso y cultural, *versus* lo femenino, que se define en oposición como negativo, pasivo y natural. En palabras de Serret "la identidad de género, culturalmente construida, se estructura a partir de una organización simbólica que sirve de referente para la asunción de identidades colectivas y particulares que, por principio, parten de una jeraquización entre lo femenino y lo masculino" (1999: 245). La organización simbólica, cargada de referentes reconocidos en el imaginario mexicano, se ha considerado la base para construir, reproducir y regular el género a partir de la intervención de instituciones como la familia, la Iglesia, el Gobierno, la escuela, entre otras, que tendrán a su cargo la repetición de símbolos, mitos, festividades, para así encarnar en los propios cuerpos las categorías de género y nación. Como sugieren Sara Radcliffe y Sallie Westwood, los estados-nación modernos han dependido de una serie de mecanismos de normalización para su legitimación y cumplimiento en la tarea de producir una serie de sujetos autodefinidos como nacionales: "As a modern regime of power, the state utilizes a series of 'mechanisms of normalization' that come to rest on the body and through which power relations are produced and challenged" (1996: 14-15). Retomando las ideas de Foucault (1977), Radcliffe y Westwood discuten cómo estos mecanismos, al descansar directamente sobre el cuerpo e incluso producirlo, ejercen en los individuos el efecto de encarnar la nación: es decir, se vive a la nación, se la ejecuta a partir de los comportamientos que el propio cuerpo ejerza.

De este modo las dinámicas de (de)construcción de identidades, presentes en las obras que esta investigación analiza, están íntimamente ligadas a la formación de la identidad genérica y sexual, así como a los procesos de (des)identificación de los cuerpos con las posiciones y límites impuestos por los discursos locales, nacionales y globales. Adoptar una postura crítica que muestre que los estudios de género y la sociología del nacionalismo no son excluyentes sino que están en constante intersección resulta urgente en México, pues los nacionalismos, junto con otros sistemas simbólicos, han tenido una "sustantiva historia de exclusión a las mujeres" (Gutiérrez Chong 2004: 24) y de las comunidades indígenas, practicando dinámicas discriminatorias a subjetividades que no cumplan los requisitos de ciudadanía ideal propuestos por las narrativas de consolidación nacional y ubicando a estas identidades "incompletas" como reproductoras biológicas y simbólicas de la autenticidad nacional o como símbolos significantes de diferencias nacionales (Gutiérrez Chong 2004: 25), mas no como sujetos históricos con poder de producción e interpretación cultural.

Otra propuesta crítica, y que directamente ha sido una fuente de inspiración para concebir un análisis profundo de las dinámicas y los discursos coercitivos que producen y regulan el género en México, ha sido la intervención de Debra Castillo en su libro *Easy Women: Sex and Gender in Modern Mexican Fiction* (1998). Como sugiere esta crítica, el imaginario mexicano —desde la producción del execrable y necesario mito fundacional de la Malinche y su relación con Cortés— ha definido un binomio oposicional formado por la "mujer caída" y la mujer virginal, a partir del cual se han trazado comportamientos de inteligibilidad desde los modelos que respeten el estricto territorio delimitado para la *buena* mujer mexicana. Como sugiere Castillo, pocas son las obras que han trascendido esa dinámica opresiva incluso en las representaciones literarias y culturales del siglo XX. Un principio clave del trabajo que aquí se desarrolla, será mostrar ejes narrativos que propongan modelos de representación genérica que rebasen los principios del binomio Chingua-dalupe (Castillo 1998) y que operen desde lógicas propias y disidentes de lo femenino nacional. Como sugiere Margo Glantz en su revisión de la figura de la Malinche en el imaginario nacional —y como también han incorporado tempranamente algunas artistas chicanas— las artistas contemporáneas se convierten en las hijas de la Malinche, orgullosas de continuar y revalorar la labor de interpretación e incidencia cultural iniciada por ese mítico personaje durante los años de la Conquista.[12]

Asimismo, las reflexiones provenientes del rico cuerpo crítico concebido por el feminismo chicano han sido de gran valor para reflexionar sobre la constitución de identidades enmarcadas en el mapa cultural mexicano pero disidentes, en algunos casos, de las narrativas del México imaginado posrevolucionario, particularmente a partir de su posición transnacional. Entre las obras del feminismo chicano de mayor influencia en este trabajo se encuentran las propuestas de Gloria Anzaldúa sobre el existir entre fronteras ocupando una posición otra —Nepantla— que rebasa las cartografías de los proyectos culturales dominantes tanto de México como de Estados Unidos. En este sentido, resulta de gran interés la perspectiva de análisis transcultu-

[12] Véase Glantz (1994) y Alarcón (2003).

ral (Ortiz 1940, Rama 1982, Sandoval-Sánchez/Saporta-Stenbach 2001) que facilita la comprensión de las dinámicas procesuales que intervienen en la (re)construcción de las identidades políticas cuando éstas confrontan proyectos civilizatorios que les consideran ciudadanos incompletos, como ocurre a las comunidades de origen mexicano en Estados Unidos y en las comunidades indígenas en México. Este marco de análisis resulta especialmente útil para esta investigación pues propone, además, la noción de culturas en constante transformación, las mismas que se mantienen en movimiento a partir del irrefrenable proceso de intercambio ocurrido a partir de dinámicas cotidianas como el uso de la lengua, las prácticas culturales, las relaciones con el espacio, entre otras (Sandoval-Sánchez /Saporta-Stenbach 2001: 33). De tal manera, la noción de "fronteras culturales" (Valenzuela Arce 2003: 15) ha sido de vital interés para el análisis de las obras concebidas por productoras culturales indígenas que, a comienzos del nuevo milenio, cruzan diversas fronteras culturales para lograr dinámicas de empoderamiento transcultural: fronteras de género, de etnia, de clase social e incluso de nación.

Trabajos como *La jaula de la melancolía* (Roger Bartra 1987), que propone la contradicción de los proyectos culturales y políticos modernos, y sugiere que el sujeto moderno mexicano se halla entrampado en una suerte de melancolía por los tiempos que nunca fueron, ha sido una fuente principal para comprender las contradicciones inherentes al proceso posrevolucionario como enarbolador de modernidad. Como sugiere Bartra, y como las artistas escogidas para este trabajo muestran en sus obras, regímenes políticos como el posrevolucionario mantuvieron la disparidad y parcialidad de la modernidad en las prácticas sociales que sustentan la artificialidad de categorías como "lo mexicano", impuestas a los cuerpos como medios de legitimación. La disparidad, o modernidad contradictoria, se percibe al mismo tiempo en fenómenos como la supuesta democratización del país que apenas sigue alcanzando algunas esferas de la vida cotidiana, sin poder aún incidir sobre prácticas opresivas como son las relaciones de género en el México contemporáneo y la organización económica del país. Otros trabajos, como la crítica cultural de Carlos Monsiváis, *Escenas de pudor y liviandad* (1989), así como sus diversos artículos dedicados al análisis de las identidades culturales demarcadas desde la cultura popular (el cine, la música, la televisión), han sido fuente de invaluable reflexión para concebir este proyecto. Con el afán de contribuir significativamente a los estudios culturales enfocados en estudiar las contradicciones de los proyectos nacionales mexicanos que operan en conexión a otros sistemas de producción simbólica, esta investigación da continuidad al trabajo comenzado por Franco, Béjar y Rosales, Serret, Gutiérrez Chong, Castillo, Valenzuela Arce, Anzaldúa, Sandoval-Sánchez y Saporta-Stenbach, Monsiváis, Bartra, entre otros, incorporando un eje de discusión crítica que visibiliza el valor cultural y social que las intervenciones aquí analizadas proponen.

Narraciones fundacionales de la comunidad imaginada

En sus estudios sobre las intersecciones entre nación, nacionalismo y género, Natividad Gutiérrez Chong propone tres tipos de nacionalismo que han marcado las formas de exclusión o participación de las mujeres, o de grupos que no han tenido acceso al ejercicio de su ciudadanía como son los indígenas o las clases mayoritarias. La división propuesta por Gutiérrez Chong resulta de vital interés para este estudio pues sirve de telón de fondo para organizar las obras que, examinadas en los capítulos que conforman el cuerpo del libro, muestran algunas de las rupturas hacia las narrativas fundacionales de la comunidad imaginada.

El primer nacionalismo que propone Gutiérrez Chong es aquél relacionado con las luchas de independencia. Si bien este proyecto colocó como meta principal la definición de los rasgos propios —en oposición a la visión colonial que demarcó la pertenencia o exclusión de los sujetos coloniales desde lógicas raciales y genéricas (2004: 34)— el nacionalismo independentista adoptó la idea de hermandad masculina como sinécdoque de nación, reconociendo a las subjetividades no masculinas apenas retóricamente a través de mitos imposibles de cumplir como la Virgen de Guadalupe. Figura temprana del nacionalismo independentista y la consolidación de los modelos de género “mexicano”, la patrona de México se convirtió desde entonces en emblema polivalente que incluyó a los grupos diversos que convivieron durante la Colonia concibiendo una feminidad maternal, perfecta por su irreprochable entrega a los mexicanos (en total oposición a la desdeñada Malinche, quien se ha identificado como el principio de entreguismo hacia lo extranjero). Como sugiere Estela Serret: “La génesis del mito guadalupano, coincide con —o más o menos es la síntesis de— el proceso de construcción de la nación mexicana y de su expresión imaginaria como identidad nacional” (1999: 262).

En esta época pocas son las mujeres reconocidas por su valor de interpretación cultural aunque, como sugiere Natividad Gutiérrez Chong, resulta urgente entender que a pesar de las lógicas de exclusión femenina inherentes a los proyectos nacionales mexicanos, ha habido paralelamente voces de mujeres que se han resistido a ocupar la posición pasiva y reproductora de ciudadanos y valores culturales. Un ejemplo emblemático de las estrategias discursivas del nacionalismo independentista es el papel asignado a Josefa Ortiz de Domínguez, quien entró al canon histórico sólo reconocida en su valor de transmisora de información a propósito de la organización de los insurgentes en la lucha por la independencia de México, siéndole negado su protagonismo como posible estratega y generadora de ideas liberadoras del México colonial. La exclusión de las mujeres en el México independiente se relaciona con las lógicas excluyentes del sistema colonial. Esto resulta visible cuando se piensa en el mismo papel de transmisoras de conocimientos religiosos que las monjas místicas tuvieran en la Nueva España, siendo rodeadas de confesores y editores y nunca teniendo derechos de autor, pues sus escritos formaban parte de biografías escritas por sacerdotes. De este modo, como sugiere Jean Franco en su estudio sobre las monjas místicas y sus intervenciones, "si todo esto nos parece un lugar común es porque los marginados siempre han sido utilizados como materia prima para la escritura" (1990: 29).

Como sugieren Natividad Gutiérrez Chong y Estela Serret, la formación de la identidad nacional en México está asociada con dos fenómenos interdependientes: la cohesión nacional propuesta por los proyectos decimonónicos y el triunfo de la Revolución Mexicana en 1910; esta segunda etapa de formación nacional es la que Gutiérrez Chong identifica como el segundo nacionalismo mexicano. La narración de las consolidaciones nacionales decimonónicas en Latinoamérica fue, como afirma Doris Sommer (1995), una línea caracterizada por la creación de narrativas románticas desde donde las disparidades identitarias quedarían finalmente reconciliadas a partir de la noción de un parentesco producido por el contrato amoroso, base de la comunidad imaginada. Sin embargo, desde esa compulsiva necesidad de reproducir los mitos constructores de la fantasía nacional, los nacionalismos subsecuentes al siglo XIX también usaron discursos que borraban las diferencias y asperezas entre los distintos grupos que, sin compartir un pasado histórico común, quedaron inscritos dentro de los mapas geográficos que artificialmente se han definido como las naciones. Como se propone a lo largo de esta investigación, la intervención contemporánea de los grupos silenciados por el nacionalismo a ultranza así como por otros discursos legitimadores de la comunidad imaginada sigue revelando la violencia y rigidez inherente a los ejercicios del poder que en diferentes períodos han buscado mantener la fantasía de comunidades, identidades, o grupos estables y uniformes que supuestamente se organizan desde un consenso colectivo pero que, en realidad, se basan en la imposición de un modelo dominante sobre aquello que implique diferencias.

De acuerdo a Benedict Anderson (1991), Doris Sommer (1995), Jean Franco (1989) y Marie Louise Pratt (1990), México, como heredero de la tradición ilustrada resultante de las independencias políticas de Europa, propuso la creación de un Estado moderno que reprodujera la hermandad republicana burguesa, masculina y eurocéntrica, como base de *intelligentsia* y encarnación del sujeto moderno y latinoamericano. Esta hermandad, en tanto que horizontal para concebirse como legítima, justificó el rechazo y control consecutivo de aquellas identidades que atentaran en contra del progreso y modernidad de la nación: las subjetividades femeninas e indígenas. Después de varias décadas de conflicto e inestabilidad política y social, el fin del siglo XIX significó el principio del establecimiento de mitos consolidados, primero, durante el Porfiriato y transformándose, después, con el triunfo de la familia revolucionaria. No será hasta el evidente debilitamiento y fracaso del proyecto revolucionario de las últimas décadas del siglo XX cuando los principios constituyentes de la nación republicana sean terreno de intenso debate a propósito de las urgentes reconfiguraciones que, al principio del nuevo milenio, se perciben como vía necesaria para la democratización en distintos ámbitos de la vida. La reflexión sobre el género, como principio (des)estabilizador del orden social, representa entonces un terreno privilegiado para desmantelar significados y prácticas avalados por instituciones que coercitivamente han operado en la producción y regulación de subjetividades: la autoridad patriarcal, la gran familia mexicana, la historia nacional, la religión católica, los límites del mapa cultural mexicano, los mitos del mestizaje como representación de democracia racial, la espectacularidad nacional, la exclusión de los pueblos indígenas, entre otros. En las obras que esta investigación examina, hay una profunda reflexión sobre la calidad performativa —repetitiva a través de su discursividad cultural— y temporal del género (Judith Bulter 1990), y se evidencia, asimismo, que la mexicanidad es también una categoría que, como temporal-performativa, tiene posibilidades de transformación.

Desde los márgenes del nacionalismo posrevolucionario

Identificar algunas de las estrategias de resistencia empleadas por productoras culturales involucradas en las décadas de consolidación del proyecto posrevolucionario (1920-1950) resulta de vital interés, pues han sido estas líneas tempranas las que han inspirado a artistas contemporáneas de distintas coordenadas a continuar la lucha por la interpretación y producción cultural en México. Además de servir de contexto al análisis de las obras contemporáneas divergentes de lo tradicional, revisar en breve las estrategias interpretativas ofrecidas por productoras culturales inmersas en el proyecto cultural posrevolucionario ayuda a comprender cómo sus trabajos cumplieron una doble función: mitificar y desmitificar lo nacional. Esta dinámica contradictoria dependió, en gran medida, de la falta de reconocimiento que estas artistas tuvieron como agentes históricos y culturales: para sobrevivir tuvieron que arraigar comportamientos y símbolos establecidos por el discurso nacionalista proveniente del régimen posrevolucionario; al mismo tiempo, estas artistas concibieron críticas disrupciones al propio canon o discurso de consolidación cultural que estaban reproduciendo, lo que permitió la apertura de espacios de expresión para la subjetividad femenina.

Como sugiere Jean Franco, el nacionalismo posrevolucionario "transformó a los hombres en super hombres y constituyó un discurso que asoció la virilidad con la transformación social" (1989: 140). De aquí que la incidencia de las artistas en su búsqueda por ser partícipes de la Revolución haya sido compleja y, en muchos, casos olvidada. El estudio de estas voces resulta necesario porque con sus obras estas productoras culturales rompieron con la posición de sujetos silentes y ornamentales; al mismo tiempo, sus propuestas son sitios clave para la comprensión de las intervenciones de mujeres contemporáneas que luchan por ser reconocidas como productoras culturales. Ejemplos clave de la dinámica (des)mitificante presentada por mujeres artistas del proyecto posrevolucionario, y que compartieron el destino de ser castigadas por la sociedad en la que vivieron son: Antonieta Rivas Mercado (1900-1931),[13] quien tuvo un papel clave como promotora cultural de grupos literarios como los Contemporáneos y José Vasconcelos en la década de los veinte, suicidándose en 1931; Nahui Olin (Carmen Mondragón, 1893-1978), quien encarnó el escándalo literario, pictórico y sexual a través de sus múltiples intervenciones como artista y modelo y también evidenció la hipocresía del régimen posrevolucionario con respecto a la democratización de la cultura en México,[14] siendo por su atrevimiento olvidada por las esferas culturales. Destaca la labor de Nellie Campobello (1909-1986),

[13] Para una biografía crítica de Antonieta Rivas Mercado, véase: Bradu (1991).

[14] Entre los pocos trabajos críticos dedicados a la obra de Nahui Olin destaca el de Adriana Malvido (1993).

quien escribió versiones de la historia discordantes de la narración oficial de la Revolución Mexicana como *Cartucho* (1931), teniendo asimismo una muerte trágica resultante de la indiferencia de las autoridades frente a su desaparición.[15]

Con una participación más visible en los engranajes de la cultura oficial, Frida Kahlo (1907/1910?-1954)[16] subvirtió el muralismo y el indigenismo pictórico para producir una mexicanidad, encarnada en su cuerpo femenino, adolorida y fracturada; por otra parte Kahlo propuso abiertamente una forma teatral de experimentar la mexicanidad a través de su uso del vestido y las escenografías que compusieron el paisaje de sus espacios cotidianos. Actrices como Dolores del Río (1905-1983)[17] y María Félix (1914-2002)[18] dislocaron las imágenes sumisas de la mexicanidad posrevolucionaria al transformar los papeles asignados por el magno proyecto del cine nacional de los treinta, cuarenta y cincuenta produciendo, paradójicamente, la imagen de modernidad que tanto buscaba promover el régimen posrevolucionario. Esta relación paradójica, se presenta claramente en la compleja posición de Dolores del Río como rostro emblemático de la época de oro del cine mexicano. Si bien a su regreso a México en 1943 —tras haber participado en la industria de Hollywood desde la década del veinte hasta los tempranos cuarenta— Del Río ejecutó varios de los papeles más clásicos de la producción cinematográfica de esta época —la indígena campesina, la madre abandonada, la esposa abnegada—, ella siempre mantuvo el rictus performativo de la diva de Hollywood, el que desde comienzos de su carrera le colocara como una "belleza latina" pero asociada con una imagen "sofisticada", "aristocrática", "de refinada elegancia" (Hershfield 2000: 54). Otra figura estelar de la paradójica dinámica entre tradición y modernidad en la que se suscribieron algunas mujeres en este período de consolidación cultural fue la efímera cantante y actriz Lucha Reyes (1906-1944), "de quien la XEW impulsa versiones 'bravías' y exaltadas que refrendan localismos, definiciones de la feminidad ('como buena mexicana sufriré tranquila'), jactancias y retos como decorado

---

[15] Para una reflexión de la polémica literaria y personal relacionada con la figura de Campobello véase Poniatowska (2005).

[16] Véase Monsiváis/Vázquez Bayol (1992).

[17] Véase Hershfield (2000).

[18] Popularmente conocida como La Doña, Félix también ha sido nombrada la "mujer soldado", "mujer con corazón de hombre", "devoradora de hombres" y la "hembra tremenda". Véase Taibo (2006).

del ánimo festivo" (Monsiváis 1988: 111). Emulando el campo de batalla (que literalmente pasó a ser el escenario favorito del cine de los treinta), Lucha Reyes asumió el papel de la soldadera vestida de charra, con lo que participa directamente en el movimiento de unificación nacional. Además de cumplir con su papel de pedagoga de las masas femeninas, Lucha Reyes produjo un modelo genérico que se convirtió en un revés para el proyecto de la industria cultural. En su desarrollo del estilo bravío, emulando al macho cantor, Reyes también desestabilizó los conceptos de "aceptabilidad" impuestos a los géneros. La supuesta suavidad de las señoritas porfirianas, o la pasividad de las mujeres indígenas de los murales, es sustituida con Reyes por la "moderna" mestiza que se rebela contra su medio adoptando una doble condición que la convierte en diva cinematográfica: a la vez que subvierte mitos, también los inventa y los refuerza. Se convierte en sí misma, en el mito de la cantante brava al usar una voz "de color de contralto y un matiz enronquecido" (Vinasco Piña s. a.: s. p.).

En décadas posteriores, las incidencias literarias de escritoras como Rosario Castellanos (1925-1974)[19] y Elena Poniatowska (1932)[20] fueron importantes contribuciones que mostraron una actitud abiertamente autorreflexiva y crítica hacia los discursos modeladores no sólo de la identidad nacional y genérica, sino de los estilos de la industria cultural. Siendo testigos de importantes sacudimientos a la sociedad mexicana —como el debilitamiento de la autoridad del Estado-nación desde la década de los sesenta o del movimiento estudiantil del 1968— estas escritoras se colocaron de lleno en la redefinición de los contornos de las identidades que, como se estudia en el cuerpo de esta investigación, siguen transformándose hasta nuestros días. La obra y labor de Elena Poniatowska, quien sigue incidiendo sobre la industria cultural de comienzos de nuevo milenio, representa el puente de transición hacia una postura plagada de cuestionamientos con respecto a la configuración del género, así como de los discursos que han dado legitimación al carácter nacional. Las propuestas desmitificadoras de la gran voz de la historia nacional introducidas por Castellanos y Poniatowska, así como de los mitos sustentadores de lo mexicano, han servido de base para la producción artística durante las últimas tres décadas del siglo XX y comienzos del XXI.

---

[19] La obra de Castellanos ha sido ampliamente estudiada. Destacan: López González (1991) y Granillo Vázquez (1993).

[20] Véase Jorgensen (1994).

Cuerpos disidentes a finales del siglo xx y comienzos del nuevo milenio

Como sugieren diversos críticos culturales —Gutiérrez Chong (2004), Valenzuela Arce (1999, 2003) y García Canclini (2004)— las últimas décadas del siglo XX y los comienzos del nuevo milenio han sido testigos de profundas transformaciones sociales, políticas y económicas que han obligado, paralelamente, a revisar los contornos de la comunidad imaginada. Procesos como la globalización, la inserción (dispareja) de las nuevas tecnologías, los violentos efectos de los proyectos económicos neoliberales, entre otros factores, han dado lugar a un cuestionamiento de las metanarrativas y las historias fundacionales por parte de sectores silenciados por el proyecto posrevolucionario: "mujeres, grupos étnicos y, notablemente, mujeres [de origen indígena]" (Gutiérrez Chong 2004: 53).

Una de las principales migraciones culturales en el imaginario mexicano de finales del siglo XX ha sido la identidad femenina (Monsiváis 1998). La cosmopolitización de las grandes ciudades del país, el rampante proceso de modernización ocurrido desde la década de los cuarenta, la debilitación económica y política del Estado y de su nacionalismo a ultranza, los movimientos sociales como el estudiantil del 68, el feminismo de los setenta y ochenta, el movimiento gay-lésbico, el fraude de las elecciones presidenciales de 1988, entre otros fenómenos, han sido parte aguas en las concepciones y prácticas de género que provenían de la Revolución. Sin embargo, a pesar de la drástica ruptura hacia la hegemonía patriarcal en la sociedad mexicana ocurrida durante las últimas décadas del siglo XX, las migraciones culturales-genéricas no han sido cambios polarizados, sino que han ocurrido de forma desigual y combinada, por lo que seguimos presenciando, aun al final del milenio, discursos identitarios empalmados, nostálgicos de un tiempo otro y que compulsivamente buscan frenar el paso del tiempo y de la irrefrenable migración o transformación cultural (Monsiváis 1998: 15-16). La presencia de la modernidad en los ámbitos cotidianos de la vida nacional, como concluye Monsiváis en su reflexión sobre las categorías genéricas, implicaría asimismo el respeto a la diversidad étnica, genérica y sexual. De aquí que resulte de vital importancia estudiar las distintas líneas discursivas que desde la década de los ochenta han reflexionado sobre las dinámicas constituyentes de las identidades culturales que a su vez han definido posiciones de desventaja para subjetividades diversas. Las artistas que se suscriben dentro de lo que Gutiérrez Chong denomina como un tercer nacionalismo participan de las movilizaciones culturales dirigidas a crear espacios de negociación que respondan a las diversas problemáticas que afectan, sobre todo, a los grupos mayoritarios y a los indígenas. Al mismo tiempo, estas artistas revisan y reconfiguran significados de nación, género y etnia proponiendo intervenciones artísticas que proponen maneras alternativas y democratizadoras de ejercer la ciudadanía.

Cuerpos comienza analizando una de las líneas artísticas y de reconfiguración discursiva más características de la producción cultural de mujeres contemporáneas: el examen de las prácticas dirigidas a estabilizar categorías como el género y la nación a partir de la organización del espacio simbólico de la maternidad. El capítulo 1 analiza el proyecto *¡Madres!* del grupo Polvo de Gallina Negra (Maris Bustamante y Mónica Mayer) que, de 1983 a 1993, concibió cuerpos artísticos disidentes de la imagen mítica de lo femenino posrevolucionario: la madrecita santa. Basándose en el mecanismo regulador Eva/Cipris —o Virgen de Guadalupe/Malinche—, el régimen posrevolucionario propuso dinámicas de control social que aseguraran la estabilidad del género femenino a partir de la reproducción del mito materno en múltiples instancias. Los canales emblemáticos de la industria cultural posrevolucionaria de las décadas de mayor florecimiento del nacionalismo (1930-1950) —el muralismo, el cine, la radio y la prensa— difundieron repetitivamente los valores y comportamientos que refrendarían el compromiso de las mujeres con el papel social impuesto a sus cuerpos: en 1922 el periódico *Excélsior* declara el 10 de mayo como día de las madres, fecha que hasta el día de hoy sigue siendo uno de las principales formas de celebrar la comunidad imaginada; el mismo periódico se dedica desde la década de los veinte hasta 1968 a crear eventos celebratorios de la maternidad santificada a las que la población asiste, como ocurriera en el cine de la época de oro, a aprender los comportamientos emblemáticos de la mexicanidad. Como sugiere Carlos Monsiváis, tal vez la industria más devota a crear modelos estables de maternidad fue la cinematográfica. A través de las decenas de películas que se produjeron alrededor del mito materno, el cine participó directamente en la representación de la madre sufridora, sin participación social fuera de su misión reproductora de ciudadanos y valores nacionales y como base de la gran familia mexicana. Sin embargo, a la par de estos modelos de maternidad controlada hubo voces que críticamente revisaron la limitada gama de modelos femeninos a representar en la trama del México posrevolucionario. Para comprender las disidencias propuestas por grupos artísticos como Polvo de Gallina Negra resulta pertinente analizar las reflexiones hechas por escritoras como Rosario Castellanos (1925-1974), quien dislocó la perspectiva androcéntrica que prevalecía en la búsqueda de la identidad mexicana posrevolucionaria, mostrando a través de sus ensayos y textos literarios no sólo la culturalidad del icono materno, sino su carácter opresivo. Otras productoras culturales como María Luisa Puga y María Novaro, contemporáneas del trabajo de Polvo de Gallina Negra, concibieron en las décadas de los ochenta y noventa narraciones que rompieron no sólo con la solemnidad impuesta a las representaciones de la maternidad, sino también con la actitud de autocompasión que había sido tan característica de las madres posrevolucionarias.

Polvo de Gallina Negra entra en la esfera cultural de la década de los ochenta, autodefiniéndose como el primer colectivo artístico feminista. Tanto Maris Bustamante como Mónica Mayer habían participado en el ambiente de los grupos artísticos de la década de los setenta, trayendo con sus propuestas la perspectiva de género que hasta entonces había sido poco desarrollada.[21] A través de sus obras transdisciplinarias, Polvo de Gallina Negra propuso profundas reflexiones a propósito de la experiencia del ser mujer en el entramado social mexicano, enfatizando su producción en la figura de la maternidad y sus atributos *naturales*.

A través de conferencias, *arte-acción* públicas, repartición de objetos, arte correo y proyectos magnos como *¡Madres!*, estas artistas reflexionaron sobre el significado de la maternidad desde sus propias perspectivas y necesidades como artistas, logrando formular maternidades alternativas no sólo evidentemente culturales, sino productoras de nuevos significados. En lugar de asumir el rol materno siguiendo las pautas dictadas por las instituciones que sirvieron de base al régimen posrevolucionario —la autoridad patriarcal, la familia, la Iglesia, los medios masivos de comunicación—, Polvo de Gallina Negra irrumpió en la arena cultural con maternidades artísticas y voluntarias fuera del tutelaje de dichas instituciones. Al intervenir con sus propuestas los canales masivos de comunicación como la televisión, estas artistas representaron la reapropiación del cuerpo femenino para, de este modo, discurrir sobre la urgente revisión de los mecanismos de control de la sexualidad y la libertad de movimiento de las mujeres. En este sentido, y de modo especular a sus maternidades alternativas, Mayer y Bustamante presentaron cuestionamientos sobre lo que Marta Lamas define como la última frontera por el derecho a decidir, o en otras palabras, sobre el derecho que las mujeres deben tener sobre propio cuerpo y reproductividad.[22] Con sus intervenciones, Polvo de Gallina Negra formuló un arte dirigido al ejercicio

---

[21] Para un análisis de los grupos artísticos de la década de los setenta véase McCaughan (2002).

[22] Véase Lamas (2003).

de la ciudadanía y la agencia social para las mujeres insertas en el mapa cultural mexicano.

Cuerpos continúa el examen de obras disidentes en el capítulo 2, a partir del análisis de obras que, desde perspectivas múltiples, revisan uno de los principales sistemas simbólicos de cohesión social y formulación de la comunidad imaginada: la historia. Las dos artistas que resaltan en su actitud crítica hacia la historia como narrativa organizadora de identidades son Astrid Hadad y la escritora Carmen Boullosa quienes, desde la década de los noventa hasta comienzos del nuevo milenio, han desarrollado trayectorias artísticas focalizadas en la revisión de las versiones nacionales de la historia, evidenciando la construcción de este discurso hilvanador como una gestión deliberada con fines políticos. Por una parte, los trabajos de Hadad y Boullosa juegan ácidamente con metanarrativas, figuras y momentos esenciales para la mexicanidad, como es el mestizaje, los valores coloniales en contraste a los valores del México independiente, la religión católica, la cultura nacionalista, la clase política, entre otros. Por otra parte, estas artistas ponen de manifiesto la parcialidad e ineficacia de tres procesos socioeconómicos y políticos que, desde los discursos de construcción nacional decimonónica y posrevolucionaria, fueron metas que una vez logradas facilitarían la *madurez* de la nación mexicana: progreso, modernidad y democracia. Hadad y Boullosa reflexionan sobre los violentos efectos que sigue teniendo la imposición de modelos políticos, económicos y sociales fundamentados en lógicas englobantes que no hacen sino excluir doblemente a los grupos que han estado históricamente fuera de los proyectos nacionales. Estos trabajos resultan de gran interés pues sugieren preguntas relevantes para el entendimiento de las identidades culturales constituidas a partir de la encarnación de los modelos propuestos por el quehacer histórico, dando lugar a la creación de nuevas identidades que buscan desentenderse de los modelos preestablecidos para responder a la pluralidad de las experiencias de género y nación en México.

La construcción del canon histórico fue una tarea fundacional en los dos periodos más reconocidos como épocas de consolidación nacional. En el siglo XIX, resultaba urgente la delimitación del cuerpo nacional a partir de una narrativa histórica supuestamente compartida por todos los individuos contenidos en la nación que estaba imaginándose. Trabajos como *México a través de los siglos* (1889), escrito por el novelista-historiador Vicente Riva Palacio, encarnan el espíritu de conciliación histórica tan buscado por los regímenes decimonónicos, especialmente durante la segunda mitad del siglo XIX. En este libro por primera vez se propone una convivencia apacible entre periodos como la época prehispánica, la Colonia y la época independiente.

Hilvanar tales periodos en una sola narración sirvió como medio modelador de la nación entendida como un producto del propio proceso histórico, mismo que reuniría entre sus características los distintos rasgos derivados de la unión entre el mundo europeo y el prehispánico. Si bien en estos años de consolidación nacional temprana la figura del mestizaje no había alcanzado el valor que tuvo en el régimen posrevolucionario, este libro y el propio quehacer histórico sí asumen la visión de México como una entidad inmemorial, fundada en un pasado mítico que sería la base de la autenticidad mexicana. Será la visión del régimen posrevolucionario, con la voz de José Vasconcelos a la vanguardia, la que proponga al mestizaje como la verdadera raíz de la nación, adoptando una ideología indigenista que perpetuó las estructuras y dinámicas de aculturación y genocidio que habían sido características de regímenes anteriores. Tanto Astrid Hadad como Carmen Boullosa discurren sobre las dinámicas lacerantes de las narrativas históricas de consolidación nacional, parodiando en casos el preciosismo de la fachada histórica o haciendo explotar mitos que perviven como esencia de la mexicanidad mítica y, por tanto, eterna.

Autodenominada como la cabaretera intelectual, Astrid Hadad ha desarrollado un estilo personal en el que se incorporan, y reconfiguran, la iconografía clásica de la historia mexicana y la cultura popular, los recursos teatrales de la carpa de los treinta y los estilos musicales de la época de oro del cine mexicano. A través del uso de la ironía y espectacularidad del cuerpo femenino, Hadad desentraña las dinámicas de uniformización y manipulación empleadas por instituciones como el Estado, la academia, la Iglesia, entre otras, con la finalidad de concebir un pasado histórico compartido, supuestamente, por todos los mexicanos. Como narradora, poeta y dramaturga, Carmen Boullosa ha producido una obra literaria dedicada al examen de la narración histórica nacional. En su novela *Duerme* (1993) y en la novela corta "Isabel" (2000) Boullosa revisa la producción del México imaginado a través de la reflexión sobre diversos periodos históricos —la Colonia y la modernidad respectivamente— como momentos mitificadores de la autenticidad mexicana. Dislocando cuerpos representativos de la mexicanidad, mestizos, masculinos y heterosexuales, la autora rompe con la idea de uniformidad nacional a partir de complejos personajes e historias que se niegan a cumplir con el romance conciliatorio empleado como medio cohesivo de los distintos períodos que conforman la historia oficial mexicana. Al examinar la desigualdad de la sociedad colonial, definida por estructuras estamentales, Boullosa obliga a la reflexión sobre la ficción del progreso en el México moderno que reproduce, como sugiere Ute Seydel, la marginación de los pueblos prehispánicos vencidos. Con sus intervenciones artísticas, Hadad y Boullosa evidencian no sólo el carácter performativo del género (Butler 1990) sino también los sistemas, figuras y prácticas simbólicas que se transmiten y encarnan a partir de la repetición persistente de discursos y comportamientos.

Si la intervención de las mujeres en la arena cultural ha sido una de las mudanzas culturales más notorias de finales del siglo XX y comienzos del XXI, la participación de mujeres indígenas en la construcción de significados culturales es una relevante transformación de las esferas culturales elitistas por excelencia, del quehacer del feminismo en México y de la propia conceptualización de quien pertenece a la comunidad imaginada. Las mujeres indígenas mexicanas, definidas por el texto histórico cultural como descendientes directas del principio femenino execrable, la Malinche, y como portadoras de los rasgos que definen la autenticidad nacional, han ocupado posiciones que se contradicen al ser adoradas y despreciadas por las matrices de significado que avalan la identidad cultural mexicana. Si bien pervive una contradicción con respecto a la función de estas subjetividades, prevalece la posición ornamental y silenciada que, impuesta a sus cuerpos, se ha explotado a lo largo del arte pictórico, la organización de los espacios simbólicos oficiales como museos, el sistema educativo oficial, la cultural popular, los medios masivos de comunicación y diversos rituales definidores de la mexicanidad.

El capítulo 3 se dedica al estudio de uno de los grupos artísticos más activos en la reconfiguración de esta posición ornamental impuesta a los cuerpos femeninos indígenas: Fortaleza de la Mujer Maya (FOMMA), fundado por las dramaturgas y activistas mayas Petrona de la Cruz Cruz e Isabel Juárez Espinosa en 1994. Estas productoras culturales han desarrollado una labor teatral y activismo social dirigidos a reflexionar sobre discursos locales, nacionales y globales que posibilitan o niegan el ejercicio de la ciudadanía a las mujeres de comunidades mayas de la zona de Chiapas. A través de sus intervenciones radicales estas artistas mayas producen espacios alternativos de poder, agencia histórico social y evidencian cómo la diferencia sexual ha determinado para las mujeres indígenas posiciones doblemente marginales tanto en las estructuras nacionales como en sus propias comunidades. De este modo, Juárez Espinosa, de la Cruz Cruz y el grupo FOMMA se convierten en portavoces de un feminismo radical desde sus propios términos que reconfigura significados y prácticas tradicionales que definen el género y la etnia desde parámetros estrictos y coercitivos. Así, sus propuestas rebasan las líneas de reflexión feministas dominantes en México contemporáneo que, como sugieren Eli Bartra y Anna M. Fernández Poncela (2000), han sido mayormente desarrolladas en ámbitos altamente urbanizados y mestizos que no necesariamente consideran la posición particular de mujeres como de la Cruz Cruz y Juárez Espinosa. De este modo, las dramaturgas y su organización FOMMA conciben experiencias más democráticas del ser mujeres mayas, respondiendo a deudas pendientes para que las mujeres de origen indígena puedan generar formas de subsistencia dignas: acceso a una educación bilingüe, entrenamiento laboral, entrenamiento artístico-teatral para fomentar su empoderamiento, apoyo psicológico tras enfrentar experiencias de violencia ya sea dentro o fuera de sus comunidades y, en definitiva, el derecho a decidir sobre sus cuerpos y vidas.

Una mujer desperada (De la Cruz Cruz 1991) y *La tragedia de Juanita* (De la Cruz Cruz 2006) y *Migración* (Isabel Juárez Espinosa 1994) son obras que denuncian la violencia ejercida contra las subjetividades femeninas indígenas tanto por discursos legitimadores de la comunidad imaginada mexicana como por los usos y costumbres tradicionales de las comunidades mayas. En obras como *Desprecio paternal* (De la Cruz Cruz) y *Las risas de Pascuala* (Juárez Espinosa 2005) se vislumbran espacios de poder y se proponen prácticas feministas ancladas a las políticas de ubicación reformulando las connotaciones de feminidad indígena socialmente preestablecidos.[23]

La mitología posrevolucionaria con respecto a la feminidad indígena y su carácter ornamental ha sido también reconfigurada desde otros campos y geografías que, incorporando el uso de la tecnología, han articulado dinámicas de empoderamiento tanto en ámbitos locales, como nacionales y transnacionales. La investigación que se propone en este libro termina con el análisis de los trabajos visuales de la fotógrafa Martha Toledo y de la directora de documentales Yolanda Cruz quienes reformulan la concepción de figuras emblemáticas de la autenticidad mexicana posrevolucionaria: la tehuana, o mujer originaria del Istmo de Tehuantepec, y la mujer indígena de las zonas mixtecas y chatinas de Oaxaca. Las mujeres oaxaqueñas han sido elementos sobre explotados del espectáculo de la nación a través de obras pictóricas, cinematográficas, fotográficas, musicales y literarias, que les han institucionalizado como emblemas de la estética y orgullo étnico mexicanos. La pasión por la mujer oaxaqueña como figura femenina encarnadora de mitos se hizo patente con la publicación de documentos de viaje por el Istmo escri-

[23] Para un análisis de los debates alrededor de las políticas de ubicación (*politics of location*) véase: Kaplan (1996).

tos por exploradores franceses como Mathieu de Fossey y Charles-Etienne Brasseur de Bourberg[24] durante el siglo XIX y alcanzó su auge con la llegada del indigenismo posrevolucionario alentado y desarrollado tempranamente tanto por artistas mexicanos como extranjeros —Diego Rivera, Tina Modotti, Frida Kahlo, Sergei Eisenstein, Edward Weston— así como por antropólogos como Miguel Covarrubias e intelectuales José Vasconscelos. En la segunda mitad del siglo XX la visión espectacular sobre Oaxaca se ha producido desde las intervenciones de Elena Poniatowska, Graciela Iturbide, Mariana Yampolski, entre otros —quienes depositarían en esta zona geográfica y en sus habitantes lo que Vasconscelos definiría como el emblema de la estética netamente mexicana—.[25] Murales de Diego Rivera y filmes internacionales como *¡Que viva México!* (1979),[26] se encargaron de producir la espectacularidad de la nación a través de esta simbólica figura indígena habitante de un supuesto paraíso anhelado por el proyecto revolucionario.

Contemporáneamente, la feminidad exótica, hipersexual, ahistórica y paradisíaca de la feminidad oaxaqueña es dislocada a través de las representaciones que hacen la fotógrafa zapoteca Martha Toledo y la cineasta chatina Yolanda Cruz. Con su serie *Ciclo de vida de mujeres juchitecas* (1998-2002), Toledo reflexiona sobre las rutinas a través de los cuales se produce y regula la experiencia genérica de las mujeres en Juchitán, Oaxaca, señalando los espacios cotidianos como sitios de constitución de identidades permeadas asimismo por relaciones de poder. Al focalizar su lente fotográfico en los espacios y rutinas cotidianas contemporáneas, que en poco se parecen a las representaciones de la tehuana inmemorial hechas por artistas promotores de una visión indigenista congruente a las políticas culturales del régimen posrevolucionario, Toledo también reflexiona sobre la historicidad y culturalidad del género a partir de su análisis de la discursividad cultural zapoteca.

---

24 Mathieu de Fossey vivió, junto con otros emigrantes franceses, en el Istmo de Tehuantepec durante la década de 1830. Publicó el texto *Le Mexique* (1844), editado por Ignacio Cumplido. Charles Etienne Brasseur de Bourbourg, etnógrafo y arqueólogo, pasó varios meses en la zona durante 1859-1860. En 1861 publica un texto que se convertiría en emblemático: *Voyage sur l'Isthme de Tehuantepec dans l'etat de Chiapas et la Republique de Guatemala, 1859 et 1860.*

25 Véase el examen de la historia de las representaciones de la mujer tehuana como representantes de la autenticidad nacional en Campbell/Green (1999).

26 *¡Que viva México!* Dir. Sergei Eisenstein (Sovexportfilm, 1979). Kino Video, 2001.

A la par de una acelerada pero no pareja inserción de las nuevas tecnologías en muchas de las rutinas cotidianas de la vida nacional, los proyectos de economía neoliberal han producido también una mayor polarización económica entre los miembros de la sociedad. Como consecuencia de estos fenómenos, muchas personas han encontrado la migración como un supuesto remedio a la larga historia de exclusión de las clases mayoritarias, los grupos indígenas y, en un sentido más amplio, de mujeres de distintas coordenadas culturales sin acceso a educación y a trabajo para su manutención y la de sus familias. Estas disparidades y movilizaciones están siendo sitios de construcción de dinámicas de empoderamiento que facilitan el ejercicio de la ciudadanía en los ámbitos locales y globales. La subjetividad femenina indígena como agente histórico y cultural ha encontrado medios de insertarse en la producción de significados a partir de los fenómenos migratorios y la incorporación de las tecnologías que, a su vez, han contribuido a la reconfiguración de los significados propuestos por sistemas y dinámicas simbólicas como la nación, la etnia, el género, entre otros elementos definitorios de las identidades. Como sugiere José Manuel Valenzuela Arce, nuevas formas de organizar las identidades "se expresan particularmente en el fenómeno migratorio, pues los procesos diaspóricos son un elemento importante en la definición de cartografías políticas y en la construcción de nuevas identidades colectivas" (2003: 37). El último capítulo de *Cuerpos* también se aboca a examinar nuevas formas de organizar la identidad sociocultural en ambientes multilocales desde la producción documental trasnancional de Yolanda Cruz, cineasta chatina quien reside en Los Ángeles, California.

En *Sueños Binacionales / Binational Dreams* (2006) Yolanda Cruz documenta las actividades del Frente Indígena de Organizaciones Binacionales que desde el estado de California, Estados Unidos, hasta la zona mixteca de Oaxaca, México, facilitan dinámicas de desarrollo y ejercicio de la ciudadanía para indígenas migrantes, así como para sus familias residentes en diversas zonas del estado de Oaxaca. Desde un marco transnacional y transcultural, Cruz reconstruye las historias de vida de mujeres mixtecas y chatinas quienes desde distintos ámbitos reconfiguran la posición marginal impuesta a sus cuerpos por las marcas de género, etnia, clase social, tanto en los ámbitos locales como en los nacionales y transnacionales. Las producciones de Toledo y Cruz son un refrescante testimonio de las identidades emergentes que a comienzos del nuevo milenio luchan por lograr una autorepresentación que a su misma vez les coloca como productoras de significados culturales y agentes históricos.

Cuerpos busca señalar momentos y figuras claves en la construcción de espacios de interpretación e intervención cultural para mujeres enmarcadas en distintas geografías del México (trans)nacional. Es una investigación enfocada en el estudio de cuerpos artísticos disidentes que trascienden las gramáticas del México imaginado a partir de sus reflexiones sobre discursos y prácticas culturales e institucionales que demarcan y regulan las experiencias de género, etnia, ciudadanía e identidad cultural. Este intento puede considerarse una propuesta exploratoria que, sin hacer un examen exhaustivo de todas las dinámicas simbólicas que intervienen en la constitución y regulación de las identidades, sugiere futuras direcciones de investigación de las múltiples voces que se adhieren a narrar las diferencias, como son las propuestas de Jesusa Rodríguez (dramaturga, actriz y activista), Rosina Conde (escritora y performancera), Las Reinas Chulas (dramaturgas y artistas de cabaret), Emma Villanueva (performancera), Dulce Pinzón (artista plástica), Margarita Cabrera (artista plástica), Natalia Toledo Paz (escritora), Briceida Cuevas Cob (escritora), María Luisa Góngora Pacheco (escritora), Ximena Cuevas (realizadora de video), Lorena Wolffer (performancera), Lucía Gajá (cineasta), Itandehui Jansen (cineasta), entre otras. Este variado grupo de mujeres artistas sigue contribuyendo al entendimiento de procesos culturales, particularmente a partir de su énfasis en discurrir sobre las "disputas identitarias y sus mecanismos de afirmación o negación" (Valenzuela Arce 1999: 263) y en proponer maneras alternativas y más democráticas de experimentar las múltiples identidades en el entramado mexicano actual.

Capítulo 1

Maternidad, arte y ciudadanía: proyecto *¡Madres!* del grupo Polvo de Gallina Negra (Maris Bustamante y Mónica Mayer)[1]

"El respeto al cuerpo ajeno es la paz".
(Polvo de Gallina Negra)

"[Mexico] is replete with modernity, but thirsty of modernization".
Roger Bartra (1991: 15)

Concebir representaciones disidentes de la maternidad impuesta como misión única de las mujeres ha sido una tarea urgente en la redefinición de los rasgos de una mexicanidad democrática, plural e incluyente a finales del siglo XX y comienzos del nuevo milenio. Este capítulo analiza las líneas artísticas propuestas por el grupo feminista Polvo de Gallina Negra (1983-1993) que, a través de proyectos plástico-performativos, atentó no sólo contra la división tradicional de las disciplinas artísticas, sino también contra los imperativos culturales dictados por diversas matrices de significado como el Estado, la Iglesia, los medios masivos de comunicación, entre otras, dedicadas a proponer la maternidad como un atributo constituyente de lo "femenino", lo "natural" y lo "nacional". Polvo de Gallina Negra irrumpió en la arena cultural mexicana y en los medios masivos de comunicación con una maternidad producida cultural y voluntariamente, creando con sus trabajos artísticos resignificaciones simbólicas que evidenciaron el carácter discursivo, la historicidad y la culturalidad y de la maternidad.

La maternidad simbólica —misión oficial para las mujeres mexicanas, mecanismo de producción y regulación del género y mito sagrado del imaginario mexicano— ha sido cuestionada en la producción cultural de diversas artistas enmarcadas en el mapa cultural mexicano como Rosario Castellanos,

[1] Agradezco a las artistas Maris Bustamante y Mónica Mayer su generosidad al compartir materiales y experiencias relacionadas con su participación en Polvo de Gallina Negra.

María Luisa Puga, Margo Glantz, Alma López, Yolanda López, Jesusa Rodríguez y María Novaro, entre otras figuras.[2] El interés particular por estudiar la obra del grupo Polvo de Gallina Negra, integrado por las artistas feministas Maris Bustamante y Mónica Mayer, quienes participaron en la ola de colectivos artísticos característicos del ambiente cultural de los setenta,[3] radica en las contribuciones que este grupo artístico propuso no sólo en la revisión crítica de los guiones socialmente establecidos con respecto a la maternidad, sino en sus innovadoras propuestas artísticas, que hasta comienzos del nuevo milenio han sido mayormente ignoradas por la crítica.

Las propuestas de Polvo de Gallina Negra examinaron, a través de sus variadas producciones artísticas, el binomio eva/cipris basado en las dos figuras fundacionales de la mexicanidad —la Malinche y la Virgen de Guadalupe[4]— utilizado como un mecanismo de producción y regulación genérica a lo largo de las distintas narraciones hegemónicas de la nación mexicana (la conquista, la independencia, la Revolución, la modernidad y la era global). Este mecanismo ha funcionado de modo interdependiente con otros sistemas simbólicos como la religión, la música popular, el cine y la televisión, entre otros, logrando de este modo la inserción del modelo eva/cipris en los distintos canales que han regulado la educación sentimental, así como otras prácticas culturales. De acuerdo a Debra Castillo, la manutención de este binomio en distintas representaciones simbólicas de la mexicanidad ha producido empalmes discursivos que, en lugar de democratizar el género femenino, han perpetuado un mecanismo autorregulador y castigador que exige performances genéricas estrictas, inalcanzables y definitorias de la maternidad virginal

---

[2] Obras literarias dedicadas a la deconstrucción del mito materno son: Rosario Castellanos: *Balún Canán* (1957) y *Álbum de familia* (1971); María Luisa Puga: *Pánico o peligro* (1983) y *La forma del silencio* (1987); Margo Glantz: *Apariciones* (1996). El tratamiento de la maternidad resalta también en obras de artistas chicanas, como las series dedicadas a la Virgen de Guadalupe (1978) de Yolanda López o el arte digital de la artista chicana contemporánea Alma López, quien también reconfigura la iconografía guadalupana a través de sus obras. Producciones de cabaret-performance dedicadas a la reflexión sobre la maternidad nacional son: "La gira mamal de Coatlicue" (1990) de Jesusa Rodríguez y el personaje "La multimamada", representado por Astrid Hadad en diversos espectáculos a lo largo de su carrera.

[3] Los objetivos de los grupos artísticos presentes en las esferas culturales de la década de los sesenta en México serán discutidos en la sección dedicada al estudio de las obras propuestas por Polvo de Gallina Negra.

[4] Para una genealogía de la historia de los dos mitos femeninos más emblemáticos en el imaginario mexicano, véase Valenzuela Arce (1999).

como único medio para lograr la estabilidad genérica femenina. Como sugiere Castillo, "because women cannot live up to the ideal prescribed for them and are prone to inmoral treachery. The Guadalupe / Chingada (Malinche) archetype encodes what men ought to expect if they fail to control their women" (Castillo 1998: 5). Desarticular este mecanismo, enmarcado más allá de las conciencias y operando casi de forma independiente en la vida nacional a través del cine, la televisión y otros medios de control social, fue una de las principales metas del grupo feminista Polvo de Gallina Negra, con lo que se contestaron las lógicas constitutivas no sólo del género femenino, sino de la propia noción de la gran familia mexicana.

Desde la maternidad como sitio de producción cultural, Bustamante y Mayer concibieron el proyecto *¡Madres!*, compuesto de acciones plásticas, conferencias, concursos, exhibiciones, entre otras actividades, para proponer modelos alejados de la dualidad de Chinguadalupe, del melodrama sufridor impuesto a las madres cinemáticas de la época dorada del cine mexicano y de la abnegación y sufrimiento gratuito aún presente como protagonista de telenovelas y otros canales discursivos en el México contemporáneo. A su vez, insertaron en la arena cultural la necesidad de ejercer la ciudadanía de las mujeres, desnaturalizando el cuerpo femenino y su proclividad a la maternidad y revisando discursos sobre la sexualidad para, de este modo, discurrir sobre las intersecciones entre los discursos de género y las prácticas inherentes a instituciones estatales, religiosas, educativas y familiares e inclusive artísticas. La autorreflexión impresa a las obras que componen el proyecto *¡Madres!* discute, asimismo, las condiciones de producción que permitieron la propia incidencia de Mayer y Bustamante quienes, como la mayoría de los productores culturales del México contemporáneo, han pertenecido a las clases privilegiadas dominantes de las esferas culturales. Si bien las maternidades alternativas de estas artistas fueron producidas todavía desde estas esferas privilegiadas, las obras de Polvo de Gallina Negra profundizan autorreflexivamente sobre la condición de género en el entramado cultural a partir de sus conjugaciones con clase social y grupo étnico.

Con la finalidad de contextualizar las propuestas de maternidad alternativa hechas por Polvo de Gallina Negra, este capítulo se divide en dos secciones. La primera hace una revisión de los discursos que consolidaron el mito materno posrevolucionario a través de instituciones productoras de significado como la prensa, el cine mexicano de la época de oro, las agendas gubernamentales, entre otras, incorporando asimismo el análisis de otras propuestas artísticas disidentes que, a la par de Polvo de Gallina Negra, han discurrido críticamente sobre la naturaleza del mito maternal. La segunda parte analiza en detalle la producción de Polvo de Gallina Negra como un trabajo dirigido a exigir la democratización de las experiencias de género y maternidad en espacios artísticos y sociales del México contemporáneo.

¿Madres santas? La (des)consolidación de un mito nacional

> "[El 10 de mayo] es, sin disputa, uno de los excepcionales casos en que toda la gran familia mexicana del indomable país azteca [...] se pone de acuerdo y en un solo himno de amor, santo, grande, noble y generoso, rinde tierna pleitesía a la noble matrona que nos dio el ser, al símbolo de todo amor, de todo don y de todo afecto y deseo puro".
>
> (Periódico *Excélsior,* 10 de mayo de 1927. Citado en Acevedo 1982: 45)

Melodrama y exceso: consolidación del mito maternal

La consolidación de la maternidad como mito encarnador de la feminidad nacional se inicia, como señala Marie Louise Pratt (1994), bajo iniciativa de los proyectos de hermandad republicana decimonónica resultantes de las luchas independentistas de 1810. Estos proyectos concibieron la asociación de feminidad-maternidad proponiéndola como base del espíritu de la comunidad imaginada; dada la misión sagrada que desde entonces se impuso a los cuerpos femeninos quedó también justificada la exclusión de las mujeres de cualquier papel interpretativo o histórico y de función pública. Sin embargo, no fue hasta la llegada del régimen posrevolucionario cuando la compulsión por mantener dicho orden genérico se consolidó de manera casi definitiva. La urgencia por estabilizar los modelos femeninos que mantuvieran en paz a los hogares en pleno período de reorganización nacional se hizo evidente con la publicación de libros como *Forjando Patria*, del antropólogo Manuel Gamio (1922). En su libro, de talante taxonómico, aún con la herencia positivista del Porfiriato, Gamio propone los *tipos de mujeres mexicanas*: "la femenina", "la feminista" y la "sierva" (identificada como la indígena y descartada como protagonista de la nación por su "servilidad y pasividad"). Para él, el modelo ideal se concibe como contrastante a las mujeres masculinas-feministas, pues su "pérdida de feminidad" resulta insoportable para el proyecto cultural proveniente de la Revolución. Gamio celebra a las mujeres *femeninas*, maternales y dispuestas a cumplir su papel familiar sin cuestionamientos: "¡las mujeres femeninas aparecen! Madres, esposas, novias, hermanas, amigas, están ahí... vive a la vez cerca de la tierra y cerca del cielo... esposa apasionada... casta después del matrimonio" (1982: 128). Como sugiere esta cita, si bien la Revolución se propuso transformar las estructuras de opresión económicas y políticas, las estructuras de opresión genérica, como había ocurrido ya desde las luchas de independencia, no sólo se mantuvieron, sino que se reforzaron en extremo con la ayuda de diversas instituciones y prácticas sociales que administraron los significados de la experiencia en este período particular.

Contradictoriamente a lo que se esperaría en el ambiente de transformación del orden social que imperaba en la segunda década del siglo XX, el Primer Congreso Feminista (1916) en Yucatán fue condenado de inmoral e incluso antinacional. Las feministas de Yucatán, en conjunción con líderes racionalistas como Salvador Alvarado y Felipe Carrillo Puerto, intentaban hacer valer los derechos reproductivos y ciudadanos de las mujeres, promoviendo la maternidad elegida y una nueva concepción de las experiencias de género. La revolución que se planteaba en Yucatán exigía un término a las estructuras coloniales prevalecientes en la zona y eso incluía la condición subordinada y servil adjudicada al género femenino. Sin embargo, esta transformación amplia del orden social no estaba dentro de los planes del sistema posrevolucionario, que reaccionó negativamente ante las iniciativas feministas. No fue hasta 1922 cuando las respuestas anacrónicas del centro del país imprimieron presión para terminar con "los folletos inmorales" que se repartían a lo largo de Yucatán.[5] Bajo iniciativas del periódico *Excélsior* y de José Vasconcelos, y con apoyo de la Iglesia entonces debilitada, se proclamó al 10 de mayo como el día de las madres, en el que, como asevera Marta Lamas en "¿Madrecitas santas?": "se exaltó la maternidad tradicional considerada prolífica, santificada y heroica" (1995: 174). Siguiendo las costumbres estadounidenses parcialmente, sin llegar a otorgarle a la mujer ninguna libertad, el 10 de mayo se consagra en 1922 pues,

> Hoy, que en el extremo meridional del país se ha venido emprendiendo una campaña suicida y criminal en contra de la maternidad, cuando en Yucatán, elementos oficiales, no han dudado en lanzarse a una propaganda grotesca, denigrando la más alta función de la mujer que no sólo consiste en dar a luz, sino educar a los hijos que forma de su carne [...] (*Excélsior*, 10 de mayo de 1922. Citado en Acevedo 1982: 9).

La intervención de la prensa como productora de la maternidad simbólica fue extremadamente efectiva, generando desde la década de los veinte a

[5] Véase Cano (1998).

la de los sesenta festivales, concursos, fiestas familiares enfocadas en consolidar y reproducir en las consciencias el mito materno en la sociedad mexicana.[6] La celebración de la maternidad cada 10 de mayo, utilizada como discurso y práctica de identificación colectiva, se convirtió en "un ritual que hace posible la comunidad imaginada: los pobres, los ricos, los citadinos, los 'provincianos', etc.; hasta en la cárcel de Belén se hace un festival" (Acevedo 1982: 41). Unos años más tarde, en 1949, con la inauguración del monumento a la madre, esta simbólica organizadora de la experiencia de las mujeres alcanzaría el carácter mítico y monumental en la sociedad mexicana, exaltándose aún más con el surgimiento de las madres cinematográficas.

En el período cardenista (1934-1940), marcado por un exacerbado nacionalismo y antiimperialismo, el melodrama del siglo XIX se revitaliza en extremo como género narrativo, insertándose de lleno en la industria cinematográfica nacional impulsada por el mismo Lázaro Cárdenas. Cárdenas aprovecha el melodrama ya existente en las figuras de la Virgen de Guadalupe y de la Malinche, símbolos cargados de sentimientos, para revitalizarlos y seguir estimulando a la maternidad como figura simbólica sagrada y, en este caso, también antiimperialista. Como sugiere Manuel Valenzuela Arce:

> [En] el cardenismo, la figura de la Malinche adquirió dimensiones nacionales en su condición dicotómica, como madre de la patria, mestiza mexicana, y como figura de escarnio y rechazo que, hasta la fechas, se manifiesta en el término malinchismo, que connota traición, entreguismo, ausencia de principios, falta de solidaridad comunitaria, xenofilia desbordada y falta de amor a lo propio (Valenzuela Arce 1999: 122).

El cine de los cuarenta se convierte en el espectáculo performativo al que las masas asisten, "to understand how they belonged to the nation. In this school —in the dark— the people were educated in suffering and relaxation. [...] the corresponding illusion that suffering, to be more authentic, most be shared publicly" (Monsiváis 1992: 117). En el melodrama cinemático el modelo materno fue protagonizado hasta límites inconcebibles, alcanzando su apogeo a través del exceso expresado por las madres y la contención social que se impuso sobre sus cuerpos en favor de la moral social. Como sugiere Ana López, los melodramas maternos de la época de oro del cine mexicano cumplieron diversas funciones que rebasaron el entretenimiento y la expresión artística, insertándose en la sociedad como documentos que reflejaron

[6] Véase Acevedo (1982).

las ansiedades sociales del México posrevolucionario. Por una parte se nutrieron del propio tono melodramático de las tres metanarrativas básicas de la cultura mexicana posrevolucionaria —la religión, el nacionalismo y la modernidad (López 1993: 256)—, sirviendo directamente como discursos modeladores de comportamientos ideales relacionados con el género y la identidad cultural. En un segundo lugar, siguiendo las propuestas de López, los melodramas maternos sirvieron de terrenos ordenadores del caos producido por la tensión entre la modernidad y la tradición, el campo y la ciudad, la pobreza contra la riqueza. En un sentido más amplio, y como propone Julia Tuñón, en la gran familia posrevolucionaria retratada en estos melodramas "se fomenta el autoritarismo para evitar la disolución, real o fantaseada" (1998: 131). La lealtad y la cohesión serán requerimientos básicos para pertenecer a las comunidades familiares y —en un sentido más amplio— nacionales. El cuerpo femenino materno, dócil y controlado, fue el principio estabilizador de esa lealtad y cohesión pues esta figura ha servido de medio privilegiado para la evocación de sentimientos exaltados hacia el orden social, lo que ha facilitado la transmisión de los valores y la supervivencia de ese mismo orden. Las distintas fases del género vistas en las pantallas cinematográficas sirvieron para la creación y ejecución de un sistema simbólico que encarnó los valores del proyecto revolucionario para mantener, nostálgicamente, una familia mexicana tradicional, *auténtica y natural*, en la cual la emancipación de las mujeres sería vista como una amenaza a la estructura patriarcal de la familia y, por ende, de la sociedad entera.

Uno de los melodramas maternos más paradigmáticos de la época de oro es, como sugieren López (1993), Monsiváis (1995), Tuñón (1998) y Noble (2005), *Cuando los hijos se van* (1941). Dirigida por Juan Bustillo Oro, y protagonizada por los legendarios Sara García, Fernando Soler y Joaquín Pardavé, esta película tiene como protagonista a la clásica madre-esposa quien cotidianamente ejerce su misión social a través de la entrega incondicional a sus hijos y familia. Lo paradójico de este papel, tal y como muestran los espacios en donde ella se desenvuelve, es la doble condición inscrita en el cuerpo materno: sus labores y subjetividad se asocian con la naturaleza, incluso se le representa como una mujer sin capacidad de análisis frente a situaciones adversas. Al mismo tiempo, ella es la transmisora de los valores patriarcales a través del control de su propio cuerpo y sexualidad —dejando sólo lugar para una emocionalidad desmedida justificada por el amor a los hijos— así como por los guiones sociales que repetidamente confirma a lo largo de las escenas de la película. En medio de un rampante proceso de modernización en el cual los valores tradicionales se encuentran en crisis,

Lupita lo hará todo por salvar a su familia y al orden patriarcal-burgués al que pertenecen: obedecerá a su marido de forma incondicional, renunciará al placer personal en aras de la economía familiar y empeñará las escrituras de su casa con tal de salvar a su hijo mayor, quien en realidad es un ladrón y jugador. De esta manera, Lupita, como tantas madres cinemáticas, logrará también salir del orden natural para entrar en el orden cultural: "A través de la maternidad se puede trascender lo banal de ser simplemente una mujer, significa trascender el sexo para acceder al género, o a una construcción que se considera de un nivel más alto" (Tuñón 1998: 189).

Enmarcados en la dinámica del autosacrificio como medio para trascender la naturaleza asociada al género femenino, los melodramas maternos de la época de oro del cine mexicano presentaron una vertiente aparentemente contradictoria a los melodramas familiares, pero que de igual manera reforzó las estructuras del orden patriarcal-burgués que dominaban la pantalla cinematográfica. Las madres-prostitutas fueron protagonistas de películas que hicieron evidentes las dinámicas de vigilancia y castigo para las mujeres que se salieran del rictus de la sexualidad controlada dentro de los espacios de la familia patriarcal. Las madres-prostitutas mostraron que, aun habiendo roto con los cotos impuestos a su sexualidad femenina, el sistema ofreció un medio de redención parcial a través del ejercicio de la maternidad sacrificada en la que los hijos lograran trascender el destino trágico de sus madres. Una película ejemplar de las madres-prostitutas sacrificadas en aras del bien de los hijos es *Las abandonadas* (1945). Dirigida por Emilio "El Indio" Fernández y protagonizada por la pareja estelar del momento, Dolores del Río y Pedro Armendáriz, esta película muestra las vicisitudes de Margarita, una joven engañada que se queda embarazada y es consecuentemente expulsada del hogar paterno. Los intentos de esta mujer por lograr entrar a los espacios legítimos de la maternidad-matrimonio, como ocurre primero con el marido ilegítimo que la engaña y después con su amante, Juan Gómez, quien le promete matrimonio y adopción del niño, no terminan por "borrar" su mancha. Las múltiples acciones que ella realiza para salir de la abyección, incluso como madre, sólo confirmarán su posición como "mujer caída."

Como sugiere Julia Tuñón (2000: 146), Margarita se convierte en una madre-prostituta que no necesariamente dedica su vida entera a su hijo, pues éste es criado por una amiga en una casa de un barrio residencial que en nada se parece al burdel donde trabaja. Sin embargo, su supuesta falta de entrega se basa en la necesidad de mantener a su hijo en un espacio regulado y parcialmente aceptado por el control social, acción que se repite hasta el fin de los días de la mujer, quien, ya vieja y tras salir de la cárcel por un crimen que no cometió, renuncia a la custodia de su hijo para que éste se convierta en un prominente abogado con el apoyo institucional del director del orfanato en el que vive. En este sentido, esta película muestra la compleja experiencia de la maternidad en la década del cuarenta pues, como afirma Julia Tuñón: "La maternidad en esos años parece ser un tema que oscila entre el interés meramente personal y la incumbencia de un Estado francamente tutelar, entre lo privado y lo público" (1998: 178). Después de renunciar a su hijo, ella se mantiene en las sombras y pierde cualquier sesgo de "decencia" de acuerdo a los valores sociales —roba y se prostituye— para seguir enviando dinero para los estudios del niño. Sin embargo, a pesar de su salida del orden social tradicional, Margarita logra mantener un rictus materno impecable a través del cual logra ser parcialmente redimida, pues su hijo entra de lleno al orden moderno y burgués.

La necesidad de transformar los discursos que produjeron y regularon el mito de la maternidad sacrificada fue una tarea urgente planteada por mujeres que lucharon, desde las décadas de apogeo posrevolucionario, por el poder interpretativo fuera de los espacios domésticos. Una voz definitoria de los cuestionamientos y las mudanzas al género femenino en la segunda mitad del siglo XX fue la de Rosario Castellanos, quien, con su obra literaria y ensayística, inspiró a escritoras y artistas como Mónica Mayer y Maris Bustamante a desmitificar el lacerante mito de la maternidad sagrada.

Transición y ruptura: maternidades en crisis en el ocaso de la Revolución

Rosario Castellanos, quien en 1950 escribió la tesis de licenciatura *Sobre cultura femenina*, se dedicó incansablemente a revisar la figura materna como la *suave dadora* de bondad y abnegación en el hogar. En obras como *Balún Canán* (1957), *Álbum de familia* (1971), *El eterno femenino* (1975) y en el ensayo *Mujer que sabe latín* (1973) Castellanos muestra la imagen omnipotente, controladora y teatral de la maternidad. Sus personajes exponen los sentimientos más verdaderos de las madres agotadas, frustradas y ansiosas por mantener el orden doméstico aun a costa de ellas mismas, pues a ellas les ha sido encargada la institución familiar. En palabras de la feminista Marta Lamas: "Si desmitificamos la imagen de 'la madrecita santa' encontramos madres agotadas, hartas, golpeadoras, ambivalentes, culposas, inseguras, competitivas, deprimidas" (1995: 175). Como muestra Castellanos en *Balún Canán*, la madre anula abiertamente la existencia de su hija para entregarse de lleno al sufrimiento por la pérdida del varón, de aquí que sea visible que en la performatividad materna también se encubren una infinitud de crueldades.

En los cuentos que conforman el libro *Álbum de familia* la casa, el matrimonio y la maternidad se conforman a partir de una serie de rituales que van consolidando los atributos leídos por la sociedad como cualidades naturales e innatas en los cuerpos sexuados. En "Lección de cocina", por ejemplo, Castellanos explora el proceso de adaptación de una recién casada de clase media a su nueva vida quien, al cocinar una carne asada para su marido, reflexiona sobre su propia "preparación" para alcanzar el rictus genérico perfecto. Si bien la maternidad no es el principal eje de discusión en este cuento, el diálogo interior resulta en una perturbadora experiencia para el lector pues éste se enfrenta al secreto de una mujer que busca cumplir con su papel de casada y tal vez de futura madre: la crisis provendrá de no poder cumplir, ni siquiera, con la primera cena como *reina del hogar*. La voz narradora expone su conflicto al estar encerrada en el espacio (la cocina, la casa) y la posición (de esposa subalterna, de mujer pasiva y asexual y de futura madre, pues ha de cumplir el ciclo completo para la conformidad del hogar) que le confieren el matrimonio. La narradora hace evidente una fisura en los modelos genéricos y maternos vislumbrando de ese modo una posible transformación de los discursos estabilizadores del género. Haciéndose una con la carne que ha de cocinar la narradora expresa: "¿Y ahora qué? A esta carne su mamá no le enseñó que era carne y que debería comportarse con conducta" (Castellanos 1971: 18). La feminidad, desde los cuentos de Castellanos, se encuentra en pleno derrumbe. De aquí que sus propuestas puedan entenderse como un parte aguas que se desidentifica del orden patriarcal posrevolucionario, descontrolando no sólo el cuerpo femenino sino también el nacional.

El cuestionamiento de la maternidad desde la literatura fue también un terreno fértil en el trabajo de escritoras contemporáneas al proyecto *¡Madres!* de Polvo de Gallina Negra. Durante la década de los ochenta, María Luisa Puga desarrolló historias en las que la maternidad, la orfandad y la falta de pertenencia nacional fueron motores de acción de diversas obras literarias. Además de proponer una literatura autobiográfica —con elementos como la temprana orfandad de madre de la escritora—, Puga perteneció, como Maris Bustamante y Mónica Mayer, a la generación que, si bien no involucrada directamente, fue testigo directo de las mudanzas socioculturales acontecidas en los años posteriores a 1968. Esto se evidencia, sobre todo, en lo que se refiere a la concepción y subversión que la autora hizo con respecto a la familia mexicana y la maternidad como matrices discursivas organizadoras de las experiencias de género e identidad cultural. Uno de sus libros mejor logrados, por la capacidad de proponer un lenguaje, temática y estilística que reflexiona directamente sobre la construcción de la identidad genérica así como del proceso de transformación que sufre la protagonista para "desligarse" de la misión de la maternidad, es *Pánico o peligro* (1983). Esta novela se construye como un *bildungsroman* en el que una mujer joven huérfana, Susana, cuenta su percepción del mundo en una convulsa Ciudad de México: la tarea principal de la narradora protagonista será "decir-se" o "desdecir-se" a partir de su contraste identitario con los otros en un mundo rampante hacia la anhelada modernidad. En ese continuo contraste la autora reflexiona agudamente sobre los discursos y prácticas que conforman las identidades de género, de clase social e incluso étnicas. Tras la muerte prematura de un padre autoritario, al que la esposa escucha y obedece sin rechistar, la protagonista es obligada a abandonar el espacio doméstico y asumir una vida independiente fuera de la tutela de la familia patriarcal.

Si Rosario Castellanos construyó historias que explicitaban la crisis de los roles maternos y femeninos al interior de la familia y la sociedad, en la escritura de Puga se vislumbra una separación radical de los modelos tradicionales: ni Puga ni sus protagonistas dudan en romper con lo que dicta su destino genérico. Sus protagonistas proponen una existencia femenina sin culpas ni autocompasión. Cuando su padre muere, Susana decide dar la vuelta de tuerca que a su madre jamás se le habría ocurrido hacer: vivir como una mujer independiente sin autocompasión por ella misma: "Mi mamá se dejaba distraer y a nada decía que no, pero yo veía con horror que se estaba dejando morir. Que nunca había aprendido a estar sola y que yo iba a tener que aprender por las dos [...] (1983: 52). Será desde el contraste con lo que su madre "es y ha sido" desde donde la protagonista va trazando una vida que, más que responder a las expectativas sociales, responde a su necesidad de completar un proyecto de vida lejano de la mitología familiar, matrimonial, maternal y, en definitiva, del sufrimiento característico de las mujeres cinemáticas y televisivas: en *Pánico o peligro* el fin será lograr la escritura de una novela que, al construirse, va trazando la genealogía del proceso de autonomía de Susana. Si algo propone Puga es la concepción de familias y maternidades que, como las de Polvo de Gallina Negra, pueden vivirse fuera de las múltiples matrices que han generado experiencias maternales limitantes para de este modo proponer experiencias de género y maternidad más democráticas.

Entre las reflexiones de finales del siglo XX y comienzos del nuevo milenio destaca la producción cinematográfica feminista de la directora María Novaro. Su trabajo resalta por subvertir el carácter didáctico del cine de la época de oro en su afán de construir los modelos de maternidad aceptable. *Lola* (1989), *Danzón* (1991) y *Sin dejar huella* (2000) han sido filmes que, al proponer la salida de personajes femeninos de su marco de referencia (tanto social como familiar), los colocan en situaciones límite que les permiten experimentar, aunque sea por instantes, otras maneras de *ser* mujeres en el México contemporáneo. La institución de la maternidad es uno de los puntos que Novaro discute singularmente, pues propone maneras alternativas de vivir en las que deseo, satisfacción, autonomía económica y emocional serán parte fundamental de las vidas de las protagonistas que reconfiguran su papel social más allá del género y la maternidad. Tal vez la película que más presente una maternidad sin apologías sea *Sin dejar huella*. Aurelia (Tiaré Scanda) deja su vida en Ciudad Juárez una vez que vende la droga que su novio dejaba almacenada en su casa. Madre de dos hijos, sobreviviente del clásico abandono masculino y trabajadora de una maquiladora de ropa, Aurelia decide arriesgarlo todo y abandonar el sueño fronterizo que tantos latinoamericanos persiguen al querer cruzar al otro lado de la frontera estadounidense. La violencia que caracteriza la realidad de la frontera norte y los cuerpos que en ella se inscriben, obliga a Aurelia a forjarse un sueño que disloca los conceptos de modernidad cuando ella decide irse hasta el otro lado de México: Cancún, el sur, visto como otro paraíso prometido. Después de dejar a su hijo mayor con la hermana que la rechaza por calificarla de inestable, se aventura a cruzar el cuerpo nacional. Es entonces cuando encuentra a otra mujer que, como ella, huye de la muerte y de un sistema en el que la hipermasculinización sigue siendo el medio para mantener bajo control la frontera norte del país. La disidencia a los distintos discursos simbólicos base de la maternidad sagrada también se produce desde la resignificación de comportamientos de género erigidos por el cine de la época de oro. Destaca la reconfiguración a la inmovilidad de las mujeres que, para ser *decentes*, habían de quedarse ancladas al espacio doméstico: Aurelia y Ana (o Marilú) se involucran en juegos de poder con otros hombres en el medio de las carreteras; Aurelia ejerce su maternidad en el espacio público —dislocándola del precepto de género/feminidad/maternidad/espacio privado— y sin la autocompasión por su sacrificada labor de madre; ambas son activas, violentas, e incluso, están dispuestas a matar con tal de sobrevivir. Si *Danzón* pudo representar para algunos la metáfora del Estado regido por un partido casi omnipotente del cual era imposible escapar, la alegoría que propone *Sin dejar huella*, desde el propio título, es la necesidad de transformar las estructuras que operan sobre los cuerpos sociales e individuales.

Como sugiere Edward McCaughan a lo largo de su artículo "Navegando pelo labirinto do silêncio", hablar de identidad sexual en México es hablar sobre el poder que se inscribe sobre la producción y regulación de cuerpos e identidades. La maternidad y sus equivalencias con la feminidad (provenientes de diversas matrices discursivas que administran significados a través de instituciones religiosas, educativas, políticas, médicas, familiares, los medios masivos de comunicación, entre otras), son terrenos en donde mujeres artistas de coordenadas diversas han propuesto rupturas con concepciones naturalizantes del género prevalecientes todavía en el México democrático de comienzos del nuevo milenio.

Derrumbes públicos de la maternidad sagrada: proyecto *¡Madres!* de Polvo de Gallina Negra (Maris Bustamente y Mónica Mayer)

La década de los ochenta se consolidó como la de los movimientos sociales en América Latina a consecuencia de las urgentes necesidades de una sociedad civil sacudida, amedrentada y despojada de los más mínimos derechos civiles por los gobiernos militares y dictatoriales. Esta situación alcanzó límites inimaginables sobre todo en algunos países de América Central y el Cono Sur. Durante las décadas posteriores a los sesenta es que "la separación entre las esferas de lo privado y lo público (factor fundamental de la subordinación de las mujeres por parte del capitalismo histórico) aparece en toda su arbitrariedad y fragilidad" (Franco 1993: 268), pues lo hasta entonces definido como privado perdió su sentido de seguridad ante los violentos embates ejercidos por los sistemas políticos de aquellos momentos. El espacio público, en consecuencia, se pobló de demandas civiles que surgieron de la evidente falsedad de la dicotomía de los espacios cotidianos. Asimismo, en esta época se consolidan agendas feministas que cuestionaron la autoridad patriarcal encarnada en el poder de los gobiernos, la sociedad, prácticas culturales e incluso a los propios movimientos políticos que desde los sesenta habían puesto los asuntos de género como agendas de segundo o tercer orden. Al ser demandas provenientes del supuesto espacio privado, y muchas veces identificadas como causas burguesas originadas en países industrializados, no se consideraron como urgentes en la mayoría de los ámbitos de resistencia política y cultural de tendencias de izquierda.

Feminismo, arte y ciudadanía en México: Polvo de Gallina Negra

En México, como en varios países del mundo, los setenta y los ochenta fueron los años de mayor consolidación de los grupos feministas, que lograron incidir con sus propuestas en muchos terrenos de la política pública, la cultura y la sociedad. A partir de las fisuras culturales propiciadas por la modernización (siempre parcial) o el movimiento estudiantil de 1968, se abrieron espacios para la inserción de identidades emergentes como las feministas en los discursos públicos. Durante estos años proliferaron colectivos como Movimiento Acción Solidaria (1971), Movimiento Nacional de las Mujeres (1973) o el Movimiento Lésbico en México, fundado en 1977 por Yan María Castro, quien introdujo demandas hasta entonces al margen, inclusive, de las reivindicaciones feministas.[7] Además, se inició la publicación de la primera revista enfocada a divulgar y producir textos con perspectiva feminista: *FEM*, la misma que por más de veinte años dio cabida a las agendas y líneas de discusión dedicadas a analizar las condiciones de vida de las mujeres en diversos espacios de la vida nacional.[8] Uno de los fenómenos más interesantes de la época fue el surgimiento grupos de artistas que desarrollaron una obra basada en corrientes como el feminismo. Tal vez el más significativo haya sido Polvo de Gallina Negra, que introdujo representaciones que cuestionaron discursos simbólicos y prácticas culturales definitorios de iconos femeninos virginales, madres cinematográficas y televisivas melodramáticas que en la década de los ochenta aún fungían como pilares de la comunidad imaginada, e inclusive, de cuerpos femeninos faltos de poder sobre sus derechos reproductivos.

Tanto Maris Bustamante como Mónica Mayer fundaron el grupo con una trayectoria previa que les consolidaba ya como artistas reconocidas: Bustamante había trabajado al lado del No-Grupo, perteneciente a la generación de colectivos artísticos de vanguardia que proliferaron en la década de los setenta, y Mayer se ubicaba en la primera generación de mujeres artistas con estudios y trayectoria de vida feministas. Como comentó Maris Bustamante en una entrevista personal, mientras que Mónica Mayer proviene de medio liberal de clase media, desde donde se integra tempranamente al Movimiento Feminista Mexicano (MFM) y posteriormente al centro de producción de arte feminista en Los Ángeles Woman's Building (1978-1981), Maris Bustamante creció en un medio que, aunque también de clase media, seguía siendo muy tradicional con respecto a los papeles y discursos de género. La combinación de las trayectorias de Bustamante y Mayer se conjugó en un grupo artístico con perspectivas feministas que experimentó con las formas de producción y difusión del arte e incluso con la seriedad impuesta en muchos terrenos de los grupos feministas, pues como sugiere McCaughan, estas artistas

---

[7] Para la historia del feminismo en México, véase Bartra (2002).

[8] En 1990 se comienza a publicar la revista *Debate Feminista*, dedicada a la compilación de ensayos, artículos, reseñas, mesas redondas, entrevistas, debates, estudios, avances de investigación, relatos, canciones y recuentos, en una amplia gama de temáticas alrededor del feminismo y de los estudios de género en México y en América Latina.

rompieron con la seriedad de la izquierda heroica y del feminismo solemne (2003: 96-99). Asimismo, estas artistas rompieron la noción de separación entre la teoría feminista y su práctica en el arte, pues con anterioridad a su trabajo no se había considerado, como Mayer afirma en *Rosa chillante*, la posibilidad de creación de un arte feminista: sólo se veía al feminismo como una ideología, más que como una perspectiva de creación, pues "una cosa era el arte, que era universal y no tenía género, y otra, el feminismo" (2004: 23). Según Edward McCaughan, artistas como Polvo de Gallina Negra desarrollaron una obra dedicada a explorar el cuerpo, la subjetividad y el poder, la ambigüedad y la dualidad del género y de la sexualidad, la reapropiación de símbolos, mitos y formas de cultura popular y nacional (2003: 92).

Los trabajos transdisciplinarios de Polvo de Gallina Negra —en tanto que propiciaron la intersección de campos y disciplinas artísticas diversas que fueron del arte a la poesía, del teatro al arte plástico no objetual, incorporando en casos perspectivas científicas relacionadas con la producción del arte— colocaron el cuerpo como un productor de significado en cuanto a su función reproductora o no reproductora, pues ¿quién produce y controla el cuerpo? Lo subjetivo y el poder se expresan en líneas que discuten la conformación de la identidad sexuada y con género generando preguntas fructíferas para comprender las dinámicas de constitución y regulación del género: ¿qué es lo femenino?, ¿qué es ser mujer?, ¿qué me hace más o menos mujer?, ¿qué es el género?, ¿cómo opera?, ¿cómo se construye?, ¿cómo se vive la sexualidad? Al retomar figuras emblemáticas desde una perspectiva particular, como las madres en la cultura popular mexicana "las artistas expresaron su feminismo a través de trabajos tanto festivos como deconstruccionistas [...] así como con proyectos de denuncia" (McCaughan 2003: 92; traducción mía). Otros grupos de mujeres artistas como Tlacuilas y Retrateras, fundado en 1983, también participaron de este surgimiento artístico femenino y convocaron a eventos magnos sobre la reflexión de los rituales productores y reguladores del género como el proyecto visual "La fiesta de 15 años", para el que convocaron a artistas plásticas de diferentes corrientes y reflexionaron "sobre el significado de la entrada al mercado matrimonial" (Mayer 2004: 31). Resaltaron también las intervenciones de otras artistas como Magali Lara, Rowena Morales y Lourdes Grobet, quienes también se sumaron a reflexionar en sus obras sobre la composición del cuerpo, género y sexualidad femeninos.[9]

---

9 Para un análisis de la obra de artistas feministas contemporáneas a Mónica Mayer y Maris Bustamante, véase Mayer (2004).

La experiencia de Mónica Mayer como estudiante en la Academia de San Carlos marcó la trayectoria de esta artista que desde inicios de su carrera concibió obras que incluyeron temas feministas hasta entonces poco desarrollados por los grupos de los setenta, apegados a una línea política de izquierda y consecuente al movimiento estudiantil del 68.[10] Como explica Mayer en *Rosa chillante*, durante su estadía en la Academia era común escuchar que "por cuestiones biológicas, las mujeres no éramos buenas artistas como ellos ya que nuestra creatividad se diluía en la maternidad" (2004: 16). La obra entera de Mónica Mayer se ha focalizado no sólo en producir un arte feminista, sino también en investigar las condiciones que limitan o favorecen la producción de artistas mexicanas. En recientes indagaciones críticas y autorreflexivas, como puede verse en el artículo "Clase, género y arte: que no las veamos no quiere decir que no estén", Mayer ha profundizado en dos de las implicaciones presentes en el proceso de producción artística menos tratadas por el medio intelectual mexicano: la clase social y la etnia como marcas de acceso —o falta del mismo— a los medios de producción. Si hay un cuerpo crítico dedicado a trazar una genealogía de *las artes acción* creadas por mujeres en México ha sido el producido por Mónica Mayer, quien incansablemente ha trabajado como artista y compiladora de una memoria visual de los proyectos producidos durante las últimas tres décadas del siglo XX y los comienzos del nuevo milenio.

Maris Bustamante, desde sus inicios como artista al lado del No-Grupo, manifestó ser una artista preocupada por producir rupturas que revolucionaran las formas de producción y difusión del arte y las formas de pensamiento. Para Bustamante, como ella misma sugiere en su artículo "Non-Objective Arts in Mexico 1963-83", concebir nuevas formas de arte también ha implicado concebir nuevas formas de pensar, de resignificar. La artista ha cuestionado, desde perspectivas muy diferentes, matrices de significado que han dado contorno a experiencias uniformizantes de la sexualidad, el género y la identidad cultural. Muestra de esto, como describe Edward McCaughan en su artículo sobre arte y movimientos sociales, fueron sus trabajos tempranos, como el *Pornochow* (1981), en el que a partir de un *striptease* la artista removía partes del cuerpo que incluían un pene dispuesto para una bebida y una vagina rellena de palomitas de maíz que repartía al público, y la arte-acción de patentar el taco (1979), la misma que la reconoce, legalmente, como la autora intelectual del taco, uno de los principales mitos de la cultura mexicana. Las intervenciones que Bustamante hizo en paralelo a su participación con el No-Grupo, son, de acuerdo a la artista, propuestas en intrínse-

[10] Véase McCaughan (2003).

ca relación al arte no-objetual: es decir, un arte que se queda sin objeto para convertirse en una acción. El arte es la acción plástica misma que, efímera, desaparece después de su representación.

Las propuestas del No-Grupo respondieron al momento artístico de vanguardia que proliferaba en México en los años posteriores a 1968: buscaban incidir directamente sobre la producción, la distribución y el consumo del arte. Junto con otros grupos de arte colectivo, característicos en México como un eco de los movimientos ideológicos de 1968, la actividad grupal se inserta como un modo de "cuestionar los conceptos de autoridad y autoría" (Mayer 2004: 12) para así producir actos de desobediencia a la gran familia mexicana posrevolucionaria. Una presencia muy influyente en el desarrollo de los grupos en México, y que más tarde influenciaría también la obra de Polvo de Gallina Negra, fue la del artista chileno Alejandro Jodorowsky.[11] Éste vivió en México a finales de los sesenta y principios de los setenta, influenciando el medio cultural con su teatro pánico fundado en 1962. La influencia del teatro pánico (derivado del dios Pan), como fuera el *happening* de los sesenta, dio lugar a la creación de una obra transdisciplinaria que saca al teatro del teatro, a la pintura de la pintura y de los museos, trastocando los géneros literarios clásicos para así romper los compartimentos formulados por las distintas disciplinas del arte.[12]

Las propuestas de Polvo de Gallina Negra siguen de muchos modos lo que Maris Bustamante denominara como la base del legado de Jodorowsky, autor de la fiesta espectáculo. Siguiendo los principios flexibles de la fiesta espectáculo, Polvo de Gallina Negra desarticuló algunos de los discursos esencialistas que han determinado la experiencia tradicional de la maternidad en México.

---

[11] Alejandro Jodorowsky (Chile, 1929). Entre las décadas de los cuarenta y los cincuenta se produce en Chile un movimiento cultural de "jóvenes desenfadados" que habrían de proponer transformaciones culturales radicales y de vanguardia: José Donoso, Enrique Lithin, Alejandro Jodorowsky. Jodorowsky comienza su compañía de teatro experimental siendo todavía parte de la Universidad de Chile. A los 23 años deja su país, y en 1962 funda, junto con Fernando Arrabal y Roland Topar, el "Movimiento pánico", en alusión al dios Pan, que se manifestó a través de ciertas cualidades para la concepción del arte como terror, humor y simultaneidad (biografía basada en: <www.clubcultura.com/clubjodorowsky/bio.htm> (15 de noviembre de 2006).

[12] Lo que en los noventa y en el nuevo milenio es denominado como "performance" deriva de lo que Maris Bustamante y Mónica Mayer definieran como "artes-acción", "acciones plásticas" o "arte-vivo". Este capítulo sigue la denominación propuesta por Bustamente y Mayer, arte-acción, para referirse a los proyectos de intervención plástica-performativa de Polvo de Gallina Negra.

En las obras se intentó romper con las divisiones binarias siguiendo la línea del sujeto pánico propuesto por Jodorowsky: autoconstituido y autodestruido en una misma acción. Ejemplo clave de la influencia pánica en el trabajo de Polvo de Gallina Negra es la deconstrucción del binomio de virgen/mujer cipris —encarnado en la Virgen de Guadalupe y su contraparte Malinche dentro del imaginario nacional—, lo que permitió una desarticulación, aunque fuera momentánea, de las gramáticas, muchas veces contradictorias, del modelo binario de identidad genérica propuesto por diversos canales de discurso. Al sacar lo femenino/materno del sistema binario de Chinguadalupe, Polvo de Gallina Negra produjo un personaje subversivo que proponía al espectador la imagen de una mujer con deseos de vivir la maternidad, en lugar de responder a la maternidad impuesta. Al mismo tiempo, se concibieron como mujeres agresivas al provocar movimiento al icono virginal clásicamente estático, lo que resultó en un empoderamiento derivado de estas acciones. Desde esa posición Polvo de Gallina Negra, siguiendo los postulados de Jodorowsky, plantea la característica de pro-construcción y pro-destrucción inherente a la fiesta espectáculo: mientras se rompen modelos y significados tradicionales se proponen experiencias distintas, que parodian y reconfiguran lo tradicional.

Las formas PIAS (Performances, Instalaciones y Ambientaciones), formuladas por Polvo de Gallina Negra y entendidas como muestras de arte en acción o arte vivo, son obras definidas por Mónica Mayer como las que "abandonan los soportes no tradicionales para introducirse al tiempo, al proceso, a los productos efímeros, al ritual, al material pre-fabricado, a las propuestas indefinibles, a la integración entre el arte y la vida" (2004: 15). Como señala Mayer, la creación de las arte-acción durante la década de los ochenta fue poco entendida por la crítica mexicana que a veces no tenía ni el vocabulario para describir los montajes, siendo tal vez ésta una de las razones por las cuales estas obras contaron con muy poca recepción crítica. Estas obras acción, definidas por Mayer, debían considerarse como "una representación hecha por un artista para transmitir sensaciones e ideas utilizándose a sí mismo como elemento artístico. Difiere del teatro porque sólo se presenta una vez, recurre a la espontaneidad y no existen las relaciones de director, escritor, actor" (1984: 13).[13]

[13] Las arte-acción, o performances, tienen un fundamento en el movimiento del *happening*, que se define como "A form of theatrical composition begun in the las 1950's, rejecting all narrative logic and all forms of stages in favor of maximum exploitation of the performances environment, lyrical performing elements within matrixed structure, and an overall synthesis of music, literature, and the visual arts" (Higgins 1976: 271).

Para las dos artistas fue significativo poder trasladar las propuestas conceptuales del feminismo teórico a la creación de obras con dicha perspectiva. Para lograr ese objetivo se definieron las metas del grupo que han sido puntualizadas por Mónica Mayer en *Rosa chillante*: 1) analizar la imagen de la mujer en el arte y medios de comunicación, 2) estudiar y promover la participación de la mujer en el arte; 3) crear imágenes, a partir de la experiencia de ser mujer dentro del sistema patriarcal, basadas en una perspectiva feminista y con miras a transformar el mundo visual y así alterar la realidad (38). Estudiar las propuestas del arte feminista de Polvo de Gallina Negra a más de veinte años de su creación es revelador porque visibiliza dinámicas y discursos que construyen, aun en el nuevo milenio, las categorías de diferencia sexual y de identidad cultural mexicana, así como los discursos que sostienen la exclusión sistemática de las subjetividades femeninas y alternas a la matriz heterosexual. Sus propuestas, muchas veces derivadas de los espacios y rituales cotidianos adjudicados a las mujeres en México (la cocina, la recámara matrimonial, la boda, la fiesta de quince años, la maternidad) visibilizaron la intrínseca relación que sigue existiendo entre la formación/performance de género y las ideologías históricamente construidas en las diversas manifestaciones de los sistemas simbólicos que dan lugar al imaginario cultural mexicano. Como afirma Mónica Mayer en *Rosa Chillante*: "Maris ha logrado mostrar lo insólito de los objetos que nos rodean, metáforas de la opresión de la mujer" (2004: 14). Y sobre todo, las dos artistas enfatizaron la función de los objetos cotidianos que influyen en la fabricación del género al usarlos de manera paródica en sus arte-acción: el delantal y otros instrumentos de cocina, las panzas artificiales hechas de hule espuma, ropa de embarazo, los adornos, las muñecas para niñas, entre otros.

A pesar de la falta de recepción que hubo por parte de la crítica, los nuevos significados culturales propuestos por Polvo de Gallina Negra contribuyeron al fortalecimiento de una participación política femenina en México que, como en Argentina con las Madres de la Plaza de Mayo, o las Vírgenes de Guadalupe de artistas plásticas chicanas como Yolanda López o Ester Hernández,[14] han contribuido a la toma de acciones que buscan recuperar la ciudadanía femenina, promoviendo con sus propuestas una revisión democratizadora de las prácticas cotidianas relacionadas con el género y la maternidad.

---

[14] Para un estudio sobre las intervenciones radicales de artistas chicanas véase Pérez (2007).

Maternidades en acción: intervenciones artístico-políticas de Polvo de Gallina Negra

Las actividades de Polvo de Gallina Negra comenzaron con su participación en la Marcha en contra de la violación sexual (7 de octubre de 1983) en el Hemiciclo Benito Juárez de la Ciudad de México. Juárez, además de ser figura emblemática en la historia nacional, acuñó una de las frases más representativas del nacimiento de la república liberal en México a partir de las Leyes de Reforma de 1857: "El respeto al derecho ajeno es la paz".[15] Para dialogar con esta propuesta y actualizarla con los motivos feministas de la manifestación, Mayer y Bustamante representaron el performance "El respeto al cuerpo ajeno es la paz", en el que repartieron sobrecitos que contenían el "polvo de gallina negra para echarles mal de ojo a los violadores". En este evento dieron a conocer el nombre del grupo equiparándolo con la causa de la marcha masiva: un acto en contra de la violación, es decir, para defenderse del sistema de los ataques provenientes del sistema patriarcal, ya fuera por la resistencia a un grupo de artistas feministas o por el entendimiento común de considerar al cuerpo femenino como accesible y violable en cualquier espacio público o privado.

La receta apareció en el número dedicado a la producción plástica de artistas mexicanas publicado por la revista *FEM* (abril-mayo 1984). Llevando como motivo principal "hacerle mal a los violadores, o el respeto al cuerpo ajeno es la paz", la receta se construye de ingredientes que intentan provocar directamente respuestas de resistencia a los distintos discursos y prácticas sociales que, atravesando todos los ámbitos de la vida, construyen y mantienen una posición de desventaja para las mujeres en sociedad. La particularidad de estos ingredientes es que buscan también hacer reflexionar sobre las construcciones de género impuestas desde distintas matrices de significado, haciendo evidente cómo las mujeres nos podemos convertir en cómplices de la exclusión femenina. Con esta intervención pública Polvo de Gallina Negra contribuyó a generar un proceso autorreflexivo y transformador del género femenino para el que se necesitan: "2 docenas de ojos y corazones de mujeres que se acepten como tal" o "20 kilogramos de rayos y centellas de mujer que se enoja cuando la agreden" (Polvo de Gallina Negra

---

[15] Las Leyes de Reforma (1857) emitidas por el Partido Liberal, al cual pertenecía Benito Juárez, "producen las leyes indispensables para el desarrollo de las libertades, en oposición notoria a la Constitución de 1824, y a los otros proyectos constitucionales donde se identifica con 'traición a la Patria'" (Monsiváis 2003: 3).

1984: 53). Esta concepción de mujer agresiva, consciente de la posición y poder de su cuerpo, representa una transformación radical a los modelos de feminidad públicamente identificados con la sumisión ideal del género "suave".

La vinculación entre arte y política es evidente en esta receta. Los ingredientes apuntan directamente hacia las distintas instancias que en la década de los ochenta conformaban un sistema legislativo regido por un imaginario androcentrista en el que la mujer violada era, y sigue siendo, considerada culpable hasta que se demuestre lo contrario. La "pizca de legisladores interesados en los cambios que demandamos las mujeres", así como "2 colmillos de militante de partido de oposición" denotan la urgente transformación de un sistema político hegemónico anquilosado en la década de los ochenta, tal y como se comprobó a partir de la crisis electoral, política y social que devino de la fuerza alcanzada por líder de oposición Cuauhtémoc Cárdenas en 1988.[16] Esta "acción plástico-política" denota cómo el lento proceso de democratización en México ha requerido una transformación radical en las prácticas cotidianas que afectan la vida de las mujeres pues, como señala la receta también, abundan "los violadores que habitan su misma casa o la de la vecina [...] o los que se esconden en la noche que hoy venimos a tomar" (Polvo de Gallina Negra 1984: 53). Con ese primer evento se marcó la línea de trabajo realizado desde 1983 a 1993: proponer un arte no objetual, de vanguardia, que formulara obras de ruptura a los conceptos arbitrarios de lo público y lo privado para así connotar una de las metas principales del feminismo de las décadas de los setenta y ochenta: hacer del espacio privado un espacio político, pues como arguyó Bustamante en una mesa de "Arte feminista" y en relación al trabajo de Polvo de Gallina Negra: "Tratamos de juntar el tiempo social y el tiempo individual" (2001: 283).

Desde su participación en el No-Grupo, Maris Bustamente adoptó una actitud iconoclasta e incorporó la repartición de objetos en los montajes: los "objetos" repartidos, como afirmara Rubén Valencia, eran dados como "vitaminas para ayudar a entender el arte conceptual" (Bustamante 2000: 235) convirtiéndose en medios de reflexión para los espectadores. Las arte-acción, la

---

[16] En 1988 el partido hegemónico de entonces, el PRI, hizo una vez más gala de su "imposibilidad de aceptar el cambio", colocando a su candidato oficial, Carlos Salinas de Gortari, como presidente electo. Es la fuerza política que alcanzó el candidato no reconocido como ganador, Cuauhtémoc Cárdenas, que muchos reconocen como el comienzo de la transición a la democracia, la misma que se vio "realizada" en las elecciones de 2000 con el triunfo de Vicente Fox, perteneciente al Partido Acción Nacional.

repartición de objetos, enriquecidos con otras líneas de trabajo como el arte correo y las conferencias fueron las actividades integradas por Polvo de Gallina Negra que, en 1987, concibe su proyecto más ambicioso: *¡Madres!* En la descripción que Mónica Mayer hace sobre *¡Madres!* es posible ver que la maternidad puede ser también vista como un acto desnaturalizante del género pues se propone no como una misión sociocultural, sino como una obra planificada y cargada de resignificaciones radicales:

> Nos planteamos *¡Madres!* como una forma de integrar la vida y el arte por lo que nuestro primer paso fue embarazarnos para entender el tema a fondo. Naturalmente contamos con la ayuda de nuestros esposos quienes como artistas entendieron perfectamente bien nuestras intenciones. Como buenas feministas tuvimos hijas y, para probar nuestra exactitud científica, Yunuén y Andrea nacieron con tres meses de diferencia en 1985, año del terremoto. Desde entonces nos presentamos como el único grupo que cree en el parto por el arte (Mayer 2004: 39).

Al jugar con el cientificismo del proyecto el grupo comenzó su incidencia sobre lo que ellas denominaron "el arquetipo materno". Como sugiere Mónica Mayer, "como el principal soporte del arte acción es el cuerpo de la artista siempre tiene algo de autobiográfico. No olvidemos que el performance no pretende representar la realidad, sino intervenir a partir de acciones" (2004: 6). De aquí que este embarazo y la maternidad de las artistas hayan quedado insertos en el campo de la producción de significado, logrando con sus intervenciones una extensa reflexión sobre el peso cultural que sigue teniendo la maternidad para el imaginario mexicano. De este modo Polvo de Gallina Negra creó su propia manera de vivir la maternidad: una que se definió como cultural, pública y propuesta como terreno para la discusión política. Con sus performances se teatralizaron los "eventos magnos" para la vida de las madres mexicanas y, por tanto, se dislocó su discursividad naturalizante. Estudiar las obras de Polvo de Gallina Negra a comienzos del nuevo milenio sigue siendo una tarea vigente, pues la legislación sobre los derechos productivos en México sigue siendo "la frontera del derecho a decidir" (Lamas 2003: 143).[17]

---

[17] El 25 de abril de 2007 la Asamblea Legislativa del Distrito Federal aprobó finalmente la despenalización del aborto. Sin embargo, esta medida sólo modifica el Código Penal capitalino, por lo que es una medida parcial que sólo beneficia a las mujeres que tienen acceso a los servicios hospitalarios de la Ciudad de México. Una cronología completa de las luchas por la despenalización del aborto en México se encuentra en la página web del Grupo de Información en Reproducción Elegida: <http://www.gire.org.mx/contenido.php?informacion=42>. Página web consultada el 30 de junio de 2007.

La invasión de las madres del espacio público se consolidó a partir de varios elementos artísticos que fueron en sí pequeños proyectos. Polvo de Gallina Negra participó —durante 1984— en un ciclo de treinta conferencias sobre la imagen sexista de las mujeres en los medios masivos y en el arte, así como sobre las condiciones de producción de las artistas contemporáneas (*Las mujeres artistas o Se solicita esposa*). Como parte de *¡Madres!* se realizaron, en distintas etapas del proyecto, una serie de envíos de arte-correo a la comunidad artística, a las feministas y a la prensa denominados "Egalité, Liberté, Maternité". Las temáticas eran diversas pero se centralizaban en la reflexión sobre la relación con los conceptos de maternidad, especialmente en la discusión sobre la inserción de los "arquetipos" como se sugiere en el "Boletín #1": "El arquetipo no es una imagen concreta en el tiempo y en el espacio, sino una imagen interior que trabaja en la psique humana". Si bien este arte-correo sugiere en una primera instancia la reflexión sobre la atemporalidad del arquetipo femenino-materno al sugerir que "no es una imagen concreta en el tiempo y en el espacio", la intervención de estas artistas conlleva la reflexión sobre la historicidad del propio género, pues nos revela una de las marcas visibles en el tratamiento de lo femenino a lo largo del tiempo definido como mexicano: la exclusión. Como sugiere la feminista Marcela Lagarde: "La situación de las mujeres es el conjunto de características que tienen las mujeres a partir de su condición genérica en circunstancias históricas particulares" (2005: 33).

Otra interesante vertiente de los arte-correo fue discutir sobre aspectos como la concepción, interiorizados por el imaginario social mexicano como una función de carácter divina prevaleciente en los discursos emitidos por la Iglesia católica, los mismos que son todavía regidores del mundo privado en el mapa cultural mexicano: la casa, la familia y el mundo de las mujeres (ver figura 1.1).[18] En el "Correo #4", "El misterio de la concepción o como hacerle para remover los asientos... del difunto", la consigna más descollante es la frase que ha definido al arte clásico, anterior a las vanguardias: "el arte por el arte". La concepción de un arte autónomo de la vida se reconfigura en este

[18] Como señala Carlos Monsiváis en su artículo "No estamos en contra de las libertades sino de su ejercicio", la derecha —identificada con la institución de la Iglesia— ha ejercido "el control histórico sobre las mujeres. La consagración del machismo en la vida social y en la industria de la consciencia ratifica las pautas del tradicionalismo" (2003: 5). De ahí que descontrolar la ideología proveniente de los recintos eclesiásticos sobre lo que significa "ser mujer" sea uno de los puntos indispensables para transformar la posición de las mujeres en la sociedad mexicana.

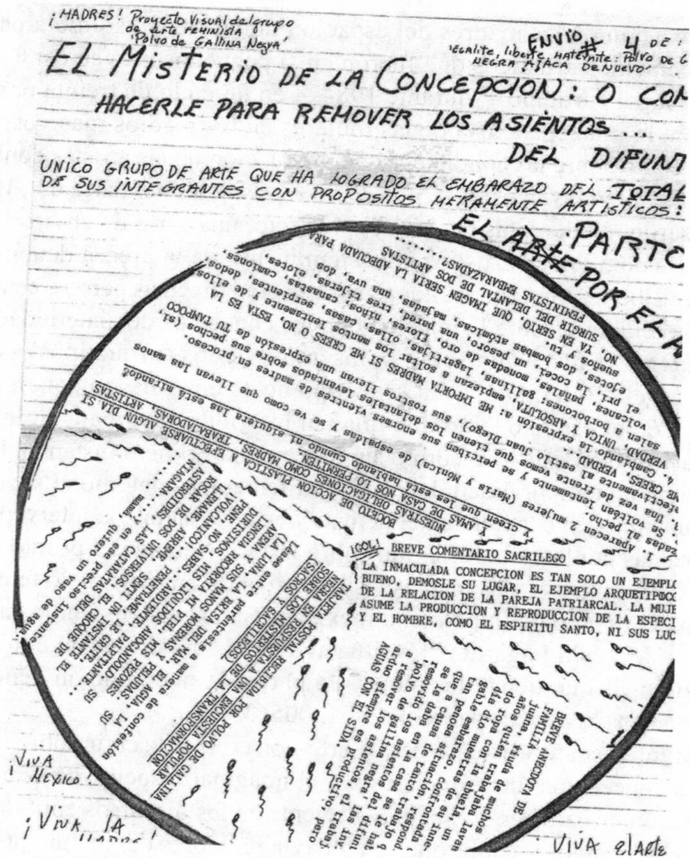

Figura 1.1. Polvo de Gallina Negra: "El misterio de la concepción o cómo hacerle para remover los asientos… del difunto" (cortesía de Maris Bustamante y Mónica Mayer).

arte correo en el que se reescribe la frase "el parto por el arte". El correo discute el momento de concepción a partir de dos registros: el discursivo, que proviene de los mensajes escritos por toda la obra, y, en segundo lugar, el que se percibe como una acción plástica a partir de la ordenación de los elementos visuales que constituyen la imagen de un óvulo siendo fecundado por espermatozoides. Con esta imagen irónica de la concepción se produce un modelo paralelo, alterno, a la idea de la concepción natural vista por muchos como la única y legítima. Los paradigmas religiosos y científicos, que son fundamento de los discursos naturalizantes sobre la maternidad, son parodiados y reconstruidos a una misma vez. Lo discursivo se ordena dentro del círculo con una perspectiva que implica movimiento al momento de la lectura y aproximación a la imagen. Los mensajes "Breve comentario sacrílego", "Tarjeta postal recibida por PGN...", "Léase entre paréntesis a manera de confesión" y el "Boceto de acción plástica a efectuarse un día" apuntan, de un modo sarcástico y mordaz, hacia los guiones sociales que moldean la maternidad como misión sagrada e irremediablemente inscrita al cuerpo femenino.

Cada uno de los mensajes que se incluyen en este arte-correo parecieran en sí mismos una arte-acción que desencadena una reacción disidente hacia los modelos preestablecidos de maternidad. Se desmitifica a la Inmaculada Concepción evidenciándola como "el ejemplo arquetípico de la relación de la pareja patriarcal" (con el hombre ausente). Al mismo tiempo producen un proceso de *desembarazamiento* —a partir de su boceto de acción plástica que sólo podrá efectuarse "si nuestras obligaciones como madres, trabajadoras, artistas y amas de casa nos lo permiten"— de los objetos demarcadores de los límites del género y su obligada maternidad. Las notas para el performance imaginario indican: "empiezan a soltar los mantos lentamente y de ellos salen a borbotones: gallinas, lagartijas, ollas, casas, serpientes, dedos, volcanes, panales, monedas de oro [...] y tú". Los objetos, asimismo, parecen provenir de aquellos que popularmente se utilizan en las "limpias" del "mal de ojo" que algunas curanderas practican a sus allegados, con lo que la panza de embarazo pareciera estar repleta del "mal de ojo" (daño) provocado por el estigma social para lo cual las artistas están buscando "un remedio". La palabra final de ese boceto resulta estremecedora, pues el lector es mencionado como parte de los elementos que salen de esa panza: "tú". La inclusión del espectador en la obra hace llegar al que contempla los propios discursos que se derivan y construyen en su práctica cotidiana y social. Un "todos somos cómplices" o "todos estamos implicados" en la estigmatización de la maternidad proviene de esa inclusión del espectador/lector en la obra. En este arte-correo la nación queda involucrada como matriz discursiva de esta complicidad, pues el óvulo artístico en plena concepción queda enmarcado entre las frases "¡Viva México! ¡Viva las madres! ¡Viva el arte!". Desde este marco, las artistas comunican los fondos discursivos sobre los cuales es preciso incidir: la nación como una de las principales matrices de significado y/o de mitos que a su vez implican relaciones de poder.

En un sentido más amplio este arte-correo también desestabiliza la categoría mujer al desnaturalizar uno de los eventos asignados a su cuerpo debido a su conformación biológica, atentando de esta manera en contra de los principios de la compulsión heterosexual. Si la institución heterosexual, como han discutido ampliamente Monique Wittig, Adriene Rich y Judith Butler, es la que produce la coherencia derivada de la correspondencia entre sexo y género, cualquier manifestación o práctica distinta a la hegemónica habrá de ser considerada subversiva, anormal y, en definitiva, fuera del supuesto orden natural que da sustento a la matriz heterosexual. De aquí que la obra de Polvo de Gallina Negra, en tanto que evocó procesos de concepción metafóricos y culturales, haya sido una intervención radical que no sólo buscó desarticular los discursos lacerantes que definieron la maternidad y el género femenino en el México posrevolucionario, sino que también propuso una democratización de ambas categorías más allá de la norma heterosexual, regidora de las relaciones de género en el México contemporáneo.

En el envío del "Arte-correo #5", "El triunfo de Mother-war o El desenlace de las guerras púbicas", las heroínas "Moni-ka" y "Ma-ris" (descendientes de Polvo de Gallina Negra) han logrado por fin, en el año 5364, la caída del patriarcado y la caída del arquetipo materno constituyendo un sistema "hijarista" (véase figura 1.2). Los cuerpos de ambas heroínas aparecen en estado de embarazo, resaltando este factor en las imágenes y provocando la idea de dos mujeres en pleno movimiento y fuerza creativa a partir de la toma de atributos guerreros y la posibilidad de vivir una maternidad alternativa. Las imágenes del "Arte-correo #5" proponen un orden alterno al patriarcal y cuestionan directamente discursos de control alrededor de las mujeres embarazadas, casi siempre bajo la vigilancia social ya sea desde los ojos de la familia, el estado, la Iglesia e inclusive los servicios de salud. En estas propuestas se sugiere no sólo una movilización a los iconos maternales, sino una representación en la que el placer ocupa la experiencia del ser mujeres y madres. En este sentido, la intervención de Mayer y Bustamente se equipara a la que Jesusa Rodríguez y Liliana Felipe hicieran en 1976: un libro-objeto a manera de cómic intitulado *Semanario de misterio presenta: Las aventuras de Maga-Lee*, en el que, en una acción solidaria, ambas artistas reconocieron festivamente la labor de la "heroína" Magali Lara, quien fue durante los setenta una de las principales voces del feminismo en las artes. Sin embargo, intervenciones como las de Rodríguez y Felipe, como sugiere Lourdes Morales, permanecieron condenadas a cierta marginalidad pues "la crítica de la época, aun aquella escrita por mujeres, persiste en definir 'lo político' en torno a una acción de "arte público" y la ilustración de la lucha por el poder" (Morales 2007: 182). Tal vez una de los aspectos más definitorios de Polvo de Gallina Negra fue su capacidad de trascender las divisiones arbitrarias entre lo público y lo privado, así como aquéllas que se imponen entre lo personal y lo polí-

Figura 1.2. Polvo de Gallina Negra: "El triunfo de Mother-war o El desenlace de las guerras púbicas" (cortesía de Maris Bustamante y Mónica Mayer).

tico trayendo a la arena de discusión otras perspectivas que hicieron posible la concepción de experiencias alternativas del género, la sexualidad y la participación cultural de las mujeres en el México contemporáneo.

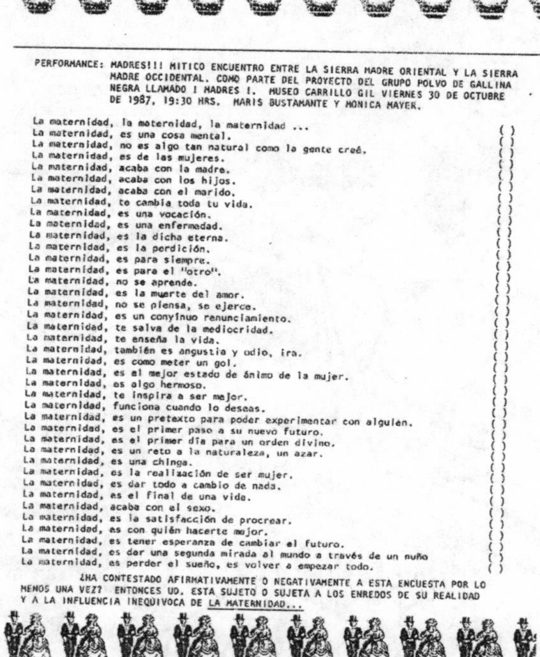

PERFORMANCE: MADRES!!! MITICO ENCUENTRO ENTRE LA SIERRA MADRE ORIENTAL Y LA SIERRA MADRE OCCIDENTAL. COMO PARTE DEL PROYECTO DEL GRUPO POLVO DE GALLINA NEGRA LLAMADO ! MADRES !. MUSEO CARRILLO GIL VIERNES 30 DE OCTUBRE DE 1987, 19:30 HRS. MARIS BUSTAMANTE Y MONICA MAYER.

La maternidad, la maternidad, la maternidad ... ( )
La maternidad, es una cosa mental. ( )
La maternidad, no es algo tan natural como la gente creé. ( )
La maternidad, es de las mujeres. ( )
La maternidad, acaba con la madre. ( )
La maternidad, acaba con los hijos. ( )
La maternidad, acaba con el marido. ( )
La maternidad, te cambia toda tu vida. ( )
La maternidad, es una vocación. ( )
La maternidad, es una enfermedad. ( )
La maternidad, es la dicha eterna. ( )
La maternidad, es la perdición. ( )
La maternidad, es para siempre. ( )
La maternidad, es para el "otro". ( )
La maternidad, no se aprende. ( )
La maternidad, es la muerte del amor. ( )
La maternidad, no se piensa, se ejerce. ( )
La maternidad, es un conyínuo renunciamiento. ( )
La maternidad, te salva de la mediocridad. ( )
La maternidad, te enseña la vida. ( )
La maternidad, también es angustia y odio, ira. ( )
La maternidad, es como meter un gol. ( )
La maternidad, es el mejor estado de ánimo de la mujer. ( )
La maternidad, es algo hermoso. ( )
La maternidad, te inspira a ser mejor. ( )
La maternidad, funciona cuando lo deseas. ( )
La maternidad, es un pretexto para poder experimentar con alguien. ( )
La maternidad, es el primer paso a su nuevo futuro. ( )
La maternidad, es el primer día para un orden divino. ( )
La maternidad, es un reto a la naturaleza, un azar. ( )
La maternidad, es una chinga. ( )
La maternidad, es la realización de ser mujer. ( )
La maternidad, es dar todo a cambio de nada. ( )
La maternidad, es el final de una vida. ( )
La maternidad, acaba con el sexo. ( )
La maternidad, es la satisfacción de procrear. ( )
La maternidad, es con quién hacerte mejor. ( )
La maternidad, es tener esperanza de cambiar el futuro. ( )
La maternidad, es dar una segunda mirada al mundo a través de un nuño ( )
La maternidad, es perder el sueño, es volver a empezar todo. ( )

¿HA CONTESTADO AFIRMATIVAMENTE O NEGATIVAMENTE A ESTA ENCUESTA POR LO MENOS UNA VEZ? ENTONCES UD. ESTA SUJETO O SUJETA A LOS ENREDOS DE SU REALIDAD Y A LA INFLUENCIA INEQUIVOCA DE LA MATERNIDAD...

Figura 1.3. Invitación al evento organizado en el Museo Carrillo Gil, Ciudad de México (oct. 1987; cortesía de Maris Bustamante y Mónica Mayer).

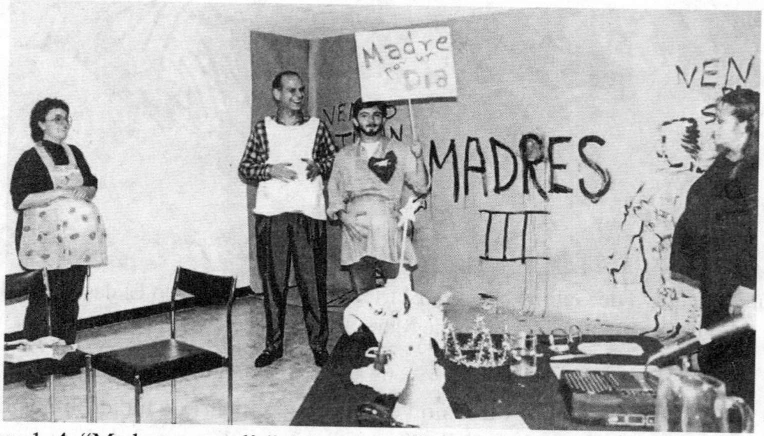

Figura 1. 4. "Madre por un día". Museo Carrillo Gil, Ciudad de México (oct. 1987; cortesía de Maris Bustamante y Mónica Mayer).

Se realizaron, además, diversas arte-acción en el Museo de Arte Carrillo Gil —como "Madre por un día", que se repetiría en el programa de televisión con Guillermo Ochoa—, la Esmeralda y otros sitios (véase figuras 1.3 y 1.4). Como puede verse en la figura 1.3, la invitación para presenciar el arte-acción en el Museo Carrillo Gil parece un poema gráfico en el que la maternidad y sus múltiples discursos son puestos en cuestionamiento a partir de la participación del espectador. La invitación representa en sí un arte-acción que invita al espectador a reflexionar sobre los valores y prácticas que conforman su categoría de lo maternal, como por ejemplo: "La maternidad es una cosa mental", "La maternidad es la dicha eterna", "La maternidad no se piensa, se ejerce". De esta manera sus intervenciones artísticas rompieron con la noción del arte como un acto contemplativo y lo plantearon como una actividad de concientización política y activismo social. Asimismo, se convocó al público en general a participar en el concurso *Carta a mi madre*, en el cual se pedía escribir una carta a la madre en la que se dijera todo aquello que no se había podido decir en persona o en vida. El concurso *Carta a mi madre*, además, fue una parodia directa a los concursos y eventos de ámbito nacional realizados por el periódico *Excélsior* desde la consolidación del día de las madres en 1922 hasta, coincidentemente, el año 1968. Si los eventos de *Excélsior* se dedicaron a perpetuar iconos maternales virginales y sacrificados que a su vez hicieran de pilares de la comunidad imaginada, el concurso propuesto por Polvo de Gallina Negra mostró un lado de la maternidad hasta entonces poco explorado en arenas públicas. De acuerdo a Mayer, recibieron setenta cartas de todo el país, en las que se evidenciaba la disparidad de las experiencias de la maternidad y se desvirtuaba, a partir de la narración de la experiencia individual, la figura simbólica de la madre santificada para revelarla en muchos sentidos, como una institución administradora de prácticas de control hacia los cuerpos y subjetividades femeninas.

Como quien dice, está usted entrando a nuestro mundo...

Una arte-acción muy significativa, tal vez por su incidencia masiva a través de la reina del hogar mexicano, la televisión, es la maternidad *desencarnada* propuesta en la intervención "Madre por un día", que subvirtió de modo sutil y desgarrador al mismo tiempo los modelos femeninos asignados por la norma heterosexual y otros canales productores de significado en México. Esta arte-acción se presentó en el programa en vivo *Nuestro Mundo* (agosto de 1987) del conocido comentarista Guillermo Ochoa, quien, de forma entusiasta participó, en su embarazo por dos feministas ante 200 millones de espectadores vía cadena internacional (Televisa). Uno de los valores de este performance radica en la síntesis que logra de las propuestas que el grupo había estado realizando a lo largo de sus varios años de trabajo. Al tener a la audiencia masiva como espectador de su evento, la propuesta de una maternidad voluntaria y meramente creativa fue una disidencia a la intervención exterior (ya fuera del Estado, de la familia, la religión o del texto social) impresa sobre las experiencias de maternidad en el México posrevolucionario.

La intervención "Madre por un día" comienza con una cordial introducción de Guillermo Ochoa, enmarcado por el emblema de la cadena de televisión Televisa, que es ahora casi más conocido que el escudo nacional, quien desde un inicio advierte al público que en ese día se sostendrá un evento o "plática" a la cual tal vez "no le entendamos nada". Posteriormente, las artistas se dedican a crear en vivo el arte-acción que, como describió Maris Bustamante en una entrevista personal, estaba trazado con un plan que pensaban podrían mantener bajo control, pero que, gracias al entusiasmo de Ochoa, rebasó las expectativas que tenían del evento. Después de una larga charla que se asemeja al tratamiento surrealista de ciertas temáticas (como la patente y/o autoría intelectual que Maris Bustamante obtuviera del taco en 1979), las dos mujeres, vestidas con delantales comúnmente utilizados por las amas de casa mexicanas de clase trabajadora, explican su propósito para ese día, así como la línea que fundamenta el trabajo feminista de su grupo artístico. En esa explicación de su proyecto *¡Madres!* queda muy claro que al tratarse de una obra creada y creativa es también productora de nuevos significados, lo cual incide directamente sobre los comportamientos esperados del arquetipo sagrado de la nación: la madre virginal, o bien su contraparte Cipris. Las "madres" representadas por Bustamante y Mayer evocan un papel bien diferente, no visto comúnmente pero sin duda amenazante para muchos: el de artistas:

> Bustamante: [...] Y hoy venimos a platicarles a todos ustedes de un proyecto que se inició el 10 de mayo, que como ustedes se habrán dado cuenta, viéndome, es sobre la maternidad.
> Ochoa: No quería preguntárselo directamente, pero creo que viene al caso, ha lugar pues, el preguntarle si está embarazada o así es.
> Bustamante: Claro. De hecho yo me encuentro en este momento en el casi sexto mes de embarazo. Y bueno da lugar la pregunta porque de hecho ha sido un magno proyecto que se gestó en el grupo, y bueno un día...
> Ochoa: ¿Su embarazo, perdón?

Bustamante: Sí, mi embarazo y el de Mónica. Porque esto fue, empezó hace dos años el proyecto de la maternidad, y entonces Mónica y yo decidimos trabajar sobre la maternidad. ¿Recuerda usted que habíamos trabajado sobre el trabajo doméstico, sobre las quinceañeras, tratar estas temáticas de mujeres? Entonces un día Mónica y yo decidimos trabajar sobre la maternidad y claro, ¿qué era necesario?
Ochoa: Embarazarse...
Bustamante: Embarazarnos...

Con la decisión de embarazarse para "trabajar sobre la maternidad", estas artistas rompieron con la dicotomía de los espacios públicos/privados y con la dicotomía de arte/vida. Ambas concepciones —el embarazo como una experiencia privada y el arte como un acto separado de la vida— quedaron reducidas a una ficción que fue posible gracias a los movimientos que las artistas provocaron al modelo iconográfico de las madres. El embarazo en esta acción plástica es convertido en un magno proyecto, el cual las artistas planifican y dirigen; asimismo, es un proyecto con el cual experimentan y se desentienden de cualquier poder externo que busque controlar su proceso de gestación/producción. La propuesta de una maternidad voluntaria rebasaba entonces el mero hecho de decidir el vivir la maternidad en un modo alternativo. Con la idea de decidir sobre el cuerpo, sacándolo de sus marcos naturalizantes derivados de la concepción cristiana que lo definen como un mero vehículo para la reproducción, también se dirigieron, en efecto especular, a apoyar las demandas de los grupos feministas que desde los setenta lucharon asiduamente en contra de la penalización del aborto. Adueñarse del cuerpo —materno o no— resulta un acto de autoafirmación política femenina, pues ha sido en y sobre el cuerpo femenino donde han operado los discursos de vigilancia y opresión patriarcal hacia las mujeres. Como sugiere Franca Basaglia: "Si la mujer es naturaleza, su historia es la historia de su cuerpo, pero de un cuerpo del cual ella no es dueña porque sólo existe como objeto para otros, o en función de otros, y en torno al cual se centra una vida que es la historia de una expropiación" (1983: 35).

A través de esta intervención televisiva estas artistas produjeron más que cuerpos naturales, cuerpos culturales y políticos que a su vez cumplieron con uno de los objetivos primordiales del grupo: incidir sobre las imágenes sexistas del cuerpo y subjetividad femenina en los medios masivos de comunicación. Se colocan, para este efecto, como arte vivo: ellas mismas son el más claro ejemplo de sus propósitos: "Mayer: Quizás el ejemplo aquí sea el mismo trabajo que estamos haciendo. La maternidad hasta ahorita en pintura, por ejemplo, la han pintado los hombres. La mayoría de los cuadros de madres de maternidades son madres e hijos pintados por hombres". De aquí que surja el tema principal de esta arte-acción que fue llevar a Guillermo Ochoa al mundo de las embarazadas, "nuestro mundo" como lo denomina Mónica Mayer, y así especificar los diferentes discursos que circulaban en torno a la maternidad como una actividad intrínsecamente asociada al cuerpo y a la vida de las mujeres. Cuando Guillermo Ochoa dice que las modelos de arte siempre han tenido que ser mujeres porque "a los hombres no se les da muy bien eso del embarazo", las artistas aprovechan para comenzar la reasignación de género, la misma que será la puerta para que Guillermo Ochoa experimente la maternidad:

> Bustamante: Precisamente [ése es] uno de los objetivos del grupo esta noche, por eso venimos a platicar con usted, porque para nosotros la televisión hoy es como el museo de arte moderno donde hemos estado, o en algunas galerías. Para nosotros hoy el programa del señor Ochoa, *Nuestro Mundo*, es un lugar para hacer un evento artístico. Y el evento artístico tiene el objetivo fundamental. Venimos en pleno el grupo, porque además somos las dos las únicas miembras [*sic*] del grupo. Decidimos que había por allí algunos hombres muy interesantes, con carisma, y que merecían el honor de saber lo que es ser madre por un día. De aquí, que en nuestra lista la primera persona fue el señor Ochoa. Y [...], si usted me permite, nos vamos a colocar nuestros instrumentos y le vamos a pedir a usted si acepta ser madre por un día y entonces colocarse una de las panzas artificiales que trajimos... ¡para que nos comprenda!

En esa galería vanguardista de arte contemporáneo que es la televisión, las artistas se disponen a embarazar, con un delantal que trae añadida una panza de hule espuma, a Guillermo Ochoa, quien enseguida parece sentir el efecto de la transformación. A partir de la toma de la panza artificial, Ochoa se adueñó de su papel de forma muy particular, comenzando a emitir una serie de frases que resultan un lugar común para la maternidad *a la mexicana*, evidenciando de este modo una serie de textos aprendidos y listos para reproducirse al momento de tener los signos del embarazo. Sin embargo, la parodia de los guiones sociales realizada por Ochoa resultó a su vez un medio de mostrar no sólo la culturalidad de estos discursos, sino también varias de las contradicciones inherentes a esta figura paradigmática. Las artistas, como hicieran ya con la repartición de la receta de polvo de gallina negra, traen en su puesta plástica una serie de objetos para "ayudar" al participante a comprender la obra conceptual convirtiendo a este evento materno en una fiesta-espectáculo cargada de reflexión:

Ochoa: Pero, cómo caminan las señoras en el súper así... (RISAS)
Bustamante: ¡Ah... no! Y le traemos otros aditamentos porque claro, vea, que si me he tardado un poco más ya no puedo usar esto.
Ochoa: Oiga, ¿y no trae papitas?
Mayer: Sí, y le traemos todo un estuche especial para la futura madre.
Ochoa: A mí me ha dado por las papitas.
Bustamante: Antes que nada para completar su atuendo, una madre es la reina de su hogar. Cuando nace el hijo ya no, porque los hijos destronan a los padres y sobre todo a la madre. Es una coronita preciosa de rey mago pero la utilizamos para que usted sienta lo que es ser la reina del hogar.
Ochoa: Ah estoy chípil...
Bustamante: Bueno ya ahora en este (RISAS) ritual...
Ochoa: ¿Me puedo sentar?
Bustamante: Le trajimos un estuche especial...
(Ochoa sin poder sentarse con la panza)
Mayer: Es difícil sentarse, ¿verdad?
Ochoa: Ay oigan, ¿y ustedes duran nueve meses así? ¿Y esto qué es?
Bustamante: Bueno, es un estuche con el cual, verdad, como usted es su primera experiencia...
Ochoa: ¡Ah! ¡Se movió!
Mayer: ¿Se movió?
Bustamante: Es normal, es normal en serio
Ochoa: No es [...] se movió, está dando pataditas [...] ¡Tu hijo, Toño, se movió! ¡Tu hijo Toño!
Bustamante: ¡Pero no lo toque tan fuerte!

En el caso de Ochoa, ya convertido en "reina del hogar", los objetos cumplen una doble función: por una parte estabilizan su nuevo papel porque le ayudan a completar su reasignación genérica y experiencia maternal, y por otro lado cumplen una función paródica de los objetos o conceptos que legitiman la inmovilización social de las madres. Con este doble efecto las artistas previenen a Ochoa de las ambigüedades ideológicas inherentes a la mitología del reinado materno. La producción de la maternidad en Ochoa, con sus respectivos antojos y reacciones míticas, es también evidenciada en su lado problemático: el ser madre, no es, desde esta producción artística, una experiencia completamente *divina*. Además este performance evidencia la devaluación femenina exigida para cumplir con el rictus de una maternidad ejemplar.

Los efectos producidos en Ochoa, como puede verse en el fragmento reproducido a continuación, buscan responder al modelo ordenado, fijo e inmutable que exige inmovilidad al cuerpo femenino a través de frases como “me siento como cama sin hacer... como gallina comprada. Yo cuando estoy así me dan ganas de atejonarme [esconderme, guardarme]”. Lo relevante de la performatividad enunciada por Ochoa, o reproducción repetitiva de los textos sociales, es que visibilizan el proceso constituyente no sólo de una imagen materna estable a partir de su inherente sujeción al espacio doméstico, sino que indican, a través de frases como sentirse como “cama sin hacer”, que la práctica tradicional de la maternidad exige a la madre representar un papel únicamente dedicado a la reproducción, olvidándose de la subjetividad propia y su desarrollo. Las artistas puntualizan en este fragmento cómo la reasignación de género en Ochoa está precisamente incidiendo en la visión del comentarista a propósito de los discursos tradicionales que, investidos sobre el cuerpo femenino, producen experiencias coercitivas y lacerantes:

> Mayer: Le damos también su diploma de madre. Para que conste además en papel...
> Ochoa: ¿Y todo esto es un, un, un...? (RISAS) ¿Toda esta es una obra de arte?
> Bustamante: Así se siente...
> Ochoa: Ah yo me siento como cama sin hacer... como gallina comprada. Yo cuando estoy así me dan ganas de atejonarme.
> Bustamante: ¿De veras? Pero entonces se ve que lo está tomando duro...
> Ochoa: Ni ganas de [...] ni ganas de hacer nada...
> Mayer: Nada...
> Bustamante: No, si se empieza a ver cómo empieza a comprender, desde el otro lado, cómo está la cosa.
> Mayer: Como quien dice, está usted entrando a *nuestro mundo*...
> Ochoa: ¡Ay! A ver si me invitan más seguido... ¿Y ahora por qué traen allí este...?
> Mayer: Bueno esto es uno de nuestros objetos favoritos.
> Ochoa: ¿Ésta es una obra de arte la que estamos haciendo?
> Bustamante: Sí, lo invitamos a esta acción plástica...
> Ochoa: No, por el arte lo que sea...

Entrar en el mundo de Polvo de Gallina Negra llevó a Ochoa, tal vez sin querer, a participar en una politización del cuerpo materno rebasando la ocupación del cuerpo femenino por los discursos patriarcales y produciendo, asimismo, una ocupación de espacios anteriormente no cuestionados por intervenciones feministas como las de Polvo de Gallina Negra. A través de artes-acción como “Madre por un día” Bustamente y Mayer concibieron, pública, política y artísticamente, modos alternativos de democratizar las experiencias genéricas.

Un elemento que surge en la parte final del evento televisivo, siendo una de las más interesantes vertientes de las propuestas del grupo, es la discusión que las puestas de Polvo de Gallina Negra suscitaron en torno a la producción y la distribución del arte. A partir de su arte-acción se generaron preguntas que corresponden a una propuesta de reconfiguración de los conceptos y medios de distribución del arte. Si bien esto ya había sido hecho a través de otras obras como los arte-correo, la presencia de Polvo de Gallina Negra en la televisión resultó en un precedente radical que intervino directamente sobre la producción de significados culturales relacionados con la experiencia de la maternidad en el México contemporáneo. Jugando con los propios modelos de Televisa, por ejemplo al llevar la muñeca "Catalina Creel" —mala madre de la telenovela estelar del momento, *Cuna de lobos*—, las artistas hicieron una reflexión sobre los modelos y actividades formadores del género. Como Mayer afirma en el evento televisivo: "Nos dan muñecas para enseñarnos a ser mamás".

Así, en "Madre por un día" se reflexiona críticamente sobre las intersecciones entre género y producción cultural: ¿es el arte-acción un arte?, ¿pueden ser artistas las mujeres?, ¿es la maternidad cultural o natural?, e incluso, ¿puede ser la maternidad una obra de arte?, o ¿es el género una imposición cultural que puede ser reproducida o reconfigurada a través de la repetición o dislocación de guiones sociales? La reasignación de género impuesta por las artistas muestra los procesos que estabilizan la categoría recién creada de "madre": primero la utilización de un cierto vestuario que va a indicar la noción del embarazo y segundo, por la sugerencia de llevar a Ochoa, quien lo confirma varias veces con su performance, a la reproducción del espacio doméstico que enmarca la categoría buscada. Asimismo, las artistas logran que sea el propio "primer hombre embarazado" quien se encargue de enunciar lo difícil que le resulta el embarazo performativo, y mucho más el imaginar quedarse "así" por nueve meses. Aprovechándose de la ecuación cultural que en México propone a la mujer como equivalente de madre, las artistas desenmascaran que si es difícil estar embarazada, también es contradictorio *ser* mujer. Desde la postura de mujeres embarazadas (ya sea natural o ficcionalmente), y desde el embarazo producido en Ochoa, las artistas deconstruyeron la leyenda épica de una maternidad sagrada y definida como "el estado perfecto" para las mujeres. Asimismo, evidencian a la maternidad "en su triple dimensión de texto, práctica discursiva y práctica social" (Palomar 2004: 23), es decir, como una noción cultural más que natural llevándola desde su propuesta hasta el límite de un magno proyecto.

Siendo *Nuestro Mundo* un programa en vivo, las respuestas del público no se hicieron esperar, aun después de que Ochoa dijera al terminar su "actuación": "Y después de unos mensajes vuelve el macho del programa". Como señala la propia Maris Bustamante: "The phone lines were jammed with calls, many of them against the event, which they considered to be disrespectful of motherhood. Since then, Monica and I have shared the feeling that we were able to take a stab at one of the strongest archetypes in our culture. At the very last, we were able to leave a scratch" (citada en McCaughan 2002: 126). En un sentido más amplio, las respuestas del público —"los hombres ofendidos y las mujeres fascinadas" (Mayer 2004: 40)— muestran cómo la intervención televisiva ciertamente produjo no sólo la reflexión sobre los discursos y prácticas alrededor de la maternidad, sino que también posibilitó la apertura de canales de expresión y participación ciudadana en un ámbito tradicionalmente asociado con las voces dominantes en el imaginario mexicano: el Estado, la Iglesia, los medios masivos de comunicación, la familia y —por ende— las estructuras patriarcales. Haciendo eco del momento político que se vivía en ese momento, pues en 1987 Cuauhtémoc Cárdenas también se postulaba como candidato de oposición frente a Carlos Salinas de Gortari representando lo que es para muchos el comienzo de la democratización política en México, Polvo de Gallina Negra, asimismo, hizo valer, aunque fuera momentáneamente, la diferencia de opinión y la posibilidad de crear debate para así promover un sentido de pluralidad político-cultural alrededor del significado de ser madres en México. De este modo sus intervenciones se presentaron de lleno como propuestas activistas, pues, como sugiere Edward McCaughan a propósito del arte asociado a movimiento sociales "activist art, as Bretch insisted, in not entended to mirror the reality but to change it" (2002: 100).

Muchas de las respuestas negativas hacia "Madre por un día" basaron su crítica en la supuesta "falta de respeto" hacia la maternidad que esta puesta representaba. Cabe mencionar que este tipo de comentario, "la falta de respeto a la vida", ha sido una de las frases más usadas por grupos conservadores hacia las demandas de grupos feministas que han luchado por la despenalización total del aborto en México durante el siglo XX y los comienzos del nuevo milenio. Polvo de Gallina Negra, en su intención de devolver los derechos del cuerpo a las propias mujeres, recibió por los espectadores el distintivo de ser, como *todas* las feministas en pro del aborto, promotoras de la traición sistemática a la Patria, pues con sus arte-acción, así como con todas sus muestras plásticas, este grupo proclamó la independencia del tutelaje de los distintos órganos de vigilancia, producción y estabilización genérica: la familia, el Estado, el esposo como figura autoritaria, la maternidad vista como misión sagrada de la Iglesia y, en relación directa, del proyecto de nación, pues como afirma Marcela Lagarde: "El mito de la madre mexicana es constituido del mito fundante de la patria, de la nacionalidad y del nacionalismo mexicano, cuyos ejes definidos en torno a la sexualidad son dos: la madre y el machismo" (2005: 418). Sin embargo, no todas las respuestas del público fueron negativas, con lo que se comprueba que el proyecto *¡Madres!* "sembró" la disidencia también entre los espectadores, o bien les dio la oportunidad de expresar su diferencia con respecto a los guiones sociales asociados con el género femenino y la maternidad. Además de las mujeres que apoyaron la propuesta con sus llamadas, resalta la anécdota que ambas artistas han mencionado al recordar aquella puesta: nueve meses después, Guillermo Ochoa recibió una llamada de una persona preguntando: "Y, ¿fue niña o niño?".

Conclusiones

Atentar contra la misión sagrada de la maternidad ha sido, como subvertir la norma heterosexual, una de las principales disidencias propuestas por artistas provenientes de distintas coordenadas del mapa cultural mexicano. Al reconfigurar la maternidad, desde obras culturales que la parodian, Polvo de Gallina Negra incidió sobre los significados sociales de la reproducción y el derecho a la decisión de la misma por parte de las mujeres. Con el proyecto *¡Madres!* la maternidad y la dualidad Chinguadalupe quedaron expulsadas de sus mutuos pedestales: el de la Virgen —identificada con la renuncia, el sacrificio y la asexualidad— y la mujer Cipris —identificada en México con el "entreguismo" ya sea sexual o ideológico y la aceptación del espacio doméstico como recinto femenino—. En estas obras disidentes la perspectiva de acción femenina abandonó los discursos sociales de inteligibilidad y se colocó en márgenes discursivos para así dislocar el binomio género femenino/maternidad.

A partir de sus propuestas de experimentación artística e ideológica Mayer y Bustamante apuntaron hacia la recomposición de los cuerpos y figuras míticas que dan estabilidad y coherencia dentro del entramado patriarcal-familiar-heterosexual y, en un sentido más amplio, metonímico de las estructuras sociales avaladas por la nación. Con sus obras se ha evidenciado la mancuerna ideológica propuesta desde distintos canales de discurso hacia la producción, control y vigilancia del cuerpo femenino y sus equivalencias encarnadas en el binomio madre/mujer. Al focalizarse en el cuerpo como medio de acción, el cuerpo femenino es reconstituido en representaciones que evidencian sus múltiples facetas: sin perder de vista las conjugaciones entre género, clase social y entramado nacional y haciendo visible la problemática intrínseca a la conjugación de estos aspectos. Al estar fuera de los cánones artísticos, el proyecto *¡Madres,* también se abocó a la reflexión crítica sobre el quehacer artístico contemporáneo, produciendo estéticas alterativas para discurrir sobre las experiencias identitarias en México.

Analizar estas obras en el nuevo milenio permite reflexionar sobre los avances culturales que ha habido en cuanto a la constitución de la diferencia sexual y cómo es que ésta sigue operando para producir redes de poder que definen las posiciones de desigualdad entre los géneros. Al mismo tiempo, es posible comprender los mecanismos de sistemas de vigilancia y castigo cuando los cuerpos se atreven a romper con las normas instituidas sobre ellos. Por otra parte, las obras que atentan contra la maternidad como misión nacional dan lugar a la compresión de los distintos procesos que forman la diferencia sexual y la legitiman como una práctica cotidiana marcada por ritos y discursos delimitadores. La revisión de proyectos como *¡Madres!*, pues, se dedica a recrear los terrenos de discusión política como es el derecho al propio cuerpo y a la vivencia de la sexualidad, obliga a reflexionar sobre las distintas batallas políticas, sociales y culturales que las identidades emergentes y disidentes del texto nacional tienen todavía que librar en el entramado cultural mexicano. Asimismo, la constante de ser obras producidas desde clases privilegiadas hace evidente que la democracia no ha avanzado homogéneamente para todas las clases sociales y que durante la década de los ochenta se mantuvo, aun parcialmente, como un derecho de las clases privilegiadas. No será hasta los tardíos noventa y principios del nuevo milenio cuando el reclamo a reconfigurar los límites y actores de la comunidad imaginada surja entre mujeres de los grupos tradicionalmente marginados de la producción de la mexicanidad: los indígenas y las clases mayoritarias, como se discutirá en los dos últimos capítulos de este libro.

Capítulo 2

De cuerpos e historias: El cabaret de Astrid Hadad y la narrativa de Carmen Boullosa

> "La mejor posición del historiador es [colocarse] en los márgenes del Estado, allí es donde tendrá relativamente mayor libertad de pensamiento".
>
> (Ortiz Monasterio 2004: 18)

La producción cultural como medio de revisionismo histórico ha sido una de las perspectivas más ricas de la segunda mitad del siglo XX y comienzos del nuevo milenio. México, en particular, ha contado con voces literarias que, como sugiere Fernando Aínsa, han escrito textos de sustrato histórico desde una "distancia narrativa" (1997: 114) que incorpora una visión crítica e irónica dirigida a cuestionar el canon histórico como canal discursivo organizador de experiencias e identidades. A través de propuestas como las de Carlos Fuentes (*Aura*, 1962; *La muerte de Artemio Cruz*, 1962), Elena Garro (*Los recuerdos del porvenir*, 1969) o Rosario Castellanos (*El eterno femenino*, 1975), y recientemente Carmen Boullosa (*Duerme*, 1994) —por mencionar algunas— la nueva novela histórica se ha convertido desde entonces en base para la creación de producciones culturales abocadas a la revisión del discurso y el quehacer históricos como medios legitimadores de la mexicanidad posrevolucionaria. Esta actitud revisionista se ha extendido hacia otras vertientes de creación artística, como las propuestas de Astrid Hadad y Carmen Boullosa, quienes, desde diferentes ángulos, han desarticulado la rigidez característica de los cánones históricos constituyentes de lo mexicano, exponiendo, al mismo tiempo, la violencia implícita en la formulación de una supuesta cohesión nacional fundada en la creación de un relato histórico homogeneizante. Tanto Boullosa como Hadad han colocado al cuerpo femenino como terreno de negociación de los discursos que producen y regulan la identidad genérica y su posición dentro de los discursos históricos de la nación proponiendo, con estilos innovadores, un revisionismo crítico y deconstructivista de la mexicanidad desde una perspectiva plural.

Astrid Hadad, en su recuperación de la carpa de los años treinta, el cine de la época de oro y el cabaret, ha revisado los diferentes momentos históricos a partir de sus canciones, vestidos y espectáculos, haciendo explotar los mitos y narraciones de la historia desde una parodia marcada por la ironía, el exceso y la sobrerrepresentación de los personajes de la vida nacional. Su performance y música van indisolublemente unidos a la intención política de reflexionar sobre el quehacer de la historia y de las identidades enmarcadas en discursos de género, sexualidad, etnia y nación. De esta manera, Hadad contesta la mexicanidad basada en un nacionalismo coercitivo proveniente de versiones oficiales de la historia y de otras matrices de significado, proponiendo así experiencias plurales y poco solemnes de vivir lo mexicano. Protagonista de una larga y reconocida carrera literaria, Carmen Boullosa revisa en su novela *Duerme* (1993) la etapa colonial con la intención de evidenciarla, más que como conciliadora y matriz heroica del mestizaje, como la productora de mecanismos de segregación social a partir de la producción y regulación de categorías raciales y genéricas que se han perpetuado hasta comienzos del nuevo milenio. En la novela corta "Isabel", la autora hace evidente que estos mecanismos siguen operando en la actualidad como marcas que asignan un lugar en el texto sociocultural, brindando o negando el acceso a las esferas en donde se conforma el poder. La obra de Boullosa construye diálogos con la historia que, ante todo, cuestionan su linealidad y su sentido de progreso.

Para comprender las revisiones históricas que Hadad y Boullosa proponen en sus producciones artísticas, este capítulo se divide en tres secciones. La primera reflexiona sobre el quehacer histórico en México como tarea legitimadora y organizadora de significado de la comunidad imaginada mexicana. En la segunda y tercera parte, respectivamente, se discurre sobre las líneas discursivas que Hadad y Boullosa proponen con la intención de evidenciar cómo las narraciones nacionales han sido también discursos coercitivos y excluyentes de lo que no se ha considerado hegemónicamente mexicano desde las agendas de consolidación nacional decimonónicas: los grupos indígenas, enmarcados en un espacio mítico, y las mujeres definidas como productoras de ciudadanos pero no como productoras de significados culturales.

La *hechura* de México: la historia como medio de legitimación nacional

"El México quedará terminado el mes que entra"
(Santiago Ballesca a Vicente Riva Palacio, 14 de octubre 1886)

Durante los noventa, Boullosa, Hadad, e importantes intelectuales como Jesusa Rodríguez, Sabina Berman, Silvia Molina, Rosa Beltrán y Cristina

Rivera Garza,[1] entre otras, enfatizaron su producción artística alrededor de la historia del país, haciéndolo en casos alrededor de sucesos singulares que acontecieron durante la presidencia de Carlos Salinas de Gortari (1988-1994). Después de las controvertidas elecciones presidenciales de 1988, Salinas de Gortari —presidente electo a pesar de la falla de las computadoras que impidió el conteo real de los votos— requirió de una retórica histórica que diera legitimidad a su gobierno: primero por el inminente fraude electoral que le dio el poder y segundo por ser el impulsor de la firma del Tratado de Libre Comercio (TLC; NAFTA en sus siglas inglesas) y la economía neoliberal, que hasta hoy en día resulta controversial. Debido a la crisis de gobernabilidad con la que Salinas se instaló en el poder, su gabinete decidió reconfigurar la historia nacional a partir del órgano más oficial y legítimo de transmisión histórica en México: los libros de texto gratuitos utilizados en escuelas primarias y secundarias.[2] Sin embargo, los libros nunca fueron aprobados para su publicación debido a las reacciones contradictorias que las propuestas suscitaron.[3]

La polémica suscitada alrededor de los libros de texto puso en evidencia la crisis del discurso posrevolucionario. Es en este ambiente marcado por el agotamiento del régimen posrevolucionario y su proyecto de nación donde artistas como Boullosa y Hadad han propuesto una profunda reflexión sobre mitos históricos impuestos con la intención de concebir un concepto uniforme de lo mexicano, reprimiendo de tal modo aquello que sea diferente, y aquello que muestre la fragilidad de la totalidad nacional a partir del desenmascaramiento de la historia conciliadora de la gran familia mexicana. Como sugiere Emily Hind:

> The [...] works by the women [cultural producers] indicate that future official history textbooks might benefit from the presentation of more than one point of view and the admission that historical interpretation is subjective. These tactics would transform monolithic official history into many histories and better respect Mexico's social plurality. In turn, a new sensitivity to the margin and to the fallibility of the center might alleviate socially and environmentally detrimental tendencies in official policy (Hind 2001: 100).

---

[1] Dos estudios significativos sobre la revisión de la historia por parte de artistas mexicanas contemporáneas son Hind (s. a.) y Seydel (2007).

[2] Los libros de texto gratuitos comienzan a publicarse bajo la presidencia de Adolfo López Mateos (1959). La finalidad de esta institución fue legitimar, tras varias décadas de inestabilidad, la inamovilidad del proyecto posrevolucionario.

[3] Para un estudio detallado sobre las versiones ofrecidas por los libros de texto de 1992 véase Gilbert (1997).

Además del cuestionamiento al ambiente histórico, político y social de la década de los noventa, artistas como Hadad y Boullosa revisan con sus trabajos la supuesta objetividad que se impuso como regla al quehacer histórico a lo largo del siglo XIX, tiempo de consolidación nacional en el que las ideas científicas y positivistas alcanzaron su mayor auge. La tenue línea que divide la historia oficial de las versiones artísticas de Carmen Boullosa o de Astrid Hadad evidencia, sobre todo, la artificialidad, arbitrariedad y trasfondo político con el que se ha definido lo históricamente significativo en México.

México eternamente...

La construcción de la historia en México se convirtió en una obsesiva tarea ejecutada por las clases dominantes a partir de la necesidad de conformar, después del triunfo de la independencia de España (1810), un carácter y proyecto de nación "verdaderamente mexicano". Tras las casi cinco décadas de conflictos entre los bandos que se disputaban el poder de la nación entonces naciente (liberales y conservadores), la línea liberal se consolidó políticamente tras las Reformas a la Constitución en 1857 venciendo así cualquier sesgo de relación con el proyecto monárquico-conservador. La hermandad republicana, formada por una élite intelectual, se dirigió a proponer que México, como nación independiente, tendría que recuperar las raíces de su pasado prehispánico que, tras trescientos siglos de dominio español, había sido presa de diversas campañas de erradicación de la memoria.[4]

El ímpetu de la Corona española por imponer un orden de significado en sus tierras conquistadas tuvo mucho que ver con la idea de trasladar a Nueva España la noción grecolatina de narrar la historia[5]: sólo la historia escrita, y los pueblos con escritura alfabética, podrían ser considerados a la par en

[4] Ejemplos de la erradicación de la memoria indígena durante la Colonia abundan. Como el auto de fe practicado por Fray Diego de Landa en 1562, en el que se quemaron gran parte de los códices de la zona maya; la quema de los documentos de la Biblioteca de Texcoco (que guardaba la memoria de los pueblos tolteca y chichimeca), o como la constante persecución por los representantes del Santo Oficio en la Nueva España que buscaban erradicar cualquier signo de conexión de los indígenas con su pasado "pagano".

[5] Para una interesante reflexión sobre la imposición del canon histórico grecolatino en las colonias véase Florescano (2000).

civilización con la norma europea. De tal suerte que todos los medios prehispánicos empleados por siglos en el contar de la historia y en la reunión del conocimiento (rituales, códices, calendarios, anales), fueron para el régimen colonial muestras insuficientes para considerar a los indios como iguales. Sin embargo estos pueblos fueron, en realidad, muy apegados a guardar un registro del tiempo y de la memoria, razón que dio pie a que durante el período colonial y épocas posteriores, los regimenes hegemónicos aprovecharan los medios de cohesión social ya previos a la conquista, para así crear una conexión legitimadora y abstracta con el pasado prehispánico, el mismo que desde entonces sólo se ha considerado valioso como legado y no como herencia viva presente en las comunidades indígenas.[6] Enrique Florescano reconoce que entre los medios prehispánicos de cohesión social e histórica mayormente rescatados se encuentra la elaboración del mito a partir de la creación de imágenes y metáforas poéticas que sintetizan y seducen al crear sentidos poderosos y didácticos de la historia. Resalta, a través de los siglos y de los diferentes órdenes de significado impuestos en México, el uso y reinvención constante del mito de origen pues, como sugiere en *Historias de la historia*, "rechaza que el presente o el futuro puedan alterar el sentido de la primera creación" (Florescano 2000: 127).

Los mitos provenientes de abstracciones históricas, como la representativa águila devorando a una serpiente sobre un nopal, han construido las narraciones fundacionales de lo que se define esencialmente como México. Uno de los mitos más significativos de la consolidación nacional radica en la abstracción contradictoria de lo femenino indígena que, aun siendo calificado de traidor, protagonizaría el supuesto romance fundacional (o violación, según se lea la metáfora) entre la Malinche y Hernán Cortés, dando origen a

---

6 Enrique Florescano identifica en *Historia de las historias de la nación mexicana* diversos métodos de cohesión social presentes ya en las sociedades prehispánicas y que fueron utilizados por el sistema colonial sin el más mínimo reconocimiento histórico. Si los prehispánicos fundaban su sentido de cohesión en ritos y ceremonias, los españoles aprovecharon el ritual cristiano como "medio" aculturador y de dominio. Si los pueblos prehispánicos hacían del uso de edificios y monumentos una experiencia didáctica y de cohesión cotidiana, los españoles instalaron edificios religiosos sobre los antiguos templos como un medio de guardar y motivar la memoria religiosa de los indios. Para completar la aculturación indígena, "los españoles crearon un calendario que sólo recordaba los actos memorables del conquistador" (Florescano 2000: 164). Asimismo, en la Colonia se aprovechó el uso de la imagen y el ritual en los edificios religiosos para llevar a cabo su proyecto de evangelización.

uno de los más grandes pilares del nacionalismo mexicano: el mestizaje. Otro ejemplo de la concreción de lo mestizo como esencia de lo mexicano radica en la creación de símbolos como la Virgen de Guadalupe, representante por excelencia del sincretismo religioso y de la nación mexicana e independiente y que más tarde ha ocupado su lugar como la "jefita de los barrios" de zonas que traspasan las fronteras del territorio nacional. Lo mestizo se convirtió —en el ambiente de la Revolución— en símbolo glorioso desde las iniciativas de Vasconcelos y su "raza cósmica" como la esencia de la nación posrevolucionaria.[7] Posteriormente, el mestizaje fue protagónico en la conmemoración —o lamento para algunos— de los "500 años del descubrimiento" o "encuentro" entre los mundos llevada a cabo en 1992. La reflexión sobre *la hechura* de estos mitos y símbolos constructores de lo nacional serán las bases del trabajo artístico de Hadad y Boullosa, quienes proponen reflexiones sobre los sustratos y maneras de construir la historia, casi siempre fundamentada en la necesidad de legitimar un régimen gubernamental y no de responder a la pluralidad de los ciudadanos.

Si hay un libro que ilustra claramente la ideología y obsesión por los mitos encarnadores de la nación decimonónica ése es *México a través de los siglos* (1889). Dirigido y escrito parcialmente por el novelista romántico e historiador Vicente Riva Palacio y financiado por el Ministerio de Guerra, este libro se convirtió en el canal discursivo producido desde las filas del gobierno que otorgó a la narración histórica su carácter oficial. Como sugiere José Ortiz Monasterio a lo largo de su libro *México eternamente* (2003), Riva Palacio se fundamentó en líneas de pensamiento europeas que concebían a los pueblos y a las sociedades como organismos en busca de su fin último en la escala civilizatoria: la estabilidad del proyecto nacional. Influenciado por el evolucionismo como teoría científica, por el positivismo de Augusto Compte como teoría social y un sesgo de romanticismo para el quehacer de la historia como medio moralizante, Riva Palacio concibió el pro-

[7] En 1925 José Vasconcelos (quien fuera secretario de Educación Pública e impulsor del indigenismo posrevolucionario) publicó en Barcelona su emblemático texto *La raza cósmica*. Como en el propio "Prólogo" puede leerse: "La tesis central del presente libro [es] que las distintas razas del mundo tienden a mezclarse cada vez más, hasta formar un nuevo tipo humano, compuesto con la selección de cada uno de los pueblos existentes. Se publicó por primera vez tal presagio en la época en que prevalecía en el mundo científico la doctrina darwinista de la selección natural que salva a los aptos, condena a los débiles; doctrina que, llevada al terreno social por Gobineau, dio origen a la teoría del ario puro, defendida por los ingleses, llevada a imposición aberrante por el nazismo" (1948: s/n).

yecto de conjugar los episodios que darían sentido de totalidad a la vida nacional de México: a partir de la concepción de una historia unificadora se daría forma a la verdadera esencia de lo mexicano.

La producción del relato histórico, que enmarcaría la esencia de México, es reconocible desde el propio título que se le otorgó a la obra de Riva Palacio: *México a través de los siglos*. México aparece como una entidad por la que pasa la historia sin que se afecte su estabilidad con el paso del tiempo, pues: "Supone la existencia de México como un ente cuya esencia es siempre idéntica; pasan los siglos y México permanece siempre el mismo; puede haber alteraciones o contingencias pero no alcanza el ser de México; dicho de otro modo: los que cambian son los siglos, pero México no" (Ortiz Monasterio 2004: 295). Es con este libro como por primera vez se concibe la convivencia *natural*, en una sola línea histórica, entre la época prehispánica, la conquista, la colonia española y el país moderno e independiente. Como afirma el mismo autor: "[se percibe] un *proceso*, no sólo como sucesión necesaria de épocas, sino también como diálogo entre el presente y el pasado: comprender al otro, al pasado, para inventar la identidad del mexicano contemporáneo" (2004: 23).

Al establecer la conexión con el pasado prehispánico —que es todavía referido como una suerte de "anarquía incivilizada", pues se describe a sus pueblos como haciendo "guerra ruda entre sí"— se propuso una reconciliación histórica con el proceso de conquista definido como la coyuntura que hizo posible *el nacimiento* de la patria. Al mismo tiempo, se hizo caso omiso de las leyes que avalaron la esclavitud, la división de las razas y de las castas y de cómo los habitantes de México y sus muy diversas culturas quedaron irremediablemente fundidos en una amalgama resultante del choque entre los dos mundos: desde entonces todo fue un sincretismo. La colonia española, recordada en las primeras décadas del siglo XIX con el grito de "¡Mueran los gachupines!", es insertada por Riva Palacio como el momento cumbre para la entrada de "México" en el camino hacia el progreso y la racionalización de la vida, con un modelo muy cercano al propuesto por el positivismo europeo y obsesionado con borrar y disciplinar cualquier traza de lo que Max Weber define como pensamiento mágico o supersticioso (1968: 1156), bien identificado con las culturas prehispánicas bien con el mundo de lo tradicionalmente femenino. El ciudadano mexicano ideal no fue tan sólo el educado con ideologías y costumbres europeas, sino el que se apegó a la idea de acción/ciudadanía/mestizaje/ masculinidad. Como define el propio Riva Palacio en su tomo II: "[En la Colonia] formulóse la individualidad social y política que, sintiéndose viril y robusta, proclamó su emancipación en 1810" (1956: viii). La virilidad y mestizaje quedaron expuestos, desde entonces, como las dos características que definirían a los herederos del legado: las mujeres y los indígenas, en consecuencia, quedaron fuera del proyecto nacional y de la historia como sujetos sociales.[8]

Riva Palacio y su libro buscaron adelantarse a la eminente separación que todavía existía entre los grupos sociales definidos por su raza, siendo él mismo, como Manuel Altamirano —autor de la novela de consolidación nacional publicada en 1901 *El Zarco (Episodios de la vida mexicana 1961-1863)*—, un mestizo. Sin embargo, reflexionar sobre el acontecer de la historia al principio del nuevo milenio nos hace ver que, si bien la retórica nacionalista se ha encargado de promover una ausencia de racismo en el discurso nacional, las desigualdades marcadas por la etnia y el género siguen siendo un *Leitmotiv* de la vida nacional que aparentemente ya ha superado los estragos de la vida colonial. Como sugiere Ortiz Monasterio: "Entre el totopo y el microchip el Estado no ha podido incorporar al mundo moderno a más de la mitad de la población, formada por mexicanos muy pobres; de la población actual, aun exagerando nuestro optimismo, sólo el 10% entrará realmente al siglo XXI" (2004: 30). De aquí que reflexionar sobre los efectos de una concepción heroica del proceso histórico es todavía una tarea urgente en el México contemporáneo, que requiere de una mayor democratización en los ámbitos económicos, políticos, sociales y culturales.

La historia, desde las voces de artistas como Hadad y Boullosa, se presenta en su carácter ficticio y fragmentario pues, como afirma Ortiz Monasterio: "En la historia, más que en otros campos, manejamos materiales y producimos textos fragmentarios. La incuria, el olvido y a la vez la estentórea del Estado nos dejan solo trizas, huellas, vestigios" (2004: 15). Serán estas trizas los materiales de trabajo de Boullosa y Hadad, quienes contestan la concepción de la historia como un objeto sagrado e incuestionable. Al

---

[8] La Ley Indígena, promovida por Vicente Fox en el Congreso de Senadores, es aprobada el 25 de abril de 2001. El 29 de abril de 2001, el Ejército Zapatista de Liberación Nacional "formalmente desconoce esta reforma constitucional sobre derechos y cultura indígenas" y declara que "no hace sino impedir el ejercicio de los derechos indígenas, y representa una grave ofensa a los pueblos indios, a la sociedad civil nacional e internacional, y a la opinión pública, pues desprecia la movilización y el consenso sin precedentes que la lucha indígena alcanzó en estos tiempos [...]. Con esta reforma, los legisladores federales y el gobierno foxista cierran la puerta del diálogo y la paz". Véase <www.ezln.org> (30 de junio de 2005).

mismo tiempo, desacralizan la palabra escrita para llevarla como un objeto que reviste el propio cuerpo, haciendo visible *el preciosismo* que adquiere la historia como discurso moralizante y didáctico, pues: "El canon histórico es semejante a un cofre precioso. Su interior contiene la sustancia que le infunde vida a la nación y los resortes que la impulsan hacia el futuro" (Florescano 2000: 16). Estas artistas producen y visten cuerpos de fachada histórica, pues ésta "casi siempre se presenta con colores atractivos y difunde un mensaje breve, claro y eficaz" (ídem). Sin embargo, como muestran sus obras, la intención será sacar a esa fachada del espíritu nostálgico característico de la narración del "pasado glorioso" en México, para proponer, en oposición, maneras variadas de vivir la mexicanidad a través de la ironía y la pluralidad.

Cantando a la nación descontrolándola: cuerpo e historia en la obra de Astrid Hadad

Tras la celebración de sus veinticinco años de carrera como "cabaretera ilustrada" en 2007 es visible que, aunque Astrid Hadad es reconocida en las esferas culturales dominantes, no ha abandonado una de las líneas principales que dieran vida a su trabajo: asumirse como una crítica del carácter coercitivo del nacionalismo mexicano a través del decir agudo que heredó de las emblemáticas carpas. Las carpas, que eran frecuentadas por las clases mayoritarias antes de la consolidación del radio o el cine en México, daban lugar a expresiones alternativas de la vivencia nacional, sobre todo en el terreno de la política, así como a espacios de negociación de los discursos que conforman las identidades culturales. De aquí que la recuperación de la carpa por Hadad, quien combina en sus propuestas imágenes del cine de la época de oro mexicano y recursos del cabaret alemán, signifique hoy en día un espacio de subversión para la (de)construcción de la historia y de los mitos que todavía rigen la estabilidad de conceptos como México, lo mexicano y la identidad genérica en el texto nacional. Artistas como Hadad, en tanto que van de la mano del teatro-cabaret politizado, han sido incisivas en demostrar que la continuidad histórica del país radica, principalmente, en la cadena de dependencia económica del Estado hacia los grandes capitales: aparentemente lejos de la colonia española y visiblemente cerca al neoliberalismo que, en la década de los noventa, alcanzó su auge a partir de la firma del Tratado de Libre Comercio (1994) y de la rampante campaña de modernización llevada a cabo por el presidente Carlos Salinas de Gortari.

Como hicieran las tandas del género chico, las puestas en escena que hoy en día recuperan ese espíritu carnavalesco —gracias al esfuerzo de Jesusa Rodríguez, Astrid Hadad, Regina Orozco, Tito Vasconcelos o Las Reinas Chulas[9]— y muestran las conjugaciones inherentes entre la construcción del género, la política y los conceptos de autenticidad nacional que circularon, con singular efectividad, en las primeras siete décadas del siglo XX. Como sugiere Gastón Alzate en su disertación doctoral: "Rodríguez and Hadad seek to resignify and to situate Mexican icons, historical myths and real women and men within new sociological history" (1997: iii).

La elección por estudiar en detalle la obra de Hadad surge del modo particular en que esta artista propone performances subversivos que conjugan el uso del vestido y de los géneros musicales emblemáticamente mexicanos para discurrir sobre la manipulación de los mitos que han sido material imprescindible para la *hechura* de la comunidad imaginada. Nacida en Chetumal, Quintana Roo (1958), Hadad se movió a la escena teatral de la Ciudad de México —inevitablemente marcada por el centralismo— y, en la década de los ochenta, comenzó a trabajar profesionalmente como actriz al lado del grupo de Jesusa Rodríguez. Paralelamente a su participación en la adaptación de *Don Giovanni* de Mozart, hecha por Rodríguez (1983-1987), Astrid Hadad comenzó a desarrollar un estilo personal focalizado en la reconfiguración de los elementos que conforman la iconografía clásica de la cultura popular en México. Desde su "atracción fatal" a Edith Piaff, Chavela Vargas y Lucha Reyes, Hadad creó un estilo apegado a la bravía musical, la misma que afirma y subvierte los parámetros impuestos a las mujeres cantantes por la industria cinematográfica y radiofónica: la soldadera clásica, la charra por excelencia o la mujer aparentemente sufridora. Hadad, en sus versiones del nuevo milenio, ha derrumbado mitos y construcciones de lo histórico, lo genérico y lo nacional a partir de un estilo irónico que se construye con la parodia y el exceso como marca en sus representaciones. Si la industria cultural posrevolucionaria se caracterizó por explotar la mexicanidad melodra-

---

[9] Destacan entre los artistas mexicanos de cabaret, todos ellos radicados en la Ciudad de México, Jesusa Rodríguez, fundadora del ya extinto teatro-cabaret El Hábito y una de las principales voces del teatro político desde la década de los ochenta; Tito Vasconcelos, cabaretero-activista en pro de los derechos de las identidades sexuales emergentes; Regina Orozco y, recientemente, el colectivo Las Reinas Chulas, quienes resaltan en la arena del cabaret del nuevo milenio desde el Bar El Vicio, ubicado en lo que antes sería El Hábito. Véase Alzate, Alfonso (2002) y <www.elhabito.com.mx>, <www.cabaretito.com>, <www.reginaorozco.com>, <www.lasreinaschulas.com>.

mática, Hadad se contrapone a ello al producir un estilo lúdico, como se lee en la disertación doctoral de Gastón Alzate que "es sincrético, estético, patético y diurético. Y demuestra sin vergüenza, las actitudes del machismo, masoquismo, nihilismo y la actitud de 'me importa un culo' inherentes en todas las culturas" (1997: 75). El humor y el gozo, pues ella misma se define como "dadora de placer", son las bases de esta crítica mordaz. De aquí que uno de los primeros nombres que su estilo recibiera fuera el de "*heavy* nopal" (que ya como *show*, de 1990 a 1993, fue la marca de internacionalización de la artista). Como ella misma recuerda:

> Yo cantaba sobre la barra, en un pequeño escenario que había entonces. Había un espectáculo totalmente ranchero, muy fuerte la manera de cantar, por lo que decía me metía con el público, bajaba, les disparaba a los señores, los tiraba, me les paraba encima. Pasaban cien mil cosas en ese show. Por eso le pusimos "Heavy Nopal," porque era un paralelismo entre la música ranchera y el "heavy metal" (en Alzate 1997: 73).

Evocando el difrasismo náhuatl[10] (dos términos contrarios o sin relación aparente que se unen proponiendo una metáfora particular: "agua quemada", "espejo humeante"), Hadad combina el nopal, símbolo de la mexicanidad, con la carga semántica de la palabra *heavy*. Con este gesto Hadad lleva al límite la abstracción propuesta y define la línea principal de su larga obra: un estilo provocador que centra en su propio cuerpo como terreno de batalla discursiva, a través del cual sus espectadores reconocen los discursos y contradicciones que la cultura nacional ha implantado sobre sus cuerpos. Como sugiere Roselyn Constantino: "The focus is the female body and its position and representation in various critical discourses [...] Through her body's corporeality, Hadad makes explicit the individual's material relationship to the larger society" (2003: 189-191). En definitiva, como sugiere Gastón Alzate a lo largo de *Teatro Cabaret: Imaginarios disidentes*, esta artista reconfigura los contornos de los cuerpos nacionales, con lo que interviene directamente como productora de significados culturales. También de aquí que el estilo "*heavy* nopal" explicite claramente la estrategia empleada por Hadad en sus múltiples espectáculos y grabaciones musicales: la utilización de los mitos emblemáticos de la mexicanidad para introducir elementos que terminan por dislocar la sintaxis original del símbolo retomado.

10 Para un estudio del difrasismo náhuatl véase Montes de Oca Vega (1997).

Cuerpo, género e historia mexicana *en los espectáculos de Hadad*

Personajes y símbolos de la galería y fauna de Hadad son: el nopal, la Coatlicue, la Virgen de Guadalupe, la mujer golpeada, la santa, la pecadora, la diva, los presidentes, los charros, la tequilera, entre muchos otros. Lo significativo de este reciclaje de figuras alegóricas es que no hay en ello una actitud de nostalgia y reiteración de la versión oficial de la historia, sino una crítica ácida que se deriva de la resematización de estos símbolos, pues, como afirma Alzate en su disertación doctoral: "Usa dichos símbolos para mostrar con ironía que no corresponden a la verdadera vivencia de los mexicanos, es decir, la corrupción, la opresión y la pobreza" (1997: 79). En su relectura del pasado hay una reflexión sobre el quehacer histórico: no hay una negación o deseo de borrarlo, sino la idea de hacerlo evidentemente construido a partir de su *reconstrucción*. Al especular sobre las representaciones del cuerpo femenino, esta artista discierne sobre la importancia de la recuperación del propio cuerpo y su re-producción. Desde la salida de la sumisión impuesta al "género suave" por diversas matrices de significado como la historia, la religión católica, la gran familia mexicana, entre otras, Hadad empodera su cuerpo dotándolo de una fuerza proveniente de la sexualidad explícita y de la búsqueda del placer, independizándola con esos gestos de los imperativos sociales que exigen cuerpos dóciles y controlados. La obra de Hadad resulta no sólo feminista, sino contestataria a cualquier discurso que categorice la identidad de los individuos: el constante uso de la sátira impide, en todas sus representaciones, perpetuar el modelo que busca subvertir. Hadad expande el icono hasta explotarlo, en una dinámica que también se defiende, como puede leerse en el trabajo de Roselyn Constantino (2000: 417), de la imposición que puede surgir de la academia que desconozca el sustrato de su labor artística.

Sus *shows*,[11] como puede leerse en la página de Internet de Hadad, se inscriben directamente como una respuesta de disidencia al nacionalismo exacerbado del siglo XX en México. Es así que su espectáculo contiene: "El

---

[11] Destacan entre los *shows* de Hadad (presentados en México y en el extranjero): *La mujer Ladina, Del Rancho a la Ciudad, La Multimamada / Ni adentro ni afuera; Apocalipsis Ranchero, La Mujer del Golfo, Heavy Nopal, El extraño caso de Miss Hadad y el Dr. Malillo, Vivir Muriendo, La Bien Pagada, Cartas a Dragoberta, Faxes a Rumberta, La Mujer Multimedia, Pecadora, Seducida y Abandonada*. También, *Arrastrando el siglo XX, Amores Pelos, Madre sólo hay una y soy yo, El Grito de Co-dependencia, Miscelánea Cabaretera, La Cuchilla, ¡Oh, diosas!, Homenaje a mí misma, En mi tierra mexicana*.

nacionalismo confundido con el fascismo, el delirio trágico religioso mexicano y el fatalismo, en una explosión cabaretera con tintes intelectuales"[12]. Este nacionalismo rampante, que en los espectáculos de Hadad se presenta como una línea discursiva obsesionada por formular una autocoherencia y autocongruencia, es subvertido por esta artista a través del diálogo constante que establece con corrientes como el surrealismo. Al proponer irónicamente un *surrealismo mexicano*, Hadad se dirige a deconstruir el progreso aparente en la vida nacional, así como el destino inherente de la nación rampante hacia el desarrollo, pues es en México donde la desigualdad social sigue alcanzando límites que rebasan, precisamente, cualquier coherencia y parámetro racionalista. Los espectáculos de Hadad, como fueran las carpas, adquieren entonces un carácter abiertamente político: ante los supuestos genéricos, el autoritarismo gubernamental, los sistemas de explotación feudal (heredados de la colonia española), la estratificación a partir de la raza y de la clase social. Su obra es aquella que descontrola y saca de sus límites a las categorizaciones impuestas por los sistemas simbólicos que, a través de instituciones y prácticas sociales, han organizado el significado cultural de lo mexicano: el Estado, la Iglesia, la familia patriarcal, el machismo, el mestizaje, el marianismo, el cine, la televisión, entre otras.

La labor de Hadad, como la de otros cabareteros, también se ha encargado de mostrar la obsesión de la cultura oficial por crear mitos que se crean y confirman en la esfera de la heterosexualidad compulsiva entendida como signo de verdadera mexicanidad, rasgo que es parodiado y subvertido por Hadad a partir de personajes que acaban por sucumbir en su propio discurso. Es así que las identidades culturales, sexuales y de género, inmersas en la galería de personajes históricos provenientes de la línea historicista, acaban por representar un espectáculo que, como afirma Laura Gutiérrez (2000), no hace más que hacer visible las "mascaradas" que encubren el vacío existente tras la categoría parodiada. Esas mascaradas adquieren un sentido exacerbado, sobre todo en lo que se refiere a la construcción y representación del género femenino, por lo que dislocan la imagen de la familia heterosexual por excelencia. Por el espectáculo de esta artista circulan feminidades mexicanas por demás inestables: la cabaretera, la masoquista, la perversa, la pecadora, la buena, la ingenua, la virgen, la borrachita, la rumbera, la golpeada. Más que repetir la representación clásica de estas figuras Hadad las simula; éste será el rasgo performativo que evidencia el vacío de la esencia de la máscara. En palabras

---

[12] En <www.astridhadad.com>.

de Gutiérrez: "it simulates femininity to disimulate the absence of a real or esencial feminine identity" (2000: 204). Tal y como las múltiples matrices de significado han inventado su galería de tipos femeninos nacionales, Hadad reinventa un panteón femenino basado en la parodia. Es entonces, en esa simulación llevada al límite, donde ella crea el espacio necesario para evidenciar lo artificial de la categoría para así reconstruirla. Al reedificar el marco frente a nuestros ojos evidencia las aristas que violentamente construyen las identidades. Lo que queda entonces, en estos ácidos montajes, es el discurso sociocultural evidenciado en su carácter esperpéntico.

Sus espectáculos (que se consolidaron en la década de los noventa) han dado vida a los personajes evocadores de la educación sentimental mexicana, haciendo de lo visual un elemento fundamental de la obra, sobre todo a través del uso de vestidos originales que descontrolan los marcos ideológicos que sustentan la autenticidad nacional. Jugando con el reciclaje de las mitologías, los cuarenta vestuarios creados por Hadad en estos años de producción circulan libremente de un *show* a otro, de una canción a otra, según sea el mensaje que la artista busque imprimir en los espectadores.[13] La mayoría de los personajes del panteón *hadadeano* siguen de la mano al panteón histórico cultural mexicano. Sin embargo, en lugar de repetir la idea de *solidez* como característica natural de los mitos de la mexicanidad, Hadad propone trajes conceptuales hechos de materiales flexibles, evidenciando la

[13] Las canciones que han dado vida a los performances de Hadad están grabadas en los discos: *¡Ay!* (1990), con típicas rancheras y aquellas que dieron fama y carácter a la emblemática Lucha Reyes (como la famosa canción "La tequilera"); *Corazón sangrante* (1995), disco que incorpora ritmos tropicales y caribeños para dar una vuelta de tuerca a la mexicanidad centralista y ranchera; *Heavy Nopal en vivo* (2000), grabación del espectáculo que diera mayor fama a la actriz en el que se incluyen también los pequeños intermedios entre cada canción que, a través de los espectáculos, han servido de espacio para el comentario irónico y mordaz de la artista para discutir el día a día de la vida política en México. Los discos *Mexican Divas* (1998) y *Cabaret* (2000) incluyen a Hadad en una muestra de las cantantes más significativas entre sus aportaciones a la arena musical mexicana. Destacan Eugenia León, Liliana Felipe (argentina asentada en México), Lila Downs, Lhasa, entre otras. Hadad produjo el disco *La cuchilla* (2003), que reúne una serie de canciones que hacen de conmemoración a su carrera musical, pues este disco reúne canciones de todos los géneros que discuten la sensualidad, la ironía al masoquismo nacional, el espectáculo mitológico y la metaforización de "México" en el cuerpo de la artista. El 4 de octubre de 2007 Astrid Hadad presentó sus últimos dos discos en un espectáculo masivo en el Teatro de la Ciudad (México, DF): *¡Oh, diosas!,* y *Divinas pecadoras.*

artificialidad y movilidad de los mitos evocados. Como afirma Roselyn Constantino, "but the icons of power, faith, and harsh landscape she creates from the material [rubber foam] are those that cement Mexican national identity (2003: 199). Con la ayuda de reconocidas artistas como Maris Bustamante y Rosina Conde[14] para la creación de sus vestuarios, los materiales baratos y suaves son la base de un estilo de mexicanidad abiertamente artificial, *kitsch*, lúdico e irreverente. Esta artista radical produce una historia profana, formada en las aristas de su cuerpo y de los diseños que viste de un espectáculo a otro. Con sus propuestas se vislumbra una historia más bien paródica en donde la constante no es la *eternidad* del México esencial, sino la maleabilidad, la flexibilidad y la simulación.

Uno de los trajes más significativos en el cabaret de Hadad y sus reconfiguraciones a las historias nacionales es la "Coatlicue posmoderna" (véase figura 2.1). Presente en los *shows Heavy Metal* y *La cuchilla*, y en el video *Corazón sangrante* (discutido en detalle en párrafos posteriores), la madre del panteón azteca ha evidenciado, en la versión propuesta por Hadad, algunas de las contradicciones manifiestas en la modernidad mexicana. En primer lugar, denuncia los desastres ecológicos como signo definitorio y contradictorio del anhelado proceso de modernización. Como ha definido Hadad al momento de presentar a su personaje frente al público: "La Coatlicue [...] sólo que esta es en versión postmoderna [...] con paisaje integrado. [...] Ya que [en la Ciudad de México] no hay espacio y entonces tenemos que acarrear hasta el paisaje con nosotros". En otro sentido, este traje hace una aguda observación sobre la parcialidad de la modernidad, pues el vestido resalta la violencia ejercida hacia las expresiones culturales indígenas condenadas a vivir en un tiempo mítico reproducido en las salas de los museos que representan la cultura nacional, pero sin acceso al ejercicio pleno de su ciudadanía tanto en el siglo XX como en el XXI. Al evidenciar la violencia de los proyectos nacionales ejercida hacia las culturas indígenas, protagonizada en este caso por "la madre primordial", Hadad engarza una tercera contradicción

---

14 Maris Bustamante es una artista independiente, pionera de las artes visuales y no objetuales, escenógrafa, museógrafa, realizadora de arte objeto, arte correo y performance, quien para agrupar esas actividades se inventó el término "formas pías". Actualmente, dirige el espacio alternativo Cahctas. El capítulo 1 de este libro analiza su trabajo como artista conceptual feminista del grupo Polvo de Gallina Negra. Rosina Conde, reconocida escritora, periodista, profesora, performancera y costurera, se dedica desde 1994 a trabajar en la elaboración de vestuarios con Astrid Hadad. Véase <www.rosinaconde.com.mx> (10 de febrero de 2008).

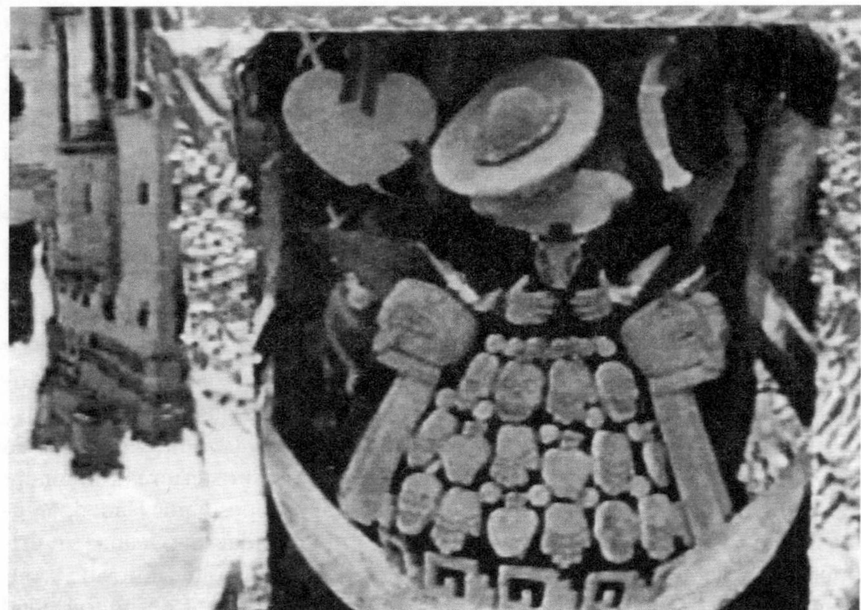

Figura 2.1. Coatlicue posmoderna (Fotograma de *Corazón sangrante,* 1993).

de la ponderada modernidad: la violencia de género que se ha convertido, paralelamente, en una de las mayores discrepancias de la sociedad mexicana contemporánea que busca definirse como democrática. Como expresa la Coatlicue posmoderna en el documental *La tequilera*, en muletas y con la cabeza vendada: "ahora sí estoy como monumento nacional, toda cagada por las palomas. Es más, me siento como el vivo retrato de la república mexicana. Toda jodida". A través de esta intervención, la Coatlicue golpeada hace explícita la analogía entre la violencia de género y la violencia de los proyectos nacionales, pues ambos han estado fundamentados en la noción del autoritarismo patriarcal como matriz productora de poder. Como la artista sugiere en el espectáculo *La cuchilla* urge recuperar a "la madre primordial" de su condición maltratada pues "Los mexicanos siempre hemos tenido madre... Bueno, no todos. Nuestros gobernantes nunca la conocieron" (ídem). De este modo, la Coatlicue posmoderna se postula por la reconfiguración del lenguaje popular en el que "no tener madre" equivale a la orfandad ancestral que produce, en el imaginario mexicano, la falta de vergüenza (como el que es un "sinvergüenza"); o la ausencia de rectitud. El tener madre, en el habla coloquial, se ha convertido en el mito sagrado que vigila y ordena las acciones cotidianas: para Hadad, esta "falta de madre" entre la clase política es también la causa de un sinnúmero de acciones emblematizadas por el abuso de poder hacia la mayoría de los ciudadanos.[15]

Otro vestido que circula por los espectáculos de Hadad ha sido la "Monja coronada" (nombre del espectáculo montado en 1992; véase figura 2.2). A través de este vestido, la artista ha dialogado con las representaciones de las

Figura 2. 2. La Monja coronada (Archivo Virtual de las Artes Escénicas).

[15] Otro vestido y espectáculo dirigidos también a criticar las acciones de los presidentes del régimen posrevolucionario fue "La multimamada" (1996). En el espectáculo de nombre homónimo y en *¡Oh, diosas!* (2005-2006), la artista se cubrió de un vestido compuesto de decenas de senos que representan a la patria saqueada (chupada) por los políticos corruptos. Atrás de ella estaba pegado un árbol de la vida mexicano, con fotos colgadas de los ex presidentes recientes. Como corolario nacionalista, el traje se reviste con una serpiente colocada en la cabeza: es ésta la construcción del país para Hadad: un cuerpo saqueado pero siempre inserto en un espectáculo de mitológicos y coercitivos alcances, pues irónicamente propone: ¿qué más va a hacer la patria –como madre– sino alimentar a sus pequeños?

mujeres del período colonial, apegadas por fuerza a los modelos de feminidad mariana, pues el destino estaba irremediablemente ligado a los dos modelos accesibles para las mujeres *decentes* y de origen español: madre o monja. Este traje, al mismo tiempo, obliga a reflexionar sobre los discursos que han determinado, desde los *comienzos* de México hasta nuestros días, el encierro y opresión del cuerpo femenino. Como se verá en el análisis de *Duerme* de Carmen Boullosa, el encierro corporal y doméstico fue durante la colonia una marca de clase, decencia y pureza de sangre. Con la "Monja coronada" Hadad reproduce y disloca, al mismo tiempo, el encierro corporal y la formación del género femenino que se ha caracterizado, como sugiere Alzate (2002: 51) de "revestimientos excesivos, formados de capas de discursos que cubren al cuerpo, hasta casi dejarlo sin vida".

Dando continuidad a sus reflexiones sobre el período colonial y al imaginario católico, Hadad se ha vestido en el *show ¡Oh, diosas!* (2005-2006) como copia del templo de Santa María Tonantzintla, en Puebla. Con la utilización de este vestido, que fue hecho a mano a lo largo de tres meses, la artista (des)encarna en su propio cuerpo uno de los estilos artísticos definidores de lo mexicano: el barroco novohispano (véase figura 2.3). Debido a

Figura 2.3. Templo de Santa María Tonantzintla (cortesía de Ginna Bernat Denix).

la mezcla de elementos de la cosmovisión indígena con elementos del catolicismo religioso, este singular estilo ejemplifica una de las tantas vertientes del mestizaje. Al mismo tiempo, el estilo barroco ilustra un medio de subversión de los propios indígenas quienes, a través de su participación en la construcción de templos novohispanos, desarticularon el papel colonizador de la propia religión católica y sus monumentos al incluir en las fachadas y decoración interior de las iglesias elementos estéticos pertenecientes a las cosmovisiones prehispánicas. Al encarnar el barroco al extremo, la artista se convierte en una iglesia que, como la original, es ejemplo de un estilo que tiene *horror* al vacío. Sin embargo, el templo de Hadad se compone de alocuciones múltiples que rompen con la rigidez impuesta por discursos coloniales e históricos a propósito del género, la religiosidad y la autenticidad nacional. Más que representar a una iglesia casta y estricta, Hadad construye un cuerpo dotando de poder y flexibilidad a través de los movimientos ondulantes que son posibles por la naturaleza del propio vestido. En esta suerte de movimiento pendular por el escenario, Hadad nos hace reflexionar sobre algunos de los pilares discursivos que han definido a la mexicanidad tradicional: la feminidad mariana y virginal, el mestizaje como mito fundacional que ha excluido la visión de un México pluricultural e, inclusive, la supuesta honestidad y congruencia de las instituciones religiosas de México, a las cuales Hadad critica ácidamente como parte de su discurso como Iglesia novohispana. En palabras de Hadad al momento de *ser* templo:

> Me cansé de ser diosa y decidí ser iglesia para que todo el mundo rezara bajo mis faldas [...] Por si no se han dado cuenta soy barroca, le tengo miedo al vacío, [el vestido] es muestra de ello. Y bueno, debo decirles que son 365 piezas hechas a mano por el Obispo de Toluca. ¿Saben por qué? Como él prohibió mi espectáculo... [...] Y yo me puse a pensar porqué y claro llegué a la conclusión de que como yo no pertenezco a la cofradía de pedófilos-coje-niños sin condón pues por eso soy peligrosa. Y para que me callara la boca pues me hizo el traje... Y yo pues me cayo la boca.

A través de intermedios como el arriba señalado, Hadad desmonta el poder de la Iglesia católica mexicana como institución productora y administradora de significados incuestionables; su deconstrucción se enriquece a través del movimiento corporal de la artista quien evoca la sensación de derrumbe, pues a lo largo del espectáculo tiene que sostener con una mano el campanario que lleva como sombrero. En palabras de Hadad: "Si ven que se me cae el campanario es porque como todas las iglesias de pueblo, no tienen subsidio del gobierno". De esta manera su crítica va más allá del cuestionamiento del poder eclesiástico para insertarse en el terreno de lo político: a través del cuerpo en derrumbe Hadad evidencia la problemática distribución de los recursos estatales y federales con respecto a la preservación de edificios históricos en México. En un sentido más amplio, su intervención apunta hacia la también problemática administración de los recursos que la Iglesia genera con las limosnas de sus feligreses pues, desde tiempos coloniales hasta hoy en día, esta institución se ha servido de las contribuciones de los creyentes, quienes han pertenecido en su mayoría a las clases sociales más desfavorecidas del país. Basta decir que en enero de 2009 el salario mínimo apenas alcanzó los cuatro o cinco dólares por día (Comisión Nacional de los Salarios Mínimos 2009: s/p). Además, este traje ejemplifica la estética barroca que, en palabras de Alzate, puede verse como el estilo más definitorio del trabajo de Hadad, ya que es:

> un mestizaje contemporáneo, [...] una fusión de múltiples iconos que se actualizan y resemantizan en el cuerpo de Astrid. Un barroco que no pretende ahondar en los falsos dualismos (la cultura moderna vs. la cultura indígena, la cultura rural vs. la cultura urbana), sino por el contrario, construir analogías entre imagen y concepto, entre metáfora y metonimia, lo cual permite establecer relaciones no necesariamente epistemológicas (del conocimiento) sino retóricas (de la forma) (2002: 53).

Figura 2. 4. La Virgen charra (cortesía de Roselyn Constantino).

Una de las contribuciones más significativas de Hadad, al recontar la historia del mestizaje y su violencia intrínseca, es la incorporación/subversión que hace a la imagen de la Virgen de Guadalupe en el traje de "la Virgen charra", el mismo que ha protagonizado el videoclip de la canción "Corazón sangrante" y que, reconfigurado, apareció también como parte de la galería del *show* *¡Oh, Diosas!* (véase figura 2.4). Si en el libro *México a través de los siglos* (discutido en la introducción de este capítulo como el medio esencializante de lo mexicano decimonónico) se buscó borrar las trazas que ligaran a México con la narración religiosa de la nación para alejarse así del espíritu colonial, Hadad lo reconfigura al parodiar, a través de la encarnación virginal, uno de los rasgos más definitorios de la feminidad posrevolucionaria: la sumisión. Como hiciera con el vestido de Coatlicue posmoderna, el traje de falda con Virgen estampada (que a veces lleva sombrero de charro o de soldadera, o de vaquera), ha servido también de base para personificar a la mujer golpeada que disfruta de su posición subordinada y adquiere placer a través del maltrato. Ésta, sin duda, no es sino una mordaz mascarada de la feminidad emblemática del cine de oro mexicano y de las telenovelas, en donde el sufrimiento (como cantara Lucha Reyes "como buena mexicana, sufriré el dolor tranquila") ha quedado asumido como un atributo de género que surge de la necesidad *natural* de suscribirse al medio dominado por la palabra y acciones de los hombres. Hadad sufre y grita, se burla y rompe con el modelo que su acción y vestido representan ante los espectadores.

Un traje similar relacionado con los iconos pictóricos evocadores de la historia posrevolucionaria es el traje "Riviera viviente" (clásico del espectáculo *Heavy Nopal* y acompañante de la canción "Soy virgencita, riego las flores"), en el que Hadad pone en movimiento a varios iconos clásicos de la mexicanidad: las vendedoras de alcatraces pintadas por Diego Rivera que evocan satíricamente la sumisión femenina y el papel ornamental impuesto a las comunidades indígenas; y la imagen emblemática del soldado de la Revolución Mexicana (véase figura 2.5). Como puede observarse en el documental *La tequilera*, Hadad suele cantar "Soy virgencita, riego las flores" a dos voces: la de la señorita aparentemente virginal y la del enamorado bigotón quien busca convencerla de entregar su "bella flor". A lo largo de la representación, la artista intercambia los personajes con un rápido gesto que le ayuda, también, a producir un travestismo en escena. Con esta irónica manipulación, la pareja heterosexual encarnadora de la nación posrevolucionaria es desestabilizada, siendo mostrada en su carácter construido y, por lo tanto, arbitrario. Además, Hadad lleva su crítica al imaginario nacionalista posrevolucionario al extremo, al desacralizar con este traje los colores de la

Figura 2.5. La vendedora de alcatraces-virgencita regando las flores-revolucionario (cortesía de Rui Ribeiro).

bandera que por décadas han sido monopolizados por el Partido Revolucionario Institucional. De este modo, como comenta en el documental arriba mencionado, la artista ataca la iconografía sagrada para el régimen posrevolucionario y propone una imagen ácida que se suma a los iconos constituyentes de la galería tricolor de la nación.

La teatralidad y espectacularidad de la mexicanidad posrevolucionaria han sido también subvertidos por Hadad a partir de la incorporación de la imagen de la Frida Kahlo en el espectáculo *¡Oh, diosas!* Como asegura la artista en su entrevista con Laura Castellanos, Hadad no había utilizado la figura de Frida "por pudor y porque pensé que todo el mundo la usaba demasiado" (2005: s/p), con lo cual la artista reflexiona sobre las connotaciones impuestas a este símbolo femenino que se ha convertido en uno de los principales mitos de México tanto en los ámbitos locales como en los internacionales. Por una parte, Hadad discurre sobre la construcción de los mitos nacionales que, en el caso de Kahlo, responde a la paradójica dinámica de representar y contestar, al mismo tiempo, los discursos modeladores de la feminidad posrevolucionaria, tradicional y apegada a los sustratos de mexicanidad indigenista y contradictoriamente inmersa en el rampante proceso de modernización del país. En otro sentido, Hadad hace evidente el aspecto comercial de esta hechura de mitos al comentar, durante su *show*, cómo la figura de Kahlo ha traspasado las geografías del

Figura 2. 6. Kahlo-Artemisa-Diana-venadito (cortesía de Ginna Bernat Denix).

arte nacional para instaurarse como icono comercial de altísimos alcances: su rostro está presente en manteles, bolsas, ropa y otros múltiples objetos a través de los cuales la mexicanidad se convierte en un bien de consumo.

En su versión de 2006, Hadad propone a una Kahlo alternativa como la encarnación de la diosa Artemisa/Minerva. En un primer momento, la artista baila calmadamente con los brazos cerrados al ritmo de la canción favorita de la propia Kahlo: "El venadito". Como Artemisa/Minerva, Hadad encarna un bosque coronado con unos cuernos de venado que se desprenden del pecho de la artista y un sombrero que evoca un carcaj con flechas (véase figura 2. 6). Sin embargo, al abrir sus mangas, la artista deja al descubierto una versión de la pintura de Kahlo titulada *El venado herido*, en la que el rostro de Frida domina la organización del cuadro. Si bien las flechas enterradas en el cuerpo del venado-Kahlo representan sufrimiento, Hadad rescata a este icono como un símbolo de resistencia y gozo femeninos al enfatizar la teatralidad y parodia que caracterizaran a este mitológico personaje. Burlonamente, Hadad hace énfasis en las cualidades "gozosas" de Frida Kahlo al momento de presentar a este personaje en su *show*: "Cuando le hago este homenaje es por varias razones [...] por gozosa— ella también cogía lo que pasaba enfrente, hombre, mujer o palmera o quimera— por su arte y por su habilidad para el marketing también, porque [evocándola] me aseguro de ser contratada en todas partes".

Con su intervención, Hadad abre la puerta a una interpretación refrescante y antisolemne de esta emblemática figura. Da una vuelta de tuerca a línea interpretativa asociada con el trabajo de Kahlo que ha declarado su producción pictórica como resultante del sufrimiento corporal y emocional muy de la mano de su relación matrimonial con Diego Rivera. Desde los ojos de Hadad, Kahlo es revitalizada no como una víctima de sus circunstancias, sino como una agente activa de la composición de su propio arte, cuerpo y de una sexualidad dislocadora de la matriz heterosexual nacional. Inclusive, la propia canción "El venadito" explicita una dinámica de empoderamiento para este cuerpo femenino que ha sido definido como frágil y pasivo por los discursos nacionales: "Soy un pobre venadito que habita en la serranía/ como no soy tan mansito/ no bajo al agua de día/ de noche poco a poquito/ a tus brazos vida mía". Como la propia Kahlo desde los ojos de Hadad, el venadito de la canción se apropia de su subjetividad y sexualidad a través de una velada dinámica de protección/exposición ante ojos externos. Al buscar espacios como la noche para hacer cumplir sus verdaderos deseos, esta criatura deja de ser completamente vulnerable para convertirse en un ser con agencia. Desempeña, como bien propusiera Sor Juana Inés de la Cruz, la estrategia del débil. Alegóricamente, esta figura podría representar la propia posición de Kahlo frente al momento artístico y político que le tocó vivir: la plena consolidación del arte nacional posrevolucionario. Si bien su arte ha sido leído como una exploración biográfica de su subjetividad, la propuesta pictórica de Kahlo contesta y se adhiere, desde diversos ángulos, a la estética de la agenda nacionalista de la escuela muralista y a la representación de lo femenino en el México moderno. Sin embargo, en su obra también se ofrece una imagen ácida y violenta del cuerpo femenino, contraponiéndose a los desnudos espectaculares del muralismo mexicano y a la obsesiva tarea de dar representación a una feminidad pasiva, fértil y enmarcada en un tiempo mítico, fuera de la modernidad, para así dar lugar a la consolidación del sustrato de la mexicanidad esencial. Kahlo introduce la reflexividad sobre el género y la autenticidad nacional en la mayor parte de sus cuadros exponiéndolos como procesos representados y no naturales. Como sugiere Carlos Monsiváis en "Que el ciervo vulnerado/ Por el otero asoma": "Ella corresponde a una etapa de arte nacional y lo transciende, es el símbolo que 'ya actúa por su cuenta', la Frida pintada por Frida que produjo para poblar de Fridas los alrededores" (Monsiváis/Vázquez 1992: 5). Y al producir esta variedad de feminidades posrevolucionarias Kahlo evidencia, como lo hace Hadad con sus vestuarios y teatralidad, el carácter artificial, cultural, temporal y no esencial del género y de la gran familia mexicana posrevolucionaria.

Educación sentimental, exceso e ironía: la música de Astrid Hadad

La revisión de las narraciones históricas propuesta por Hadad se conjuga también con la música que acompaña a los espectáculos, pues en muchos casos es evocativa de sentimientos que, aprendidos con la educación sentimental, producen y organizan el sentido de la experiencia cultural mexicana. Esta evocación, sin embargo, es transgresiva, pues Hadad imprime su propio sello de ironía en los géneros musicales que *caracterizan* a México: ranchera, bolero, tropical, cumbia, mambo, yucateca, norteña, cumbia norteña, entre otros. De esta manera Hadad propone versiones alternativas de la mexicanidad musical, incidiendo de este modo en la reorganización de los sentimientos asociados a esta vertiente cultural. A través de su música recorre México, o los distintos Méxicos y maneras de expresar las identidades: muestra entonces un país "multitemporal y heterogéneo" (Constantino 2003: 187). Además, su música hace una conjugación singular al entrelazarse, subversivamente, con el empleo de vestidos y bailes explosivos acompañados de bromas políticas que contestan, ya sea en la escena o en las letras que canta, nociones de lo femenino y lo nacional producidas por los imperativos discursivos de la sociedad.

De la temática y reflexión sobre el quehacer de la historia nacional destaca la canción "Mata, que dios perdona" (*Corazón Sangrante*, 1995). La corta fábula de la canción hace una revisión sintética de los sucesos emblemáticos de la vida del país en la que los ritmos tropicales van siguiendo, hasta llevarlos a un ritmo que produce las ganas de bailar, los parámetros que han definido la constitución del poder para las clases gobernantes: "mata, que dios perdona". Haciendo también un revés al mandamiento cristiano que dice "no matarás" la artista evoca la doble moral que ha regido la vida nacional en aras de seguir (durante todos los sistemas de gobierno) una aparente rectitud que en la colonia española se basaba en el cristianismo, en la época liberal en el positivismo, en el régimen posrevolucionario en la modernidad y, en la actualidad, en el neoliberalismo que sigue sin responder al profundo abismo social producto de la estratificación colonial. Así, la canción revisa la conquista al cantar muy alegremente y con bongos de acompañamiento: "A un gran conquistador/ Le dijo su confesor/ Mata indios por matar/ Dios perdona al confesar/ En nombre de la justicia/ Todos se pueden matar/ Matémonos entre todos/ Demos paso a la impudicia/ Mata, que dios perdona/ Mata, que dios perdona". Paralelamente, revisa la modernidad posrevolucionaria y aprovecha para recordar la paranoia gubernamental que provocó la matanza de estudiantes en 1968, cuando se procuraba proyectar una imagen de paz y cohesión social resultante del proyecto posrevolucionario. Como canta Hadad, con un ímpetu que se mantiene a lo largo de toda la canción: "No le temas al sendero/ Tú camina francamente/ No te importe que la gente/ Hable de ti primero/ Si ves a los estudiantes/ por la paz manifestar/ Debes rápido matar/ Pues seguro son maleantes/ Mata que dios perdona". En una canción de apenas unos minutos Hadad revisa los períodos de la historia memorables y de carácter oficial. Al mismo tiempo, los disloca de su carácter sagrado para exponerlos, sin solemnidad alguna, como procesos violentos y cargados del abuso de poder de las clases dirigentes. Vale la pena señalar que esta canción fue incluida en el disco que el Ejército Popular Revolucionario (EPR), grupo de resistencia armada relacionado con el estado de Guerrero desde los noventa, difundiera en un material titulado *Resistiendo* durante el año 2007. Si bien Hadad se ha pronunciado como ajena al proceso de compilación de este disco, resulta relevante la incidencia política que esta canción lleva implícita en su mensaje.

El encuentro sexual como principio fundador de la comunidad imaginada mexicana es también revertido en las canciones de Hadad a través de la ruptura de la pasividad, en casos asexualidad, impuesta por la historia a los modelos femeninos nacionales. Al hacer performances que explicitan el deseo femenino, Hadad aprovecha las clásicas metáforas que relacionan la *patria* con el cuerpo de las mujeres y desde allí propone una patria activa, deseante y, en casos, marcada por una historia de violencia. Como sugiere Gastón Alzate: "esta estrategia permite hablar [del país] como si estuviera hablando del cuerpo de una mujer, abusado y violentado por la clase política" (1997a: 89). Como ella misma comenta a su público en el disco en vivo de *Heavy Nopal*: "Esto va dedicado a los hombres, y dice: amada y odiada; despreciada y deseada; admirada y desdeñada; imitada y envidiada; vilipendiada y ensalzada, golpeada, negada, usada, querida, adorada, morada por los golpes. Jamás sabrán señores el placer de ser mujer".

A través de intermedios como el de arriba señalado, y de canciones como "Me golpeaste tanto anoche" (*¡Ay!*, 1990) o "Lúdica mujer impúdica" (*La cuchilla*, 2003), Hadad imprime, singularmente, el sello de su producción, que desmitifica los mitos de feminidad a la mexicana como equivalente a sumisión y falta de poder. En "Me golpeaste tanto anoche", el modelo femenino de sumisión transforma su red de opresión femenina a partir del deseo compulsivo, y voluntario, de reproducir un montaje sadomasoquista a la ranchera: "Yo que estoy acostumbrada a tus besos y caricias/ no merezco tal golpiza/ que te perdone dios/ Pero si me pides que me quede, pos yo me quedo/ Hazme lo que quieras pero dame más dinero/ Yo por otra noche de tu amor soy una adicta/ Pégame en la cara/ Hiéreme en el cuerpo/ Pero no me dejes". En "Lúdica mujer impúdica", en contraste, la sufrida mujer que simula una vida virginal se transforma a partir de su empoderamiento sexual. El cadencioso ritmo y la voz de Hadad narran: "Era una lúdica mujer impúdica/ Era muy sádica y sentimental/ Era Purísima como las vírgenes/ Y era tan frígida como un comal". El carácter sádico e impúdico llevará a esta mujer a la provocación sexual del mismo Jesucristo, quien satíricamente se quiere despegar de la cruz cuando la ve llegar a la iglesia, para así darle "comunión" en el "mismísimo cielo". Con el trasfondo cristiano como base ideológica, Hadad hace un profundo comentario sobre la dualidad femenina ponderada como opción tradicional para las mujeres en el texto nacional: el pendular movimiento de virgen a "reina del congal". Hadad exagera el gesto de esta dualidad, sacándolo de la normalidad con la que se ha impuesto y evidenciando así la rigidez de ambas categorías. La "lúdica mujer" termina ejerciendo una suerte de prostitución que se disloca de sus principios de explotación cuando ella decide, por gusto personal, dedicarse al servicio sexual sin fines de lucro: por el simple placer que satíricamente se describe como un "seguir sus principios cristianos y servir a los otros".

La vuelta de tuerca a la dinámica de maltrato —que tradicional e históricamente ha caracterizado la experiencia de las mujeres dentro de la sociedad mexicana— radica en dos aspectos que son constantemente discutidos por la artista: la expresión del deseo/ placer de los cuerpos femeninos rompiendo con la actitud pasiva impuesta por discursos y prácticas socioculturales y, por otra parte, la reflexión sobre la posición económica de las mujeres en el texto nacional. En este sentido se ejemplifica la idea anteriormente expuesta de la alegoría que construye Hadad entre México y su cuerpo. Es interesante notar la idea de "Hazme lo que quieras, pero dame más dinero", pues hace explícita la actitud característica de las administraciones del país por parte de los diversos sistemas gubernamentales que han pasado por México.[16] Como se ha visto por décadas, la clase política ha buscado establecer una complicidad

[16] El trabajo de Hadad se equipara a la interesante labor de la artista Lorena Wolffer y su performance *Si ella es México, ¿quién la golpeó?* (2001), en donde Wolffer —de las únicas artistas jóvenes que se aceptan como feministas— representa a una *top model* golpeada que a su vez mantiene el afán de mostrarse atractiva llevando las marcas de los golpes que ha recibido a lo largo de su paso por una pasarela. Wolffer se viste con los colores de la bandera y se convierte en México: reviste en su cuerpo una historia de constantes golpes sociales, políticos y económicos, haciendo a su vez un diálogo con la posición de México frente al Tratado de Libre Comercio con Estados Unidos y Canadá. Como hace Hadad con sus canciones y performances, Wolffer evidencia la ficcionalidad de la modernización que se prometió con el NAFTA y con la transición a la democracia pues las definiciones de género femenino —y de nación— se siguen concibiendo desde discursos que requieren de profundas transformaciones para que puedan ser calificadas de modernos.

con capitales poderosos (extranjeros o nacionales) en el manejo corrupto de los recursos del país con el afán de enriquecer sus arcas personales.

Una obra que resalta en el repertorio de Hadad por la síntesis que hace de las estrategias producidas por la propia artista es el videoclip *Corazón sangrante* (1993).[17] Concebido con la cineasta Ximena Cuevas esta producción devela, a partir de las imágenes conjugadas con la letra de la canción compuesta por la propia Hadad, el violento proceso de sincretismo, el mismo que es reconocido como origen sagrado de la mexicanidad, así como la naturaleza manipuladora del propio quehacer histórico dedicado a concebir versiones lineales de la historia que posibilitan la cohesión de la comunidad imaginada basada en el mito de compartir un pasado común.[18] A propósito del video *Corazón sangrante* la propia Hadad, en una entrevista con Gastón Alzate, comentó:

> En ese video la historia que se cuenta, un poco en broma un poco en serio, es la del sincretismo de cómo se fusionan las dos culturas. Porque por una parte hay una parte en el video donde aparece Coatlicue, que era el ídolo por excelencia, la madre de México, antes de la venida de los españoles. Se duerme, se convierte en la mujer dormida y luego se despierta como la Virgen de Guadalupe. Eso sale en el video, aunque no se entiende mucho pero es lo subliminal, digamos que es como la parte medular de todo el trabajo (1997a: 87).

A partir de la estrategia de lo que la artista define como "subliminal" el video se dirige a discurrir sobre la forma tradicional del quehacer histórico en México que se sirvió de las metáforas sincréticas como medio ideal de transmisión de los sentimientos de la mexicanidad. Si bien Hadad y Cuevas se sirven de espacios y personajes que evocan lo nacional desde la estética *kitsch* de cromos y calendarios coloreados como los pintados por José Bri-

---

[17] La producción del video *Corazón sangrante* se completa en 1993; sin embargo, el disco con el mismo nombre (y que incluye la canción inspiradora del video y disco) no sale sino hasta 1995. Esta es una clara muestra de las dificultades económicas que han tenido, y siguen teniendo, artistas como Hadad. Reflexiones respecto a este factor se encuentran en el periódico *La Jornada*: <http://www.jornada.unam.mx/2004/12/23/13an1esp.php>; <http://www.jornada.unam.mx/2002/12/15/06an1esp.php?origen=espectaculos.html> (30 de junio de 2005).

[18] *Corazón sangrante* dialoga con la reflexión de Maris Bustamante en su performance *A corazón abierto*. En ésta, Bustamante se colocó en el ambiente de crítica al NAFTA, y retomó asimismo el motivo del "corazón" (hecho de hule espuma y relleno de múltiples pequeños corazones) para discernir sobre procesos históricos y culturales en México, así como de las inherentes contradicciones e imposiciones de la cultura nacional enmarcada de lleno en la tradición patriarcal (McCaughan 2002: 14).

biesca en las décadas de oro de la cultura posrevolucionaria —Chapultepec, Xochimilco (o Cuemanco) y sus chinampas, la Coatlicue, la monja coronada, el despertar de la mujer dormida, la Virgen de Guadalupe, la soldadera—, el corazón sangrante es el elemento que metaforiza más visiblemente el mestizaje y la violencia inherente al propio proceso.

El corazón, elemento sagrado de la cultura mexica por ser considerado el medio para tener comunicación con los dioses, se introduce como *Leitmotiv* inicial cuando Hadad evoca al propio Cuauhtémoc quien, al triunfo de los españoles, se cuenta, comenzó a lamentarse de su perdición metaforizada en un corazón herido y en duelo: "¡Vulnerado de muerte está mi corazón! ¡Cual si estuviera sumergido en chile, mucho se angustia, mucho arde! ¿A dónde pues, nuestro señor?" (León Portilla 1989: 30). Con la música de fondo, el lamento resultante de la conquista se entrelaza al género musical emblemático por excelencia para cantar los amores perdidos: el bolero. La reconfiguración de Hadad propone: "¿A dónde iré?/ ¿Dónde mi corazón pondré?/ Que no muera/ Que no sangre/ que no arda/ Lo llevaré/ Afuera como los santos/ para que mires/ Como me has herido/ tanto, tanto". De esta manera, como sugiere Laura Gutiérrez, la artista realiza una doble labor: subvertir la narración nacional a partir del género (musical y sexual) que —como la historia oficial— la ha negado como sujeto con poder de palabra:

> Hadad's performance of the bolero in *Corazón Sangrante* in the video is ultimately critiquing the same format that has both included and excluded her. The performer parodies and ironizes the prevailing idea that [Mexican] women (particularly when they perform boleros) are agents of seduction and can only have sexual desires rhetorically; thus critiquing the notion that female sexual agency is constrained by a song's lyrics and its performance (2001: 81).

Al utilizar al corazón sangrante, Hadad, asimismo, entabla un diálogo directo con la introducción católica de la figura del Sagrado Corazón de Jesús, culto que proviene de la adoración a la herida de Cristo. En la herida de Jesús se lee su "infinita bondad", pues es la fuente del líquido con el que se comprueba la partición del cuerpo de Cristo y su uso como alimento de los feligreses: "Esos mismos pecadores que Cristo salva con la sangre que mana de su costado, sangre que como leche materna los nutre, a aquellos a quienes redimió con el precioso líquido, esa sangre que sale de la llaga abierta" (Glantz 2001: 38).

Por otra parte, la herida de Cristo tuvo un especial significado como figura de adoración en los éxtasis que dieron vida a la poesía y narraciones de las monjas místicas de la Nueva España que, en sus raptos, tenían una relación casi erótica con la imagen de la herida y dislocaban, tal vez sin quererlo, la rigidez genérica del propio Jesucristo: "Mi dulce y adorado Señor, ¡con cuanto amor penaste por mí y me mantuviste dentro de tu vientre toda la vida! Y cuando llegó el momento en que tenías que darme a luz, tus trabajos de parto fueron tan enormes que tu santo sudor se transformó en sangre, salía de tu cuerpo en forma de gotas fecundando a la tierra" (Glantz 2001: 47.) La ambigüedad de la llaga radica sin duda en su posibilidad de nutrir, como hacen los pechos femeninos, a los pecadores; al mismo tiempo, la forma de la llaga remite a lo que más tarde fue uno de los motivos principales de la paradigmática disertación de Octavio Paz sobre la mexicanidad: la "herida primordial" o vagina femenina.[19] Al retomar el corazón sangrante como metáfora para su propia disertación de la historia, Hadad parece repetir la estrategia oficial de ubicar símbolos del sincretismo —en un gesto nostálgico— como constitutivos del espíritu nacional. Sin embargo, se coloca en un lado opuesto al desentrañar las violentas dinámicas que han construido uno de los sustentos de la identidad nacional, el mestizaje y el sufrimiento femenino irremediable, para proponer una mexicanidad irónica y autorreflexiva. Lo que comienza siendo un lamento por la pérdida, en la voz de Hadad se convierte en una denuncia no sólo de la violencia del proceso de mestizaje, sino también de los rígidos mecanismos que producen y regulan las identidades genéricas al interior del texto sociocultural. La mujer sufrida impuesta como baluarte de la mexicanidad es parodiada al extremo, evidenciando así las dinámicas y discursos perpetuadores de este modelo nacional. Como en otras canciones, Hadad se sirve del cambio del bolero inicial a la cumbia, produciendo de esta manera una intervención irónica que hace explotar los mitos de la historia nacional evocados en "Corazón sangrante". Como sugiere la última estrofa cantada a ritmo de cumbia por

[19] La idea completa que describe la relación hombría/impenetrabilidad, dentro del imaginario nacional mexicano, en contraste binario a la irreductible e "inferior" apertura femenina es, de acuerdo al análisis de Paz, en *El laberinto de la soledad*: "el ideal de 'hombría' consiste en 'no rajarse.' Los que 'se abren' son cobardes. Para nosotros, contrariamente a lo que ocurre con otros pueblos, abrirse es una debilidad o una traición. El mexicano puede doblarse, humillarse, 'agacharse,' pero no 'rajarse', esto es, permitir que el mundo exterior penetre en su intimidad. El 'rajado' es de poco fiar, un traidor o un hombre de dudosa fidelidad [...]. Las mujeres son seres inferiores porque, al entregarse, se abren. Su inferioridad es constitucional y radica en su sexo, en su 'rajada', herida que jamás cicatriza" (26-27).

una charra, quien termina tatuándose una carita feliz en el pecho como gesto explosivo e hiperdramático:

> ¿Dónde pondré este corazón?.../ Sangrante, picante, ardiente/ Conquistado, estrujado, espinado, maltratado, picosito/ Fregado, herido, perdido, dormido, mareado, negado, pateado, torcido, molido, licuado, tostado, torteado/ Destrozado, pisoteado, humillado, engañado, adobado, atiborrado, adolorido, reventado, rechazado, revolcado, despatriado, sofocado y además...manoseado.

Al recorrer los distintos escenarios e imágenes que han dado cohesión a la idea de comunidad imaginada mexicana Hadad propone una visión de la historia que, en lugar de conformar una narración coherente y evolutiva —como se planteó por Vicente Riva Palacio en *México a través de los siglos*—, desentraña la falsedad de tal evolución y evidencia, con ironía y empoderamiento, un panorama caracterizado por *el azote* constante de los discursos provenientes de las matrices dominantes de significado. Hadad manipula abiertamente los símbolos de la mexicanidad para evidenciar la manipulación con la que fueron constituidos. Destroza y patalea para evidenciar la violencia del proceso de mestizaje y sincretismo y su reificación dentro del discurso oficial de mexicanidad, haciendo visible también la violencia y opresión impuestas al género femenino por el discurso posrevolucionario. Al mismo tiempo, Hadad se sirve de la pasividad inherente en la dinámica del *show* y el espectador, quien emula así la complicidad con la que se siguen constituyendo discursos que legitiman aún hoy en día prácticas culturales lacerantes y antidemocráticas. Como sugiere Roselyn Constantino: "By engaging the crowd in a practice in which they [Mexicans] participate frequently, Hadad implicates them in the violence inherent in the underlying belief systems and mechanisms of such cultural practices" (2003: 200). De esta manera, la capacidad crítica de Hadad rebasa el terreno de la representación artística para insertarse como una incisiva voz y un incómodo cuerpo que alcanza la reflexión política en la propia vida del espectador.

Prosas rotas: historia, cuerpo y discursividad en *Duerme* (1994) e "Isabel" (2000) de Carmen Boullosa

De las escritoras mexicanas más obsesionadas por la historia como material de producción literaria resalta Carmen Boullosa (1954), quien alcanzó su auge de producción durante la década de los noventa. Originaria de la Ciudad de México, esta autora se ha colocado en la lista de escritoras mexicanas más reconocidas a través de una obra que, diversa en géneros, difícilmente puede ser clasificada en un estilo o temática. En los medios culturales fuera de México, sorprende su capacidad lúdica y su manejo de la lengua y de la ironía, sobre todo en aquellas obras que reflejan la condición posmoderna y convulsa de los sujetos contemporáneos. En México, por otra parte, su obra ha sido acogida por un selecto público —entre el que destaca Carlos Fuentes— que, aun aclamando su novedoso estilo narrativo, también ha respondido de manera crítica a la actitud antisolemne que caracteriza a Boullosa no sólo hacia el heroísmo de los mitos e historias nacionales, sino también hacia la propia industria cultural mexicana, a la que ha criticado por buscar el apoyo del sector intelectual para legitimar los diversos sistemas imperantes (De Beer 1996: 179).

Esta sección analiza dos obras de Carmen Boullosa que han desarticulado la rigidez característica de cánones históricos constituyentes de lo mexicano, exponiendo, al mismo tiempo, la violencia implícita en la creación de un relato histórico homogeneizante. Al introducir la ambigüedad en el tratamiento de lo histórico expone también las múltiples perspectivas desde donde se puede interpretar el pasado con relación al presente. Tanto en *Duerme* (1994) como en "Isabel" (2000) la narración interviene sobre conceptos como la linealidad de la historia y los grandes proyectos políticos posrevolucionarios deseosos de llevar al México moderno hacia la racionalidad europea metaforizada en el progreso. En *Duerme*, Boullosa cuestiona intensamente el carácter conciliador que la versión oficial de la historia mexicana ha impreso sobre el período colonial. Al mismo tiempo, discute el sistema simbólico asociado a la figura del mestizaje al construir una historia que se desarrolla durante las primeras décadas de la colonia española en las que se formaron los discursos delimitadores de la posición social a partir de la sangre o el tipo racial de los individuos. Por otro lado, Boullosa inscribe a "Isabel" directamente en la época contemporánea para mostrar que la modernidad, como proceso aparentemente logrado en el final del milenio, sigue siendo el privilegio de unos cuantos. A partir de la construcción de una historia de vampiros, la autora evoca y desplaza varios de los discursos románticos con los que se formuló la identidad mexicana, especialmente en la segunda mitad del siglo XIX. Ambas obras se caracterizan por construirse a partir de un juego con las estructuras narrativas resultante de la inclusión de narradores irónicos y reflexivos que desplazan los esquemas de verosimilitud de la novela realista a través de sus intervenciones. Lo que destaca en la obra de esta autora es su oposición a seguir tanto los lineamientos clásicos de los géneros narrativos como los tonos y mensajes dictados por la historia nacional mexicana. A través de sus obras Boullosa se convierte, como propone Pirott-Quintero (2001: s/p), en una crítica cultural que expone la constitución de los cuerpos a partir de la sutura proveniente de diferentes matrices de significado; logra de este modo crear personajes que salen de los sistemas simbólicos que, basados en lógicas binarias, estabilizan cuerpos e identidades: lo genérico, lo racial, e inclusive, como se discute más adelante, lo humano con la introducción del vampiro como personaje principal.

Si durante la época de consolidación nacional las épicas naciones se determinaron en extremo a partir de los "romances irresistibles", como propone Doris Sommer a lo largo de su trabajo *Irresistible Romance: The Foundational Fictions of Latin America* (1991) —siendo un ejemplo clásico *María* (1867) del colombiano Jorge Isaacs—, Boullosa aprovecha para romper con la idea de la conciliación histórica a partir de personajes e historias que rompen con la fantasía de comunidad imaginada. Sus historias serán romances truncos, protagonizados por mujeres que se niegan a seguir el papel pasivo y de objeto de amor, convirtiéndose en principales dislocadoras del orden social.

Para lograr el desplazamiento de las épicas nacionales, Boullosa reflexiona sobre la relación entre momentos cumbres del relato histórico con la tipificación de los cuerpos con igual género y su posición en el texto social. Como sugiere Pirott-Quintero, la obra de Boullosa "se realiza con constante cuestionamiento de los parámetros externos —específicamente la historia oficial y los discursos promulgados por ella— que delimitan el sujeto y lo fijan dentro de un contexto histórico-cultural específico" (2001: 776). El cuerpo, así, será un lugar en donde se negocien la identidad cultural y el género de los sujetos: dos identidades muy importantes para la consolidación del discurso oficial y que son continuamente resemantizadas por la escritora en cuestión.

Cuerpos históricos múltiples y fragmentados

Boullosa reinventa en *Duerme* (1994) el período colonial en México para cuestionar desde este siglo prácticas sociales que, provenientes de la colonia española, parecen vigentes en los comienzos del nuevo milenio. Destaca en la conformación de su historia la obsesión por reflexionar sobre un sistema de clasificación a partir del cual no sólo quedaría justificada la diferencia supuestamente natural con *el otro* (el indígena), sino la desigualdad y el maltrato como monedas comunes para los vencidos en la conquista, los mismos que han seguido en una posición de marginalidad por más de quinientos años. Como señala Ute Seydel: "Al fusionar los siglos XVI y XVII, da la impresión de que, desde la perspectiva del siglo XX, toda la época colonial es un sólo tiempo de desigualdad, de injusticia, de violencia, de luchas armadas y de arbitrariedades" (2001: 215). La estrategia de Boullosa no se fundamenta únicamente en narrar eventos o situaciones durante esas épocas, sino que también crea personajes inestables capaces de trascender los índices clasificatorios para así desestabilizar el orden social.

En *Duerme* tres categorías son continuamente subvertidas a partir de la posición y vestuario de la protagonista Marie Claire: el género, la raza y la clase social. La historia comienza cuando esta joven francesa es robada de una identidad previamente falsa. Al llegar disfrazada de hombre-pirata luterano a la Nueva España, ella es despojada de sus ropas para recibir el atuendo de un español que ha sido condenado a muerte por traicionar a la Corona. En su reflexión sobre la sociedad colonial, donde hubo una marcada diferenciación por estamentos, Boullosa muestra cómo cada grupo étnico estaba protegido por una legislación que dificultó la movilidad social y determinó su permanencia en posiciones sociales específicas. La marca de diferenciación radicaba, sobre todo, en las vestiduras de los propios cuerpos: los novohispanos tenían jurisdicciones especiales que reglamentaban desde su forma de vestir hasta sus derechos políticos. En una época en la que las clasificaciones sociales eran tan significativas a partir del atuendo, la protagonista de *Duerme* resulta en sí misma una mujer negada a aceptar los comportamientos que a su diferencia sexual y racial se exige representar. Al incorporar el travestismo de Marie Claire, Boullosa dialoga también con las propuestas de Judith Butler (1990, 1993), quien ha concebido la idea de que el género, al tratarse de una categoría performática —en tanto que se representa— y performativa —en tanto que se repite a través de las prácticas cotidianas— puede desequilibrarse al evidenciar su carácter cultural y no esencial. De aquí que este personaje femenino ofrezca la oportunidad para la autora de desnaturalizar discursos relacionados con la autenticidad no sólo genérica, sino también de la representación de algunos atributos identificados con la mexicanidad esencial como el mestizaje.

Por otra parte, resalta un aparente diálogo con la mujer varonil del Siglo de Oro español, que fuera emblematizada por la famosa "Rosaura" de *La vida es sueño* de Calderón de la Barca. Sin embargo, Boullosa rebasa la propuesta de la mujer varonil del Siglo de Oro español, pues sus protagonistas, como Marie Claire, no son un elemento ordenador del caos previsto ya en la obra, sino un medio de rebeldía aún mayor hacia los órdenes establecidos. Al ser atrapada y descubierta en su identidad genérica, Marie Claire arguye: "Sí soy mujer, ya lo viste. Yo me siento humillada así expuesta. Creí que ya lo había vencido, que nunca más volvería a ser ésta mi desgracia, el cuerpo expuesto, ofrecido (como si él fuera mi persona) al mundo. ¡Yo no soy lo que tú ves! Quiero gritarle" (Boullosa 1994: 19). Las apariencias, como sugiere esta cita del libro, serán espejismos que proyecten las marcas definitorias de cuerpos desde matrices de significado diversas. Sin embargo, Boullosa se encarga, como también Calderón de la Barca, de hacer evidentes los mecanismos que conforman *el gran teatro del mundo*. Para reforzar esta idea, Boullosa emplea en *Duerme*, y a lo largo de gran parte de su obra literaria, la primera persona como narrador, con lo que imprime una intensa descripción de la subjetividad de los personajes. Al mismo tiempo, instala al relato en un constante tiempo presente, haciendo que los personajes dirijan la palabra al propio lector (como en la cita anteriormente incluida), quien queda involucrado en una narración que se mueve al ritmo de las acciones del cuerpo de los personajes: al lector se le coloca como testigo de un cuerpo, o varios, en pleno movimiento.

El disfraz y la inestabilidad categórica entran como hilos conductores de la trama cuando Marie Claire es salvada de la horca, después de recibir la identidad del Conde Urquiza (enemigo de la Corona), por una mujer india. Es precisamente por esa falta de definición en su identidad por lo que la mujer indígena, quien juega con su nombre verdadero a lo largo de la narración, decide salvar a esta mujer europea con su intervención quirúrgica a la usanza de los antiguos pobladores de Tenochtitlan. La mujer de "manos tibias" hace una herida en el pecho de la joven, la misma que ha de transformarla radicalmente, inclusive en su calidad de humana mortal. Marie Claire es vaciada de su sangre europea —dejando un pecho abierto pero no sangrante— y en su lugar, la india coloca el agua del entonces ya casi extinto lago de Tenochtitlan: "Estas son aguas purísimas, no tocadas por las costumbres de los españoles, ni por sus caballos, ni por su basura. Usted que no es mujer ni hombre, que no es nahua ni español ni mestizo, ni conde ni encomendado, no merece la muerte" (Boullosa 1994: 28). En su condición de desidentificada, Marie Claire representa una posibilidad para la trascendencia y transformación del sistema social en el que se halla inscrita y que compulsivamente busca suscribirla en una categoría definida. Como afirma Judith Butler en *Bodies that matter*:

> Although the political discourses that mobilize identity categories tend to cultivate identifications in the service of a political goal, it may be that the persistence of *dis*identification is equally crucial to the rearticulation of democratic contestation. Indeed, it may be precisely through practices which underscore disidentification with those regulatory norms by which sexual difference is materialized that both feminists and queer politics are mobilized (1993: 4).

Al perder su sangre, Marie Claire adquiere un mestizaje *otro* al tradicionalmente concebido como homogeneizante: se convierte una "cosa partida" (29), elemento que irrumpe disidencia en los planteamientos coloniales y contemporáneos sobre la identidad mexicana. Como sugiere Pirott-Quintero:

> El mestizaje reconfigurado en pluralidad de la novela, sirve para re-vitalizar el imaginario corporal mexicano [...] la transfusión de Claire crea una narrativa que rompe con el simbolismo de la sangre y el desorden semiótico que suscita la retórica de la "mezcla de sangres," los cuales forman parte de muchos discursos de la identidad mexicana (2001: s/p).

Boullosa disloca de este modo el papel central y naturalizante del mestizaje (siempre identificado a partir de su mezcla sanguínea vs. pureza de sangre) y coloca a su personaje como un ser capaz de adoptar identidades múltiples para evidenciar la artificialidad y el carácter coercitivo de la división genérica y racial en el México colonial. Al reflexionar y proponer un sincretismo/mestizaje alternativo Boullosa introduce uno de los aspectos más significativos de su obra: la obsesión por evidenciar la compulsión binaria en la organización de la vida, subvirtiendo este mecanismo de control a través de la escritura. Si en la novela *La milagrosa* (1993) Boullosa construye un personaje femenino que mantiene obsesivamente su identidad individual, en *Duerme* se explora la artificialidad de la división entre indios y españoles, entre mestizos y españoles y otras complejas castas como cambujo, lobo, zambo, saltatrás, entre muchas otras.[20]

Para sobrevivir, Marie Claire viste ropas de india que le hacen experimentar corporalmente una constante violencia, descubriendo así la posición desventajosa impresa a lo considerado como el último escalafón social desde

[20] En *La Milagrosa* (1993) Boullosa emite directamente su visión sobre el ambiente electoral de 1993, un año antes de la salida de Carlos Salinas de Gortari como presidente. En su afán de reimaginar a la comunidad nacional, Boullosa introduce un personaje femenino que busca trascender cualquier categoría binaria o estratificante. En *Duerme*, asimismo, Boullosa propone a Marie Claire, que rebasa lo binario y racial desde el mestizaje alternativo. Claire no puede ser lo que se definió como "casta", ni siquiera la denominada "no te entiendo". Como se definían las castas: "De español e indígena: mestizo/ De indio con negra: zambo/ De negro con zamba: zambo prieto/ De blanco con negra: mulato/ De mulata con blanco: morisco/ De español con morisca: albino/ De albino con blanco: saltatrás/ De indio con mestizo: coyote/ De blanco con coyote: harnizo/ De coyote con indio: chamizo/ De chino con india: cambujo/ De cambujo con india: tente en el aire / De tente en el aire con china: no te entiendo/ De mulato con tente en el aire: albarasado".

la Colonia hasta el nuevo milenio: las mujeres indígenas. Esto es confirmado cuando se narra la violación sexual (y pública) que sufre al estar vestida de india y ser descubierta como mujer por el hombre español que se cuenta es el Conde Urquiza. A través de la narración gráfica de la violación, Boullosa explicita tal vez el acto más representativo del proceso de mestizaje y que ha sido constantemente conciliado o explotado por el imaginario mexicano: la imposición forzada emblematizada en la ocupación que alcanzó todas las esferas de la vida indígena, al menos en lo que era la antigua Tenochtitlan. Por otra parte, la forma ambigua de narrar esta escena muestra la actitud irónica de Boullosa ante la legitimidad de un discurso único y la concepción de la verdad histórica. Para lograr este desplazamiento de la verdad histórica la escena es narrada desde múltiples perspectivas que incluyen comenzar su vida con una nueva identidad de indígena-mestiza, ser violada y presenciar el dominio de Cosme sobre las aguas del lago. La propia narradora reflexiona sobre la inverosimilitud de sus palabras:

> Aunque parezca inverosímil artificio, me ocurren en el mismo lugar y momento tres diversos sucesos. Pero no es artificio, es la verdad [...]. Las tres las vivo al mismo tiempo, pero ¿cómo puedo contármelas? No son iguales las palabras que les pertenecen, y éstas ocupan más territorio que los hechos, porque si ésos comparten, sin pertenecer a la misma trama, lugar y tiempo, éstas no caben con las otras... *Así que doy en mi voz preferencia arbitraria* a uno de los tres sucederes, sin que dé a entender que éste ocurrió el primero, porque repito, es él simultáneo de los dos a los que presentaré palabras después (1994: 51; el énfasis es mío).

Con esta intervención, Boullosa evidencia el carácter arbitrario y construido del quehacer histórico, dotando a su personaje, ya de por sí ambiguo en lo genérico y racial, de poder interpretativo, capaz de dislocar los límites de la objetividad tradicionalmente asociada con las narraciones oficiales de la historia.

Tras un enfrentamiento en plena calle con un oficial de la Corona, Marie Claire tiene oportunidad de convencer al virrey de que ella es hija de un caballero francés servidor de la corte española. Este hecho le permite adoptar una nueva identidad que le reinserta al mundo europeo y a su atuendo de hombre, eventos que aprovecha para empuñar nuevamente las armas. Lo particular de esta reinserción identitaria es que volver a la categoría genérica y racial supuestamente original no impide a Marie Claire seguir ejecutando acciones subversivas cuando el virrey, al saber de sus dotes de mando y combate, la comisiona para ir a derrotar al indio Yaguey, que está arrasando con las tierras cercanas a la capital y también con comunidades indígenas. Como hace en la novela *La Milagrosa* y como se verá más adelante en "Isabel", Boullosa inviste a sus personajes femeninos de soldados alternativos con estrategias propias, pues son individuos capaces de entrar al campo de batalla con la intención de desordenar las estructuras del Estado legitimado sobre la base de un sistema social de desigualdad. Boullosa reescribe así el himno nacional mexicano al evocar una nueva frase de comienzo: "*Mexicanas* al grito de guerra".[21] Al hacerlo disloca la ecuación de ciudadano como equivalente a sujeto masculino y otorga la posibilidad a las mujeres de desempeñar roles alternativos a la norma tradicional dentro del texto sociopolítico mexicano.

Tras vencer a Yaguey, Boullosa transforma a su personaje femenino en un individuo que ha rebasado no sólo el género y las categorías raciales coloniales sino la categoría de humano. Cuando la cabeza de Marie Claire es solicitada por algunos indígenas que la consideran una fuerza inusitada y vital para su supervivencia, ella y su amigo Pedro de Ocejo tienen que huir de los límites de la Ciudad de México. A partir de la salida forzada la joven cae en el sueño que vaticinara la india de las manos tibias, pues su energía vital depende de su cercanía a las aguas de Tenochtitlan que corren por sus venas. Es a partir de este punto donde lo onírico invade también la propia la narración. La historia alcanza la fantasía utópica cuando la autora propone el despertar de una Marie Claire lista para asumir el mando de la rebelión temprana contra los españoles. Es la voz del poeta Pedro de Ocejo quien se encarga de narrar un final fuera de los límites de la verosimilitud. Este narrador propone que Marie Claire ha organizado a un grupo de rebeldes indígenas y se ha decidido a dar un revés al curso de la historia colonial. Ella se ha convertido, a partir de las aguas que corren por sus venas y por el atuendo que fue obligada a llevar, en una más de ellos: "¿no soy acaso también hija de la raza? ¿La única francesa que lleva agua en las venas, la mujer de la vida artificial, la que sólo puede vivir en la tierra de México?" (Boullosa 1994: 125). El propio Pedro de Ocejo también acaba por rebasar los límites

[21] El 12 de noviembre de 1853 —bajo el mandato de Santa Anna— se convoca a escribir el himno nacional mexicano. El resultado respeta la fórmula de concebir una nación en la que los "hijos varones" serán los agentes políticos, sociales y militares. Como se confirma desde el coro y la primera estrofa: "Mexicanos, al grito de guerra/ el acero aprestad y el bridón/ y retiemble en sus centros la tierra/ al sonoro rugir del cañón [...]/ Mas si osare un extraño enemigo/ profanar con sus plantas tu suelo,/ piensa ¡Oh Patria querida! Que el cielo/ un soldado en cada hijo te dio".

de su identidad pues él, siempre apegado a la escritura de la poesía, decide asumir la escritura de un relato que también sobrepase los límites de la historia oficial; esto es, rebasa la intención de dar vida a una narración moralizante y cohesionadora pues: "Escribir historias sí sirve, no digo que no, pero sirve demasiado, es una manera de conquistar y vencer, y yo no tengo por que conquistar el mundo" (Boullosa 1994: 77).

La trama de *Duerme* finaliza sin acabar de responder por el paradero de la inmortal Marie Claire quien, al no poder morir, es un símbolo de fuerza política latente lista para despertar en la mejor oportunidad. La no sangrante Marie Claire, entonces, metaforiza una eternidad bien distinta de la propuesta por el discurso histórico como la esencia de lo mexicano: un cuerpo que es muchos cuerpos, un cuerpo partido, fragmentado por la herida no sangrante primordial que le ha transformado; un ser con identidades múltiples que está dispuesta a dislocar el destino trágico que socialmente se le ha impuesto a partir de la estabilidad de categorías como mujer, mestiza, india, europea, o eterna.

Cuerpos históricos sin límite

Publicada en el libro de cuentos o novelas cortas *Prosa rota* (2000), "Isabel" es una historia que, como *Duerme*, reflexiona sobre el curso de la historia y sus mitos a partir de la idea de la subversión a la ley de la sangre cuando logra un mestizaje posmoderno, en plena era del sida, a través de sus prácticas sexuales y vampirescas. Una nueva peste se apodera de la Ciudad de México en el fin del milenio. Ya no será el régimen colonial el que produzca un sistema de estratificación, sino los regimenes resultantes del largo proceso de independencia, consolidación nacional y entrada a la modernidad. Textos como "Isabel" hacen evidente lo que Boullosa define como continuidad histórica, la misma que aparece como *Leitmotiv* a lo largo de su prolífica obra: el caos y la injusta distribución de los recursos y del poder.

Como otros trabajos de la autora, "Isabel" discute la inscripción de los individuos en un contexto fragmentado donde la discontinuidad de los discursos y comportamientos se apodera para dislocar las mitologías reforzadas por la historia y la organización de la vida social a partir de símbolos y prácticas culturales. Esta novela corta puede ser leída, en primera instancia, como la cartografía del deseo de una mujer que repentinamente deja de lado su condición humana/femenina y se convierte en una hambrienta vampiro que busca víctimas para saciar su sed sexual y de sangre. La propuesta de una mujer vampiro en plena Ciudad de México nos recuerda a la hecha por Carlos Fuentes en su libro *Aura* (1962), al que Jean Franco definiese en *Las conspiradoras* como "una fábula que refleja el temor de varón a perderse" (1993: 220) o a perder el mando del orden de significado que ha impuesto, inclusive, en el ámbito cultural y nacional. Pues la muerte y la sexualidad implícitas al vampiro han representado el inicio de un proceso de desintegración de la propia vida y la identidad, que a su vez alcanza a los contextos en los cuales el vampiro se halla inscrito. La incidencia de una mujer vampiro, por tanto, implica también la ruptura de la gran *Historia*, pues "La Historia, que al mismo tiempo constituye la inmortalidad de la sociedad y la del individuo, se ve amenazada tanto por la rutina sin sentido como por el ciclo eterno del sexo y la muerte, encarnado por la mujer vampiro" (Franco 1993: 220).

Boullosa presenta la obra con la descripción lúdica "roja noveleta rosa en que se cuenta/ lo que ocurrió un vampiro" (2000: 167). Al evocar la novela rosa Boullosa también dialoga con el romanticismo literario como género de las novelas fundacionales del siglo XIX latinoamericano. En su dislocación de los géneros literarios la autora juega, asimismo, con el planteamiento de un universo que ha sido dislocado de sus significantes tradicionales: si la novela rosa es clásicamente identificada con el ámbito de lo femenino, el rojo añadido a su descripción nos devuelve a un universo neogótico en el que se "hablaba de lobos, de venenos y de sangre" (2000: 169). En este sentido, la autora se refiere al romanticismo inglés que tuviera como protagonistas por excelencia a los vampiros dislocadores del orden social. La vuelta hacia un mundo en el que destaca el placer por la sangre y la carne desarticula al mismo tiempo la imagen de la mujer pasiva y asexual propuesta por la República liberal en el México del siglo XIX y consolidada a partir de discursos lacerantes que afectan todavía la experiencia de las mujeres. El deseo sexual explícito en la mujer vampiro, quien es sujeto deseante capaz de exponer su cuerpo y placer, provocan la dislocación de su género a partir de su inmersión al mundo del goce. La posesión del otro se convertirá entonces en meta principal de la protagonista, quien encuentra por la boca, como si se tratara de una mística en la llaga del cuerpo de Cristo, la puerta hacia un mundo inefable.

Habiendo mordido al amante que por años la mantuvo en una sed emocional, la protagonista rompe con la imagen tradicional del encuentro sexual al convertirse en una mujer insaciable que no respeta los modelos de relación monogámica heterosexual. Isabel despierta un día con el sabor de la sangre en su boca. Desde entonces su sexualidad, placer y actividad de vampiro quedan hechas una: "empezó a desear que quien fuera acariciara su cuerpo y la penetrara, y la habitara con paciencia, creyendo que eso de acoplarse debía ser en el siempre jamás" (Boullosa 2000: 180). Al sustituir el "siempre jamás" por una práctica de placer y no de institución matrimonial, Isabel trasciende la idea de cuerpos sexuados con límite. Ella busca llevar a su cama a un ser diferente cada noche; uno que represente un aspecto totalmente diferente del espectro social. Su deseo trasciende las categorías de género, raza y clase rompiendo, de esta manera, con los cercos que socialmente posicionan a los individuos en una posición más o menos favorable en la escala social. Un narrador por demás inestable (que se pasa gran parte del relato dudando de la veracidad de la historia) comenta: "Isabel no ha repetido en ninguno el tono de piel, como si tuviera gusto de pintor en la elección de los muchachos, en la paleta de su cama va recorriendo todos los tonos que la piel puede tener" (Boullosa 2000: 190). Por otra parte, el erotismo llevado al límite trastoca los guiones restringidos y previamente ensayados del encuentro sexual y se propone formular un encuentro circular, siendo capaz de enunciar el placer de Isabel en un espacio subjetivo y corporal que trasciende la diferencia sexual: "Los cuerpos, entonces, son más amplios que el mundo. La pulgada del clítoris no tiene márgenes, la boca más honda que el océano, no hay palabras, ni nalgas, ni culo, ni labios, ni espalda, ni pechos, sino el tirón del gozo, la marea del gozo" (Boullosa 2000: 188).

En la descripción de su deseo y perfomance sexual, la protagonista reflexiona sobre la educación o el aprendizaje de los comportamientos genéricos culturalmente aprendidos, básicamente insertos en la mitología histórica trasmitida como un valor de carácter nacional: para la protagonista el placer sobrepasa la idea de "hacer patria" a través de la relación sexual heterosexual y su consecuente maternidad. Como Isabel define, nuevamente desde la narración teatral en primera persona y en presente: "A los hombres se les enseña a despreciar la carne y a las mujeres a contener su gusto hasta que la carne aguante. La mayoría de los varones no saben gozar, y no les interesa. Un pequeño mareo y un océano de semen. Pura aburrición carnal" (Boullosa 2000: 191). Boullosa rompe, de este modo, con el rictus de decencia sexual y dignidad tradicionalmente impuesta a los cuerpos femeninos en el texto religioso, familiar y nacional. Como propone Debra Castillo en su libro *Easy Women*, las mujeres que expresan deseo sexual en la cultura mexicana han sido calificadas de anormales: "step outside such dominant culture codings of female behavior and thus enter into a sliding category: loose women, easy women, public women, locas, prostitutes" (1998: 4). Isabel deja a un lado su normalidad femenina y se convierte en lo que Federico Gamboa es incapaz de escribir sobre Santa (*Santa* 1903), la emblemática prostituta del naturalismo mexicano que al adentrarse en el mundo del sexo pierde su estabilidad genérica para convertirse en lo que impreso puede leerse apenas como "puntos suspensivos". Lo que sí es, una mujer que expresa abiertamente su sexualidad, no tiene cabida en el discurso de Gamboa: "¡No era una mujer, no; era una...!" (1979: 7).

Lo innombrable, una *no mujer* que rebasa su género y los valores culturales a través del sexo, se reproduce a lo largo del relato hasta provocar un ambiente en el que prima el caos. Es desde la desestabilización del cuerpo femenino desde donde Boullosa propone una dislocación del ambiente y de las narraciones históricas contemporáneas. Con los hábitos de vampiro y la preferencia sexual indiferenciada de la protagonista —quien practica su sexualidad sin límite de tiempo y sin límite de género— los confines del orden social y del cerco profiláctico de la modernidad también acaban por caer, exponiendo el caos escondido tras la fachada de un "México en la era del progreso", frase que paradójicamente fue el eslogan de diversos discursos presidenciales del presidente mexicano Carlos Salinas de Gortari (1988-1994).

Tradicionalmente asociado con la transmisión de la peste, el vampiro representó la alegoría de la premodernidad sanitaria. Al introducir a una mujer vampiro en pleno siglo XX, Boullosa desequilibra la noción de modernidad en un escenario en el que la peste aparece como una ventana hacia las fronteras del mundo marginado histórica y socialmente: la pobreza y la falta de recursos, tan presentes hoy en día en países como México. Los primeros en morir por la peste serán aquellos que estén directamente expuestos al espacio público como residencia, pues son esos pobres quienes conviven cotidianamente con las ratas, antiguas transmisoras de la peste: "Por decenas caían, como moscas se morían los rostros anónimos, lastimados desde su nacimiento por la carcajada imbécil de la miseria" (Boullosa 2000: 211). Con su presencia en el mundo citadino, Isabel subvierte cualquier orden y denuncia la desigualdad y corrupción de los gobiernos. La ley de la muerte se instala para dar cabida a una venganza por parte de las clases mayoritarias, presentes desde la etapa colonial hasta los comienzos del milenio: "¡Qué rico se vengaron entonces del silencio al que les habían sometido! La ciudad era de los miserables, de los que vivían en condiciones indignas, porque era su ley la que imperaba. Su ley era de la muerte" (Boullosa 2000: 7).

De este modo, la mordida mortal y sexual de Isabel se convierte en la sinécdoque de la heroína de los olvidados del progreso: lo indigno no será su sexualidad sino la sistemática manutención de la pobreza que los diversos sistemas gubernamentales han perpetuado como moneda común para la mayor parte de los ciudadanos. Ella, como inmortal, es la única capaz de acabar con lo que sigue marcando la clasificación de entidades aceptables. Se convierte, de alguna manera, en la protagonista de la novela *Duerme* que años después ha despertado de su largo sueño para continuar con su proyecto de justicia. Con su mordida, Isabel también desenmascara a los grupos privilegiados que se mantienen intactos, incluso de la peste, gracias a su alta posición social: "¡Muerde, muerde más Isabel! ¡Súmate a su venganza! ¡Mata a aquellos que perdona la peste!" (Boullosa 2000: 213). Al dar lugar al caos, e inclusive borrar los límites entre la vida y la muerte, la Ciudad de México es protagonista de la debacle de un orden social. Cuando la peste ha matado a la mayor parte de los pobladores, Isabel huye hacia otros países buscando saciar su sed de sangre.

El final de esta novela corta adquiere un tono irónico y romántico en el que la mujer vampiro se enamora hasta buscar extinguir su vampirismo, pues aparentemente busca volver a regularse como una mujer: mortal y definida genéricamente. El juego narrativo alcanza límites insospechados, pues la historia termina escapando del poder del narrador principal: la propia Carmen Boullosa. Introducida como un personaje más, la escritora pide ayuda a los expertos para intentar dar un cauce *congruente* y *verosímil* a la historia. Esta ruptura de la prosa (que evoca al título del libro que incluye esta historia) termina siendo un juego retórico introducido por la autora para exponer su obsesión por la pérdida de límites entre lo ficticio y lo verdadero. Decapitándose como única salida a su existencia de vampiro, Isabel y la autora ofrecen un posible final trágico a la historia. En segundo término, Boullosa se burla desdiciendo la primera versión del final para introducir el romanticismo llevado a la parodia: el amor logra salvar a Isabel de su vampirismo. Siendo Isabel y la escritora residentes en Nueva York, la primera narra que en el presente —dentro del tiempo de la novela— puede encontrarse a la autora en los cafés o parques de la ciudad. Respondiendo a la obsesión de dislocar las cualidades que aparentemente busca Boullosa en los asesores externos (verosimilitud y coherencia), el final de "Isabel" se inscribe en una de las constantes de la obra de esta escritora: proponer un orden alternativo que sólo parece visible a partir de la extinción total de los actuales órdenes: ya sea la norma heterosexual, el rictus genérico, los órdenes religiosos, económicos, científicos, históricos, nacionales o literarios.

En las obras aquí analizadas Boullosa emplea el cuerpo como medio de subversión a los discursos investidos sobre el mismo, haciendo evidente su producción que compulsivamente busca insertarlo en categorías de segregación social. Esta singular escritora incide sobre las narrativas enfocadas en elementos y períodos claves de la historia mexicana para de este modo evidenciar la incoherencia del proyecto lineal de nación que se ha propuesto como evolutivo. Al focalizar su atención sobre el mestizaje como discurso de cohesión nacional Boullosa visibiliza que, gracias al espíritu conciliador de la gran historia producida en el siglo XIX, la desigualdad que se imprimió en el periodo colonial como estructura básica social quedó justificada en la premisa de ser el sitio de nacimiento del espíritu nacional.

Conclusiones

Tanto Astrid Hadad como Carmen Boullosa se inscriben dentro del grupo de artistas que han reflexionado críticamente no sólo sobre las versiones dominantes de la historia mexicana, sino también sobre el propio quehacer histórico como medio legitimador de la nación. Ambas artistas discuten, asimismo, la compleja realidad política, económica y social del México de finales del siglo XX y comienzos del nuevo milenio, evidenciando el incumplimiento de la promesa hecha por el régimen resultante de la Revolución mexicana: la modernidad uniformada para todos los sectores de la sociedad. Aprovechando el recurso característico de la historia oficial mexicana —la manipulación— Hadad y Boullosa reinventan la historia y producen obras cargadas de desestabilización discursiva. Con su intensa labor Hadad y Boullosa enriquecen hoy en día las perspectivas de la producción cultural mexicana y se dirigen, sin cansancio, a evidenciar que falta mucho todavía por transformar las estructuras de la vida social para verdaderamente dar paso a la expresión y aceptación cotidiana de la pluralidad en México.

En las obras aquí analizadas Hadad y Boullosa emplean el cuerpo como medio de subversión a los discursos investidos sobre el mismo, haciendo evidente su producción que compulsivamente busca insertarlo en categorías de segregación social. Ambas productoras culturales inciden sobre las narrativas enfocadas en elementos y periodos emblemáticos de la historia mexicana para de este modo evidenciar la incoherencia del proyecto lineal de nación que se ha propuesto como evolutivo. Al focalizar su atención sobre el mestizaje como discurso de cohesión de la comunidad imaginada estas dos artistas visibilizan que, gracias al espíritu conciliador de la gran historia producida en el siglo XIX, la desigualdad que se imprimió en el período colonial como estructura básica social quedó justificada. A través de sus propuestas artísticas se evidencia que si hay una constante en la historia oficial es haber establecido una sola línea de acción política y social: la exclusión de los diversos grupos indígenas y las subjetividades no masculinas que todavía al final del milenio siguen luchando por producir significados culturales más incluyentes.

CAPÍTULO 3

GEOGRAFÍAS DE PODER Y CIUDADANÍA DESDE CHIAPAS: TEATRO Y ACTIVISMO SOCIAL DE FORTALEZA DE LA MUJER MAYA (FOMMA)[1]

> "Daily, I take my throat and squeeze until the cries pour out, my larynx and soul sore from the constant struggle".
>
> (GLORIA ANZALDÚA 1999: 150)

> "Un lugar queremos/ Un lugar necesitamos/ Un lugar merecemos nosotros que somos el color de la tierra [...]/Ya no más el rincón del olvido/ Ya no más el objeto del desprecio/ Y no más el motivo del asco/ Ya no más la morena mano que limosnas recibe y lava conciencias/ Ya no más la vergüenza del color [y del ser mujeres]/ Ya no más la pena de la lengua/ Ya no más humillación o la muerte por sentencia".
>
> (SUBCOMANDANTE MARCOS, palabras emitidas el 24 de febrero de 2001)[2]

Desde 1994 Petrona de la Cruz Cruz e Isabel Juárez Espinosa, cofundadoras de Fortaleza de la Mujer Maya (FOMMA) en Chiapas, han contribuido con su arte teatral y activismo social a la revisión de discursos y prácticas socioculturales definitorias del significado de ser mujer indígena maya en Chiapas, México. Este capítulo examina cómo el trabajo teatral de las dramaturgas Juárez Espinosa y de la Cruz Cruz y la organización FOMMA han incidido sobre sistemas de producción de significado como los usos y costumbres locales, el relato histórico, la antropología, los proyectos económicos neoliberales,

---

[1] Agradezco a Petrona de la Cruz Cruz por compartir conmigo el manuscrito de la obra *Una mujer desesperada*. Agradezco a Rita Urquijo-Ruiz y a Magdalena Maíz-Peña por sus valiosas observaciones. Algunas secciones de este capítulo se han publicado en *Letras Femeninas* 33.1 (2006) y en *Chicana/Latina Studies. The Journal of Mujeres Activas en Letras y Cambio Social* 8.1 (2009).

[2] Incluido en Rovira (2003).

los espacios culturales, entre otros, que contradictoriamente han legitimado la exclusión e inclusión de cuerpos indígenas como principios fundacionales de la comunidad imaginada mexicana. Con sus propuestas, De la Cruz Cruz, Juárez Espinosa y el grupo FOMMA son partícipes de los movimientos culturales indígenas[3] que han evidenciado los violentos procesos de aculturación empleados por los regímenes dominantes para hacer cumplir la fantasía de nación mexicana homogénea y estable, así como la contradicción inherente a los procesos de democratización de las esferas políticas, económicas y sociales que apenas alcanzan a los sectores más privilegiados en las últimas décadas del siglo XX y a comienzos del nuevo milenio. En palabras de Donald Frichmann: "Por virtud de sus palabras y gestos proyectados en el espacio escénico —y sus textos escritos publicados a nivel regional o nacional— los pueblos indígenas vivientes se declaran parte del discurso histórico nacional que tan frecuentemente hace caso omiso de, o niega su historia continua a partir de la conjunta" (2007: 52). Juárez Espinosa y De la Cruz Cruz examinan sistemas de opresión impuestos por imaginarios colonizadores tanto fuera como dentro de sus comunidades a través de actividades teatrales, talleres laborales y programas de alfabetización para mujeres y niños mayas de Chiapas. De este modo FOMMA crea espacios alternativos de empoderamiento para mujeres mayas de diversas comunidades de Chiapas.

Con la finalidad de explorar las estrategias discursivas, temáticas y formales que Petrona de la Cruz Cruz e Isabel Juárez Espinosa utilizan como medios de revisionismo cultural, este capítulo se divide en cuatro partes. La primera analiza algunos de los sistemas simbólicos, las prácticas culturales y estrategias institucionales que han definido los cuerpos indígenas, y en especial los femeninos, como personajes ahistóricos e irremediablemente impedidos del ejercicio de su agencia cultural, económica y política. La segunda parte explora las propuestas feministas radicales que las dramaturgas y el grupo FOMMA emplean para reconfigurar la ahistoricidad impuesta a sus cuerpos, proponiendo con sus obras teatrales y activismo nuevos significados culturales que las reivindican como protagonistas de su propia historia. La tercera parte analiza directamente producciones de De la Cruz Cruz y

[3] Como sugiere Carlos Montemayor, en las últimas dos décadas del siglo XX y a comienzos del XXI, ha habido un significativo resurgimiento de obras literarias escritas en lenguas indígenas que se abocan a la recuperación de los principios tradicionales de cada comunidad. Sin embargo, como afirma este mismo autor hay todavía una visible desigualdad en cuanto a la participación literaria de las mujeres indígenas. Véase Montemayor (2004).

Juárez Espinosa que, basadas en una retórica de denuncia, examinan varios de los discursos que producen espacios de exclusión para las mujeres pertenecientes a comunidades indígenas mayas. La última parte examina las obras de teatro representativas de un feminismo que dialoga con las propuestas teóricas de las políticas de ubicación. Desde este posicionamiento, De la Cruz Cruz y Juárez Espinosa conciben prácticas que facilitan a las subjetividades femeninas mayas-chiapanecas obtener espacios de poder y agencia cultural, económica y social en el México contemporáneo.

(Des)territorializaciones: símbolos, prácticas culturales e institucionales como principios de exclusión de la feminidad indígena chiapaneca

> "Somos un objeto de decoración, un adorno vistoso y olvidado en una esquina de la sociedad. Somos un cuadro, una foto, un tejido, una artesanía, nunca un ser humano".
>
> (SUBCOMANDANTE MARCOS 2003: 170)

Como sugiere Maya Lorena Pérez Ruiz, las relaciones interétnicas en México han sido complejas y violentas porque han insistido en uniformar el mapa cultural del país, sin que los propios Estados nacionales hayan podido dar respuesta a las demandas de reconocer la plena ciudadanía, acceso a los recursos, derecho a la diferencia, término a la discriminación y autonomía de los pueblos indígenas. Desde la época de consolidación nacional mexicana hasta nuestros días ha habido distintas líneas de pensamiento y prácticas culturales definitorias de las relaciones y posiciones de los grupos indígenas con la sociedad dominante. Sin embargo, ha prevalecido la dinámica contradictoria de definir lo prehispánico como principio eterno o inmemorial que metaforiza la raíz y fundamento del espíritu de la nación y excluye del proyecto nacional a las personas que integran las comunidades indígenas y que día a día luchan por hacer valer sus derechos como ciudadanos mexicanos.

Comunidad imaginada decimonónica y posrevolucionaria: autenticidad, exclusión y dominio

Desde comienzos del siglo XIX, y bajo el espíritu independentista, los límites de la comunidad imaginada mexicana se constituyeron a partir de un nacionalismo promovido por la élite criolla, que rechazó la hispanidad representativa colonial, para ponderar, en aras de definir la autenticidad mexicana, el pasado prehispánico (Errington 1998: 162). Sin embargo, aunque desde la consolidación nacional se consideró lo prehispánico como lo auténticamente mexicano, el proyecto decimonónico definió que la nación-estado sólo podría lograrse a partir de la entrada del tiempo histórico y la *civilización* europea. La concepción lineal de la historia asumió desde entonces que, tras un enérgico proceso de aculturación de lo indígena, México sólo podría encontrarse en el camino hacia la estabilización y el progreso nacional (Florescano 1997: 378-416). De tal modo que *crear* a México ha requerido, como sugiere Benedict Anderson, una relación casi mitológica con el pasado inmemorial idealizado pues: "If nation-states are widely conceded to be 'new' and 'historical', the nations to which they give political expression always loom out of an immemorial past, and, still more important glide into a limitless future" (1991: 11-12). Desde una supuesta historia compartida —que incluyó el pasado indígena pero no su presente, una lengua y futuro comunes— se consolidó la imagen de México como una nación estable, igualitaria, en la que se otorgarían derechos y obligaciones a los ciudadanos que quedarían de facto inscritos como parte del proyecto nacional. Sin embargo, como discute Florescano, desde los principios definitorios de la nación mestiza y moderna los grupos indígenas no han sido reconocidos como parte integral de la misma. En palabras de este historiador: "Preguntar por qué después de tantos siglos de coexistencia con las comunidades indígenas, no se les ha reconocido como parte integral de la nación, es tocar una de las fibras más sensibles de la memoria mexicana. Equivale a invadir el espacio que separa la memoria del olvido" (1997: 17). La representación esencialista de lo indígena enmarcada entre la memoria y el olvido, por tanto, debe leerse como uno más de los ejercicios de poder de las narrativas nacionales pues "la nación, además de ser una agencia narrativa, es una estructura de poder y subordinación" (Valenzuela Arce 1999: 22). Concebir un México uniforme a través de la construcción de la historia nacional y del ejercicio de prácticas culturales discriminatorias ha sido un medio de exclusión y opresión de las diferencias culturales, así como una manera de ignorar la experiencia lacerante que las estructuras e instituciones coloniales, nacionales e incluso globales han impuesto sobre los pueblos indígenas sobrevivientes a las violentas dinámicas de aculturación y genocidio.

La comunidad imaginada mexicana ha requerido de discursos y sistemas simbólicos representativos del gran conjunto de personas inscritas dentro de los espacios definidos como nacionales. De este modo se ha excluido a todos aquéllos que no hayan contado con el capital cultural necesario para pertenecer a esta comunidad definida desde lo discursivo e institucional: "El proceso de control político-administrativo ejercido en el territorio nacional requirió de un imaginario mediante el cual se impulsaran formas de representación con aspiraciones englobantes que supuestamente simbolizarían al conjunto de personas que habían quedado dentro del territorio nacional" (Valenzuela Arce 1999: 13).

Las formas de representación que Valenzuela define como englobantes, han variado a lo largo de las décadas pero mayormente han coincidido en su naturaleza letrada, contrastando de entrada con la dispar realidad mexicana que se ha caracterizado por un alto índice de analfabetismo. Durante el siglo XIX, y como discute ampliamente Benedict Anderson, las naciones latinoamericanas encontraron dos medios privilegiados para imaginar la nación como una comunidad homogénea: la prensa y la literatura (1991: 37-46). Si durante la consolidación nacional el proyecto liberal generó dinámicas excluyentes a partir del propio formato literario de las narraciones nacionales, accesibles para los grupos privilegiados, durante el siglo XX se buscó enmendar las exclusiones evidentes de los proyectos decimonónicos a partir de la reiteración de símbolos y discursos y prácticas institucionales fuera de los límites de la cultura letrada. Sin embargo, cuando se promovió la escolarización de los pueblos indígenas —mayormente analfabetos— se reprodujeron discursos excluyentes y definitorios de lo indígena como principio inmemorial y ahistórico de la autenticidad mexicana.

Durante la década del veinte, y bajo la agenda cultural indigenista de José Vasconscelos, antropólogos y artistas se unieron para definir una ideología indigenista que proclamó la categoría de "indio" como centro del discurso sin prestar atención a la explotación étnica que esa misma categoría implicaba. Más que reconocer la historia de explotación en la que se habían mantenido los pueblos indígenas, se examinaron las diferencias étnicas no para respetarlas, como propone Maya Lorena Pérez Ruiz, sino para fusionarlas o erradicarlas y lograr así la anhelada uniformidad nacional. La inclusión fue entonces retórica y basada en una admiración a los pueblos indígenas prehispánicos y no a los sobrevivientes de la historia colonial. Durante el primer período posrevolucionario se crearon obras pictóricas en las que rostros y cuerpos indígenas ocuparon un lugar que buscaba colocarles como protagonistas de la comunidad imaginada pero que, en realidad, reproducía la función ornamental que hasta entonces se había propuesto para estos grupos. Evocando la metáfora fundacional del mestizaje, los cuerpos femeninos indígenas fueron retratados en los murales de Diego Rivera como fuentes de fertilidad nacional y, por tanto, de reproducción pasiva de los valores nacionales.

Ejemplos emblemáticos de este uso del cuerpo femenino indígena son los murales *Tierra fecunda, con las fuerzas naturales controladas por el Hombre* y *Fuerzas subterráneas*, ambos realizados en 1929 en la sede de la Universidad Autónoma de Chapingo. Las figuras indígenas femeninas de Rivera en mucho se parecen a las mujeres aztecas que el antropólogo Manuel Gamio describe en su libro *Forjando Patria*. Coincidentemente el muralismo y obras antropológicas como las de Gamio glorifican no sólo la grandeza del pasado, sino también aquella que proviene de los aztecas, pueblo que representó en el discurso posrevolucionario el epitome de la mexicanidad: "nuestras mujeres indígenas, que forman el grupo femenino de México, no saben leer ni escribir, pero conservan más intensa y fielmente que los mismos hombres, una gran herencia de hábitos, tendencias y educación, legada por su antecesores precoloniales y estas [mujeres aztecas], no eran siervas sino mujeres dignamente consideradas por sus contemporáneos" (Gamio 1982: 127). Para el discurso posrevolucionario la historia imperialista de los aztecas representó la fuente de orgullo de lo prehispánico, dejando a los demás pueblos, metaforizados en los cuerpos femeninos de estas etnias distintas, como "siervos, primitivos e inmorales" y por tanto, no dignos de figurar en el espectáculo de la mexicanidad posrevolucionaria: "Naturalmente que las mujeres indígenas descendientes de las que en tiempos anteriores a la conquista eran ya siervas, por pertenecer a *las tribus primitivas* [...] es probable que sigan siéndolo mientras no cambien las condiciones del ambiente social. *Las mujeres actuales de los lacandones, seris, etc., etc., no pueden ser en efecto otra cosa que siervas*" (Ibíd.: 127, énfasis mío).

La agenda cultural posrevolucionaria de los sesenta también organizó los espacios de la historia nacional, y de lo inmemorial, en museos emblemáticos del carácter mexicano moderno basados en una lógica etnocentrista como puede verse en el Museo Nacional de Antropología, inaugurado en 1964. Shelly Errington comenta que los grupos indígenas son retratados en este museo viviendo en un "eternal ethnographic present, without change, without governmental policies, without internal colonial history" (1998: 175). Además, como se percibe desde los discursos de Manuel Gamio a propósito de "las mujeres siervas", la autenticidad mexicana ha seguido definiéndose como la herencia directa de los pueblos nahuas del centro del país (aztecas, toltecas), dinámica que produce la categoría de la otredad para grupos como los mayas de diversos estados (tztotziles, tzeltales, entre otros), otomíes, zapotecos, mixes, huicholes, entre muchos otros grupos aún presentes en el mapa cultural mexicano. La propia organización de los museos evidencia la relación que existe entre espacio, poder y agencia social (o ausencia de la misma) para los grupos sociales que se autodefinen como alternos al mestizaje globalizante de la nación. Junto con la creación de los museos durante la década de los sesenta se propuso la instauración de uno de los medios más emblemáticos de la cultura nacional actual: los libros de texto gratuitos que han sido trasmisores de los valores patrióticos y de la idea de un México homogéneo, estable, mestizo e hispanohablante. Pues a pesar de que se editan ya libros de texto bilingües en español y lenguas indígenas, apenas se han considerado cinco de las sesenta y dos lenguas indígenas que siguen siendo habladas en México. De aquí que durante las últimas décadas haya sido urgente producir cuerpos críticos que examinen discursos y prácticas culturales e institucionales reificantes de lo nacional y definitorios de la exclusión de las diversas culturas que conforman el mapa cultural mexicano.

Nuevas relaciones interétnicas: modelos de etnodesarrollo

Entre las visiones críticas que han deconstruido el discurso indigenista posrevolucionario, y que resultan claves para comprender la praxis revolucionaria de grupos como FOMMA e incluso las demandas del Ejército Zapatista de Liberación Nacional, destacan las de Guillermo Bonfil Batalla y Gilberto Giménez. En lugar de un indigenismo que pretende "salvar al indio de sí mismo", Bonfil propuso el proceso de etnodesarrollo como alternativa a la integración y al desarrollismo (1996: 1982). Las organizaciones indígenas han ido asumiendo decididamente reivindicaciones de autonomía y autodeterminación, y la diversidad cultural ha empezado a ser reconocida como riqueza por los Estados y sociedades, de manera que el indigenismo etnocentrista ha abierto espacios al pluricentrismo y el reconocimiento de la diversidad, siendo ésta una lucha viva del siglo XXI. Giménez (2000), por su parte, reconoce que un elemento crucial para comprender los procesos identitarios de las culturas indígenas en la actualidad es la (des)territorialización como dinámica de dominación o construcción de una identidad social. Las propuestas de Giménez, como se analiza más adelante con respecto al trabajo de FOMMA, apuntan hacia los espacios o la falta de mismos como elementos que permiten o impiden procesos de empoderamiento que a su vez evidencian la multiplicidad de identidades que atraviesan la experiencia de las subjetividades indígenas enmarcadas dentro del mapa cultural mexicano del nuevo milenio. En el examen actual de las relaciones interétnicas, ha resaltado no sólo la urgencia de reconocer a los indígenas como ciudadanos integrales que generan significados a través de movimientos sociales u otras dinámicas, sino la presencia de mujeres indígenas quienes "han cuestionado y puesto límites a los discursos idealizados sobre los modelos civilizatorios indígenas y la autonomía" (Pérez Ruiz 2003: 198). Las mujeres indígenas de diversas etnias, como las integrantes del grupo FOMMA, han generado discursos autorreflexivos que resultan de gran peso en los procesos de democratización nacional y comunitaria.

Praxis democratizadora del género, la etnia y la producción cultural maya: teatro y activismo social de FOMMA

> "Nosotras las mujeres sufrimos tres veces más: uno por ser mujer, dos por ser indígena, tres por ser pobre".
>
> (COMANDANTE ESTHER, en *Comunicados y Documentos del EZLN* 2003: 126)

Desde 1994 Isabel Juárez Espinosa y Petrona de la Cruz Cruz han trabajado en la consolidación de Fortaleza de la Mujer Maya, un espacio de poder pluricultural y plurilingüístico que hace de centro de aprendizaje y recuperación de la ciudadanía para mujeres mayas desplazadas o expulsadas, ya sea de sus comunidades o con graves problemas dentro del ámbito familiar. Si el Ejército Zapatista de Liberación Nacional (EZLN) ha luchado por más de dos décadas por la autonomía de los pueblos y territorios indígenas, FOMMA se suma a una lucha por la recuperación de la memoria, cuerpos, espacios culturales y la agencia económica, política y cultural para las mujeres originarias de comunidades mayas en Chiapas. A través del teatro, cursos de panadería, administración, computación, alfabetización o el aprendizaje de la lengua castellana como medio de poder y visibilidad social,[4] FOMMA ha contribuido al examen de discursos y prácticas que han legitimado —basados en lógicas colonialistas, racistas y sexistas— espacios y dinámicas de exclusión sobre sus propios cuerpos.

---

[4] El papel del español como lengua dominante e impuesta a las comunidades indígenas tras los múltiples procesos de aculturación, desempeña un papel muy significativo en la labor de FOMMA. Esta organización, consciente del peso que implica el manejo de la lengua de los poderosos, promueve su enseñanza como medio de autoafirmación de las mujeres indígenas que en las comunidades mayas son las que menos aprenden esta lengua. Asimismo, el español en sus obras reconfigura su uso perdiendo su papel dominante, pues permite un mayor impacto y visibilidad al trabajo de FOMMA. Se da una constante labor de traducción de las obras al tzotzil y tzeltal cuando el grupo se presenta en comunidades hablantes de dichas lenguas.

Petrona de la Cruz Cruz, tzotzil, nació en 1965 en la cabecera de Zinacantán, mientras que Isabel Juárez Espinosa, tzeltal, nació en 1958 en el municipio de Aguacatenango, ubicado en los Altos de Chiapas.[5] A finales del siglo XX y a comienzos del nuevo milenio ambas dramaturgas se han convertido en portavoces sólidas de un feminismo contemporáneo que rompe con divisiones entre teoría y práctica social al concebir el quehacer teatral como un espacio de transformación personal en diversas comunidades mayas.

Al representar obras teatrales que narran las historias de mujeres pertenecientes a comunidades de los Altos de Chiapas, FOMMA disloca los guiones culturales sobre la feminidad indígena icónica. En lugar de reproducir imágenes tradicionales e inmóviles de los cuerpos femeninos indígenas, se proponen como agentes sociales con la capacidad productora de significados e historia. Las obras representadas por FOMMA inciden directamente sobre la definición de arte utilizando uno de los medios privilegiados de la cultura letrada, el teatro, colocándolo en terrenos fuera de las esferas elitistas de las grandes ciudades mexicanas: las obras se presentan en comunidades sin escuelas, escuelas bilingües, pueblos que no hablan castellano, iglesias, universidades, plazas, así como en diversas instancias fuera del país. Sus intervenciones son vanguardistas y radicales pues, además de que emplean una escenografía y vestuarios que reflejan no sólo la identidad cultural, sino las condiciones de pobreza de sus

---

[5] Las obras publicadas de Petrona de la Cruz Cruz son: "Una mujer desesperada", en *Shuti* 1.7, 1993; "Madre olvidada", en *La Risa Olvidada de la Madre*. Ed. Anna Albaladejo. Valencia: La Burbuja, 2005, pp. 66- 89; *La tragedia de Juanita*. Tuxtla Gutiérrez: Consejo Estatal para la Cultura y las Artes de Chiapas, 2005; *Desprecio paternal*. Tuxtla Gutiérrez: Consejo Estatal para la Cultura y las Artes de Chiapas, 2005; "Infierno y Esperanza", en *Words of the True Peoples/Palabras de los Seres Verdaderos: Anthology of Contemporary Mexican Indigenous-Language Writers/Antología de Escritores Actuales en Lenguas Indígenas de México*. Vol. 3, Ed. Carlos Montemayor/Donald Frischmann. Austin: University of Texas Press, 2007, pp. 48-77. La obra literaria de Isabel Juárez Espinosa se resume en *Cuentos y teatro tzeltales*. México: Diana, 1994; "La familia rasca rasca", manuscrito inédito; *Corre, corre que te alcanzo*, manuscrito inédito; *La familia, drama en dos actos*, manuscrito inédito; "Las risas de Pascuala", en *La Risa Olvidada de la Madre*, ob. cit.; "Migración", en *Words of the True Peoples/Palabras de los Seres Verdaderos: Anthology of Contemporary Mexican Indigenous-Language Writers/Antología de Escritores Actuales en Lenguas Indígenas de México*. Vol. 3, ob. cit., pp. 220-29. Algunas de sus obras colectivas son *La monja bruja*, 2002. Disponible en <http://www.hemisphericinstitute.com/cuaderno/holyterrorsweb/FOMMA/index.html>, y trabajos colectivos de FOMMA sin guión: *Ideas para el cambio*, 1997; *El sueño del mundo al revés*, 1997; *Víctimas del engaño*, 1998, entre otras.

comunidades, sacan al teatro del teatro y lo colocan como un medio accesible a espectadores de diversas culturas, lenguas, y orígenes nacionales. Sacuden, en definitiva, las propias nociones del espectáculo de la nación. Si la nación se narra, como sugiere Homi Bhabha, a partir de metáforas o "complex strategies of cultural identification and discursive address that function in the name of 'the people' or 'the nation" (1994: 1400), De la Cruz Cruz y Juárez Espinosa producen, a través de su producción teatral, una disrupción a estas estrategias de identificación cultural nacional y local, para evidenciarlas como discursos lacerantes y opresivos. En palabras de las fundadoras de FOMMA en su entrevista con Diana Taylor, sus obras buscan hacer visibles las distintas problemáticas que afectan a las mujeres de diversas comunidades indígenas chiapanecas: violencia doméstica, violencia política, analfabetismo, alcoholismo, falta de servicios médicos y sanitarios, desprotección jurídica, falta de entrenamiento laboral, entre otros aspectos. De este modo su actividad como dramaturgas tiene una triple incidencia cultural: construir una memoria social e histórica de uno de los grupos más vulnerables y marginados en el México contemporáneo, revisar y reconfigurar los significados género y la identidad indígena en los ámbitos locales y nacionales, y dislocar el elitismo cultural del país que, hasta hoy en día, sigue respondiendo a las lógicas de exclusión de las clases mayoritarias como productoras de arte y cultura.

Las dramaturgas y su organización teatral establecen diálogos conceptuales con otras corrientes como el feminismo chicano[6] y las denominadas políticas de ubicación, facilitando la comprensión de las condiciones materiales que estructuran y regulan la vida de las mujeres en diversos contextos marcados por el dominio de un grupo cultural sobre otro. La producción artístico-política y el activismo de la organización FOMMA construyen dentro y fuera del escenario teatral una geografía alternativa muy de la mano del *nepantlismo* concebido por la crítica chicana Gloria Anzaldúa; de este modo, cuestionan las fronteras visibles e invisibles de lo mexicano como entidad cultural definida por un territorio geográfico, una lengua, y una experiencia histórica común, así como su legitimación desde instituciones sociopolíticas oficialistas.

La praxis revolucionaria de Petrona de la Cruz Cruz, Isabel Juárez Espinosa y el grupo FOMMA produce, al mismo tiempo, una redefinición de la producción cultural indígena al reflexionar críticamente sobre las líneas tradi-

[6] Las propuestas del feminismo chicano se encuentran discutidas en un rico cuerpo teórico y crítico entre el cual destacan algunas obras. Véase, entre otros Anzaldúa (1990); Anzaldúa/Moraga (1981); Castillo (1994); Hurtado (2003); Saldívar-Hull (2000).

cionalistas sobre las que se ha trazado el resurgimiento de literatura en lenguas indígenas, particularmente en la zona de los Altos de Chiapas. En 1989, De la Cruz Cruz se integra al reconocido grupo teatral S'na Jtz'ibajom[7] (La Casa del Escritor), en donde recibe su formación dramática junto a figuras como Ralph Lee, Patricia Hernández, Luis de Tavira y Doris Facencio (Albadejo 2005: 58). En este marco teatral conoce a Isabel Juárez Espinosa, quien había sido la primera mujer que ocupe en la organización el cargo de especialista de lengua tzeltal, documentando narrativas e historia oral de los ancianos de la región tzeltal de Chiapas y participando también como actriz en diversas obras de teatro (Frischmann 2007: 63). Aunque se podría decir que De la Cruz Cruz y Juárez Espinosa ya habían roto el confinamiento social étnico y genérico al convertirse en actrices y colaboradoras de S'na Jtz'ibajom es con la creación de *Una mujer desesperada* (1989-1991) cuando De la Cruz Cruz se convierte en una autora teatral de denuncia pública de la problemática de género de diversas comunidades chiapanecas como las tzotziles, tzeltales y choles. Como afirmara la Comandante Esther en su discurso del Zócalo de la Ciudad de México (11 de marzo, 2001) (*Comunicados y documentos del EZLN 5*): "Nosotras las mujeres sufrimos tres veces más, uno por ser mujer, dos por ser indígena, tres por ser pobres" (2003: 1). Esta triple exclusión se repitió para De la Cruz Cruz y Juárez Espinosa en el interior de La Casa del Escritor, cuando la primera recibió el Premio Rosario Castellanos en 1992 por la escritura de *Una mujer desesperada* (1991) y los miembros del colectivo teatral rechazaron el retrato que se estaba haciendo de las prácticas culturales locales. Como sugiere De la Cruz Cruz en una entrevista con Donald Frischmann, con respecto a la reacción negativa de los miembros de S'na Jtz'ibajom: "No, ¿por qué vas a salir escribiendo esas cosas de que los hombres matan y se pelean por una mujer? Eso no pasa en la comunidad. 'Sí pasa en la comunidad porque yo lo viví; yo lo experimenté', les digo. En mi familia pasaban tantas cosas. 'Quizás por esa razón murió mi madre', les digo.

[7] S'na Jtz'ibajom es una cooperativa que promueve programas de alfabetización, formación teatral y literaria para indígenas hablantes del tzotzil y del tzeltal. Ubicada en San Cristóbal de las Casas desde 1989, esta organización ha trabajado arduamente por la recuperación de la tradición oral y literaria de los pueblos mayas, concentrándose en la identidad maya. Han publicado diversas ediciones bilingües que contienen el trabajo de escritores de esta organización. Tanto Ralph Lee (director teatral de la compañía Matewee de Nueva York) como Robert M. Laughlin (especialista de tradiciones orales de los pueblos mayas, Harvard U.) han tenido una participación significativa en la obtención de recursos financieros para este grupo. Véase Frischmann (1994: 213-238).

Entonces viví parte de mi trabajo... mi madre fue golpeada ocho días antes de morir. Entonces viví parte de mi trabajo" (2007: 64).

El contenido y postura de denuncia de la obra fue una afrenta para los compañeros de S'na Jtz'ibajom que buscaban mantener, a través de la representación de los papeles genéricos estables y tradicionales en su dramaturgia, la propia estabilidad e imagen ideal sobre las culturas mayas de Chiapas. Este desencuentro obligó a Juárez Espinosa y a De la Cruz Cruz a separarse del colectivo teatral y a crear su propia organización, Fortaleza de la Mujer Maya, en 1994. De aquí que el primer gesto de De la Cruz Cruz y Juárez Espinosa sea imaginar la creación de un espacio de producción y significado cultural que rebase el modo en que se ha significado a la mujer indígena, diseñando en sus dramas un tercer espacio de geografías ciudadanas y genéricas que evidencie la vida cotidiana de las mujeres y su relación con el espacio —público y privado— y la formación de la subjetividad.

A partir de un análisis de la división naturalizada de los espacios, y del cuerpo como una metáfora espacial cargada de expectativas culturales, estas dramaturgas mayas construyen metáforas que visibilizan las fronteras de exclusión o inclusión y, como explica Caren Kaplan, de las posibles zonas de renegociación identitaria: "[m]aps and borders are provocative metaphors, signaling a heightened awareness of the political and economic structures that demarcate zones of inclusion and exclusion as well as the interstitial spaces of indeterminacy" (1996: 144). Las obras que se analizan en este capítulo, *Una mujer desesperada* (1991), *Migración* (1994), *La tragedia de Juanita* (2005), *Desprecio paternal* (2005) y *Las risas de Pascuala* (2005), responden a la necesidad de reconocer los límites del espacio identitario femenino tanto en los ámbitos locales, como nacionales y globales, denunciando los imperativos culturales que regulan el comportamiento de las mujeres indígenas, castigando a aquellas que se hayan salido de las normas de la *buena india*. De la Cruz Cruz y Juárez Espinosa examinan agudamente las nociones del género —definidas desde las costumbres tradicionales de los pueblos tzeltales, tzotziles, choles, y tojolobales (Marrero 2003: 316)— y proponen renegociaciones que permiten el desarrollo de una autonomía, poder y ciudadanía. Cuestionar las connotaciones de lo tradicional es una tarea urgente para mujeres de los Altos de Chiapas pues, como sugiere Teresa Marrero, el concepto de lo tradicional en las comunidades mayas de esa zona es muy problemático, pues es el resultado de los violentos procesos de aculturación colonial a la que se han visto expuestos estos pueblos. Al mismo tiempo, como define esta crítica, los usos y costumbres están organizados alrededor de la creencia en la diferencia sexual como demarcadora de subordinación cultural:

> Traditional implies the calcification and misuse of power by local indigenous authorities (such as the case in which indigenous women's human rights are violated by the tradition of institutionalized acceptance of family violence). It also implies the reproduction of colonialist Spanish values by indigenous patriarchal structures of thought. (Marrero 2003: 313)

De la Cruz Cruz, Juárez Espinosa y FOMMA revisan críticamente la reproducción del poder colonial en los cuerpos y vidas de las mujeres mayas, rebasando los límites de los discursos que han definido las nociones de la *buena india* tanto a nivel local como global: obediente, silenciosa, sexualmente disponible para la reproducción de su cultura y la de la autenticidad mexicana. De la Cruz Cruz y Juárez Espinosa desafían también la contradicción de los conceptos nacionales y locales que han asignado a la feminidad indígena un papel constitutivo de la autenticidad identitaria y, por otra parte, han impuesto prácticas culturales opresivas a las propias mujeres.

Espacios de exclusión: *Una mujer desesperada* (1991), *La tragedia de Juanita* (2005) y *Migración* (1994)

En obras como *Una mujer desesperada*, *La tragedia de Juanita* y *Migración* se perciben los principales rasgos de una línea de trabajo artístico-político desarrollado por más de una década. En estas obras se discuten el despojo, el maltrato y la ausencia de reconocimiento social y económico que las comunidades mayas chiapanecas, y en particular las mujeres, han vivido durante siglos. Como sugiere la propia De la Cruz Cruz en una entrevista realizada por Diana Taylor (Nueva York, 2003) desde su primera obra escrita *Una mujer desesperada*, ella confronta a los espectadores ante sistemas opresivos y de coerción social vividos por mujeres indígenas como la creencia de que la división laboral es natural, y que se define desde la diferencia sexual.[8] Otro sistema simbólico y las prácticas culturales relacionadas a éste discutido en el escenario es la visión de las mujeres como cuerpos más cercanos a la naturaleza, por lo que quedan circunscritas al espacio doméstico y a su naturaleza reproductiva como principios inalienables de su condición

8 Para un análisis de la naturalización de los espacios (principalmente de la división entre el espacio público y el espacio privado) desde la propia corporeidad de la diferencia sexual (masculino/femenino; público/privado; cultural/natural), véase Rose (1993).

identitaria. En relación a su espacio privado, también se tejen escenas dramáticas en las que se sitúa a la mujer como un ser pasivo y silenciado que no sólo asume la actividad reproductora, sino también la de ser transmisoras de valores y tradiciones culturales.

Historias de exclusión en el teatro de Petrona de la Cruz Cruz

Una mujer desesperada, de Petrona De la Cruz Cruz, discute la historia de dos generaciones de mujeres que viven según los usos y costumbres de Zinacantán, dramatizando en sus cuerpos una historia de abuso sexual y violencia. María y sus hijas, Carmen y Teresa (quien está enferma), viven bajo la amenaza constante de un esposo alcohólico que desprecia las condiciones de salud de sus hijas, prohibiéndole a su esposa salir de la casa o desatender *sus labores de mujer*. La narración del abuso del poder cuestiona, desde dentro de sus propias comunidades, el destino impuesto del silencio como un imperativo cultural, exponiendo además las dolencias personales reprimidas de los personajes femeninos. Esta representación dramática e intervención histórico-cultural desestabiliza en el escenario el paradigma genérico tradicional al negarse el sujeto maya femenino a ser identificado como un cuerpo históricamente ocupado o violentado. Como sugiere Teresa Marrero, De la Cruz Cruz y otras colaboradoras de FOMMA: "[are] recasting the *India* as a positive historical agent [which] avenges the stale, colonial legacy of the indigenous woman as the chingada (fucked) victim of the conquistador" (2003: 312). La dramaturga propone en su creación teatral una manera de vivir más justa a partir obras dramáticas que interrogan tradiciones ancladas en la estabilidad identitaria generadora de una triple opresión sobre las mujeres: como mujeres, como mujeres indígenas y como mujeres marginadas dentro de sus propias comunidades en relación al proyecto nacional.

Una mujer desesperada comienza con una dramática escena al interior de una casa zinacanteca con un techo de paja y una pequeña puerta. Desde los comienzos de la obra, la intensidad y las emociones de los personajes dirigen la trama, las acciones y la escenificación. María, la protagonista, lamenta angustiosamente su situación de pobreza y la enfermedad de su hija Teresa. En el primer monólogo maternal se hace visible el grave despojo de estas mujeres al no contar con el apoyo del marido para la manutención y cuidado básico de sus hijas, y al no poderse ganar su subsistencia. Como dicta la tradición maya, el marido prohíbe a María y a sus hijas traspasar el espacio privado, ya que sería un atentado al buen comportamiento de las mujeres y un desafío del poder masculino dominante en su comunidad. Como revela la primera intervención de los personajes en la escena, la angustia y desesperación confirman el hilo dramático de la ambientación y del tono sombrío en la vida de María, de sus hijas y de otras mujeres de la comunidad:

> (Angustiada) –¡Ay, señor, ayúdame! Muero de hambre y de sueño; no sé cómo podré darles buen camino a mis hijas. Nunca se ha preocupado su padre por ellas; ya ni de la comida se acuerda. Se la vive en la cantina con sus amigos; ni siquiera nos da permiso para salir a trabajar y ganar nuestra comida; perdónalo Señor, y a mí dame paciencia para aguantarlo (De la Cruz Cruz 1991: 1).

Aunque María no salga de casa para no romper con el control absoluto de la domesticidad impuesta, las primeras líneas dramáticas del personaje femenino nos revelan lo que significan las obligaciones de una *buena* esposa dictadas antes o durante la ceremonia del casamiento.[9] María con sus propias palabras denuncia públicamente su falta de paciencia y su intolerancia para poder soportar el orden patriarcal que representa su marido. Su angustia y desesperación encarnan gritos desobedientes contra los comportamientos de una *buena mujer*: sujeto sin voz, sin espacio, sin movimiento. De esta manera, el análisis de De la Cruz Cruz entra directamente en diálogo con uno de los principios del feminismo chicano que señala que, para desmantelar el silencio impuesto y legitimado por los imperativos culturales, es primeramente necesario tomar consciencia de las heridas propias. En palabras de Anzaldúa, y en consonancia con la denuncia inicial de María, protagonista de *Una mujer desesperada*: "Daily, I battle the silence and the red. Daily, I take my throat and squeeze until the cries pour out, my larynx and soul sore from the constant struggle" (1999: 150).

El angustiante lamento de María también delata su pobreza e impotencia ante la enfermedad de Teresa. La situación de María se agrava cuando su hija Carmen entra corriendo a escena y reproduce la angustia maternal al saber

---

[9] Como puede leerse en *Mujeres de maíz* de Giomar Rovira, el casamiento tradicional en las comunidades mayas puede ser leído como un proceso de compra-venta en el que las mujeres casaderas no tienen ninguna intervención, ni expresan su opinión sobre su destino impuesto. Además, la tradición dicta que después del matrimonio, las mujeres se van a vivir a casa de sus suegros prometiéndole obediencia ciega tanto a su marido y a éstos. Como se observa en la cita que Rovira hace sobre el discurso previo a la salida de casa de las mujeres: la obediencia y resistencia en el matrimonio son los principales "atributos de mujer casada", pues es ésta la única manera de evitar que "caiga el mal y la vergüenza sobre la familia" (Rovira 1996: 48).

que su padre se acerca a la casa y que su madre no ha podido hacer la comida. Ambas protagonistas evidencian en sus monólogos y gestualización corporal la impotencia de no poder expresar su desacuerdo ante una figura masculina violenta que encarna las costumbres heredadas de su comunidad. Ambas mujeres dejan ver a los espectadores la forma en que anticipan su castigo por transgredir el orden patriarcal simbolizado en la obra en la supuesta salida de casa de María. La dramaturga maya expone eficazmente en esta escena los discursos culturales que definen la estabilidad/inestabilidad del *ser* mujer en esta comunidad. La ecuación social calle-actividad sexual es confirmada por la celosa voz de su marido, vigilante del orden doméstico, quien se siente amenazado por las *sospechosas* actividades de *su* mujer:

> ¡Qué! ¿No estabas en casa? ¡Quiero comer! ¿Por qué no tienes fuego? ¿Con quién estabas, desgraciada? ¡Dímelo o te mato! (Agarra del fogón un leño seco y se lo avienta a su mujer, que lo esquiva recostándose en la cama; Juan se lanza hacia ella y la jala de los cabellos hasta tirarla al suelo). – ¡Ándale, sírveme rápido de comer, si no quieres que te mate a golpes! (De la Cruz Cruz 1991: 1-2).

La ausencia de un espacio propio es una constante que le reconfirma a María constante, y contradictoriamente, *su sitio*. Los diálogos y las escenas representados proyectan el imaginario dominante y establecen las fronteras aceptables de las cuatro paredes o de sus alrededores; al mismo tiempo estas fronteras marcan espacialmente el sitio del control social patriarcal donde se aplaude o castiga el comportamiento obligado de María.

El confinamiento de la mujer a las cuatro paredes del hogar confirma la condición y definición genérica del ser *buena*, que para las mujeres indígenas significa una opresión doble —desde su cultura maya y desde la cultura nacional— intensificando asimismo la presión de perpetuar la tradición. Como sugiere la crítica Cynthia Steele, las mujeres dentro de la cultura maya son consideradas cuerpos peligrosos que deben ser controlados al interior de la casa, para asegurar así la estabilidad de la propia cultura. La menstruación, por ejemplo, se considera un elemento capaz de hacer perder el alma a los hombres (Steele 1992: 253-254) e incluso no es aceptable que las mujeres indígenas quieran salir a trabajar en los campos o en otras labores como tal vez quisiera hacer la protagonista de *Una mujer desesperada*. En palabras de esta crítica:

> The tale admonishes them to behave 'as women': to perform household work diligently, to not venture out alone, to not be 'independent to the point of masculinity' [...] In walking alone in the fields [a woman] is violating two aspects of gender code: women who venture out alone are seen to be inviting harm, and

> those who insist of doing 'men's work' like farming are considered 'marimachas' or 'dykes,' unnatural women who deserve to be punished for acting like men (Steele 1992: 249).

Durante la obra teatral se representa asimismo otro medio de control femenino al presentar personajes que cuestionan el poder autoritario para después recibir castigo por parte de las figuras patriarcales. Como efecto de espejo de los imperativos socioculturales y genéricos sobre las mujeres mexicanas, la mujer maya (mexicana o no) no puede ser *bocona* según las costumbres de Zinacantán. El marido, como representante de la autoridad patriarcal, tiene derecho sobre la vida y el cuerpo de su esposa y si ésta se atreve a romper con la tradición del silencio el cuerpo social la castiga. Recuperar la propia voz y adoptar una posición de fuerza es otra estrategia de resistencia que relaciona el feminismo de estas dramaturgas mayas con las propuestas chicanas feministas de ser "boconas, hociconas, chismosas" (Anzaldúa 1999: 53-64). En los dramas mayas que se analizan en este capítulo, las protagonistas requieren de una voz disidente y respondona que resista la anulación femenina consecuente de la falta de expresión. Como muestra De la Cruz Cruz en el guión de *Una mujer desesperada*, cuando María reclama al marido su indiferencia ante la condición de ella y sus hijas: "(Enfurecido) ¡Sólo eso me faltaba, que te pusieras a regañarme! (Vuelve a golpearla). ¡Toma, por bocona, para que aprendas a respetar a tu marido!" (1991: 2). Unas líneas más abajo, el guión hace explícito el estado de despojo y la falta de personalidad social y jurídica de la mujer; ante la defensa de una vecina que trata que el marido deje de golpear a María, éste contesta: "¡Soy su marido y puedo hacerle lo que me de la gana!" (Ídem).

Una mujer desesperada adquiere una gran significación dentro y fuera del escenario cruzando fronteras artísticas para apuntar a la geografía del cuerpo político como se observa una vez que la vecina entra en acción y el hilo dramático muestra la realidad no sólo de una mujer como María, sino del conjunto de mujeres que viven bajo imperativos étnico-culturales y genéricos que demarcan la inmovilidad de su pensamiento y de sus acciones. En un sentido más amplio, como discute Lynn Stephen, las mujeres indígenas de estas zonas son también presas de la vigilancia y abuso sexual proveniente de la presencia militar que asedia a las comunidades mayas chiapanecas desde 1994. La violación física y simbólica de sus cuerpos se ha leído históricamente como la comprobación del poder externo —o la sociedad dominante— metaforizada a través de la ocupación militar de los territorios en los que se ubican las comunidades indígenas (Stephen 1999: 827).

La intervención de la vecina defensora de María ante el marido borracho nos deja verlo resbalarse y golpearse en la cabeza muriendo unos segundos después. En este segmento, De la Cruz Cruz emplea subversivamente el recurso de la reiteración, presente en ejemplos de la tradición narrativa maya como el *Popol Vuh* y en algunas leyendas tradicionales, para mostrar en la reiteración de guiones sociales de parejas diferentes la gravedad de los comportamientos concebidos como parte de una tradición inapelable, repetitiva y encarnada sin cuestionamiento en el cuerpo de las mujeres. Con este recurso, De la Cruz Cruz juega con el carácter didáctico de la reiteración en la cultura oral indígena para proponer escénicamente una reflexión deconstructiva sobre la regla, en lugar de una enseñanza pasiva de la norma.

Cuando el marido de la vecina se da cuenta de la muerte de su vecino, su primera reacción es repetir el castigo y regaño a su esposa —mujer *callejera*— tal como hiciera el marido muerto de María. La dramaturga hace visible los guiones socio-genéricos que se repiten para mantener el orden social sin cuestionar las circunstancias particulares de cada mujer y/o pareja: "Vecino: (Muy enojado) ¿Pero qué haces tú aquí? ¡Habías de estar en la casa! [...] ¿Pero para qué te andas metiendo en lo que no te importa? ¿No tienes trabajo en tu casa? Ahora ya me metiste en un problema. [...] Todo por no quedarte sentada en tu casa. Te van a acusar de criminal" (De la Cruz Cruz 1991: 3).

La obra no termina con la tragedia de María al quedarse viuda. El segundo acto comienza con una nueva preocupación de la mujer viuda: ¿cómo van a sobrevivir ella y sus hijas? Al quedar viuda se enfrenta al despojo económico de toda su vida y a la exclusión y marginación de ser viuda, mujer sin voz, ni personalidad política en la estructura patriarcal y comunitaria de Zinacantán. De la Cruz Cruz responde al cuestionamiento del personaje exponiendo en escena la compleja problemática de la experiencia migratoria de mujeres indígenas que terminan siendo trabajadoras domésticas en las metrópolis enfrentándose a la violencia, a la explotación, discriminación, abuso sexual, abusivas condiciones laborales, e inclusive a la muerte.

Una mujer desesperada muestra el único camino para escapar del hambre tras la muerte del marido: mandar a su hija Carmen como trabajadora doméstica a la ciudad, ya que carece de educación y de un oficio para ganarse la subsistencia de la familia. María arregla el empleo de su hija con un señor de la ciudad (San Cristóbal de las Casas) e irónicamente solicita al patrón que le enseñe a su hija las costumbres ajenas y diferentes, correspondientes a la aculturación urbana: "Ahí le recomiendo que le vayan enseñando poco a poco las costumbres de la ciudad, para que aprenda a cuidarse y a trabajar" (1991: 6).

El tercer acto de la obra intensifica la tensión de la tesis teatral sobre los cuerpos femeninos vulnerables, disponibles o desechables, y sobre las relaciones de esos cuerpos con dinámicas de control y migración como se observa en el diálogo del patrón de la joven con su madre: "Es que su hija salió a hacer unas compras y, como no conocía la ciudad, pues... no tuvo precaución al cruzar la calle, y desgraciadamente... la atropelló un carro" (1991: 7). Los espectadores observan agudamente cómo se inculpa a Carmen de su propia muerte al ver en escena cómo María no recibe explicaciones y sólo se le dice que la culpa del accidente es de su hija por no mirar los semáforos mientras hacía mandados por la calle. El castigo se profundiza aún más al saber que el taxista que la atropelló no tiene dinero, por lo que debe resignarse a enterrar a su hija lejos de su comunidad, en San Cristóbal de las Casas.

La obra contestataria discute la problemática de la mujer indígena, su migración a la metrópolis y la marginación que culmina en la pérdida de la hija mayor de María, que además era la única fuente de sustento para sobrevivir. Además, el drama sitúa la problemática de la mujer indígena marginada dentro del sistema patriarcal que educa y controla inclusive su comportamiento social, su conocimiento o la falta del mismo, su resignación o aceptación de las enseñanzas, costumbres y comportamientos impuestos desde su misma tradición. María recuerda en su dolor la marca de la tradición/prescripción representada para la audiencia a partir del comportamiento de su hija en la ciudad pues, ¿cómo iba a fijarse la joven en los semáforos de las calles citadinas, si "[su papá] ni siquiera quería que levantara la vista del suelo"? (1991: 8).

En su afán de retomar en el guión teatral las distintas condiciones que marcan la vida de las mujeres indígenas mayas sin espacio propio, De la Cruz Cruz se enfoca argumentalmente en la vuelta de María al espacio doméstico bajo la supuesta protección de su nuevo marido Antonio, dueño de una tienda y de una casa, quien le ofrece prosperidad y una valencia social ya que: "La gente aquí no respeta a las viudas; por lo menos tendríamos alguien de respeto en la casa" (Ídem). Bajo esta premisa la obra nos hace deducir que la condición de la viudez femenina no tiene valor ninguno ya que implica una condición sin respeto.

En su entrevista con Taylor, De la Cruz Cruz discute que el desprecio hacia las mujeres es una de las principales temáticas de su producción teatral, ya que desde su nacimiento sólo tienen valor en la medida de su relación con un varón, quien además continuamente les recuerda el favor de otorgarles un lugar social de protección familiar y/o el contrato matrimonial. María quiere dejar de ser una *arrimada* en casa ajena y volver a ser casada para recuperar su lugar social ante los ojos de su comunidad. De la Cruz

Cruz posiciona a su protagonista femenina en el mismo sitio de la desesperación inicial: el marido nuevo no es nada diferente al anterior. Esta reiteración temática evidencia la práctica coercitiva de la tradición en relación al sistema patriarcal y a la opresión de género.

Al desarrollar esta circularidad teatral, la dramaturga intensifica la trama proponiendo en escena el hecho de que Antonio dice estar enamorado de Teresa, la hija menor de María. Como hombre de la casa y nuevo marido de María se siente con el derecho a ocupar el cuerpo de su hijastra. Como hiciera el padre de Teresa, Antonio abusa del poder asociado con su masculinidad, signo emblemático de la estructura patriarcal. El drama alcanza su clímax en la última parte de la obra, cuando Teresa se enfrenta al padrastro al querer ir a misa al centro del pueblo y ver a su novio que le promete formalizar la relación y casarse con ella. Antonio le prohíbe salir a la calle, reconoce su rebeldía y resiente la confrontación de su poder absoluto y la desobediencia de Teresa. El personaje de Teresa no muestra tenerle miedo al padrastro y asume su *ser bocona* expresando el desacuerdo con la madre que apoya a su marido:

> (Molesta de un lado a otro mientras dice enojada) –¿Pero por qué tengo que estar pagando por culpa de tu matrimonio? Yo no tengo la culpa de que te hayas vuelto a casar con este hombre. ¿A mí qué puede importarme? Allá tú si quieres aguantar que sea tan celoso, pero no tiene porqué mandarme a mí. En cambio aquí estamos sufriendo igual como sufrimos con mi padre y ni siquiera puedo ir a misa. (De la Cruz Cruz 1991: 10).

Teresa no encuentra comprensión en su madre que piensa que su *naturaleza femenina* le ha impuesto un destino fatal, sin salida. Ante los argumentos de su hija, María responde con un lamento: "Lo único que pido al cielo es que tú puedas ser feliz y que no te toque un destino tan triste como el mío... (llora)" (1991: 11). El padrastro confirma con su intervención el argumento de que las mujeres como *buenas* hijas o esposas no tienen derecho a opinar, o a reclamar sus derechos sobre su propio cuerpo:

> ¡Qué te calles, te dije! Y te lo advierto, de esta casa no vas a salir nunca y menos para casarte con un cualquiera. Ya es tiempo de que sepas que tú me perteneces al igual que tu madre, porque estoy enamorado de ti y no voy a dejar que ningún desgraciado ocupe mi lugar. ¡Tú tienes que ser mía por las buenas o por las malas! (1991: 13)

La violencia inunda la escena al regresar De la Cruz Cruz a la tensión dramática inicial de *Una mujer desesperada*. Antonio confiesa que está enamorado de Teresa y habla abiertamente de su intención de forzarla sexualmente. María le avienta un leño a su marido para defender a su hija y se apodera del arma que su primer marido usaba para maltratarla (arma que a su vez evoca el orden falocéntrico). La explícita representación de la violencia en esta escena es una técnica teatral muy eficiente, además de ser una de las imágenes más intensas de la obra, pues proyecta múltiples niveles de análisis e interpretación en términos genéricos, políticos, étnico-culturales y sociales. De la Cruz Cruz concibe agudamente los detalles que motivan a ambos personajes a una acción determinada y los coloca en una situación límite entre la vida y la muerte, ante la pérdida del poder masculino, y en el caso de Teresa ante su rechazo y oposición a los mandatos de la tradición que le impondrían obediencia, silencio y resignación. El propio guión de la obra describe a la madre en pleno estado de furia y en la disposición de matar para defender a su hija de la violencia de género y del abuso del padrastro a partir del uso de una estrategia tipográfica. Con el uso de las mayúsculas la dramaturga enuncia con énfasis una significación ideológica y emocional desde la mirada aterrorizada de Teresa, quien ve claramente los horrores del poder patriarcal que desencadena la muerte de su madre:

> Antonio: (ENLOQUECIDO) –¿Con que quieres matarme desgraciada? ¡¿Para irte con otro, verdad?! ¡Pues no se va a poder! (SE LANZA A SACAR SU MACHETE DE SU FUNDA Y COMIENZA A TIRARLE MACHETAZOS A MARÍA. TERESA MIRA HORRORIZADA LA ESCENA, PARALIZADA POR EL TERROR). ¡Toma desgraciada, ahora sí voy a poder quedarme con tu hija! ¡Ja, ja, ja, ja! (MARÍA CAE MUERTA A LOS PIES DE ANTONIO, QUE LA MIRA ENLOQUECIDO Y LUEGO VUELVE LA MIRADA LUJURIOSA HACIA TERESA, QUE HA QUEDADO MUDA DE TERROR) (Ídem).

Como ocurriera al principio de la obra, la urgencia de María por defender a sus hijas de la cadena de violencia que se imprime sobre sus vidas resulta para ella en un castigo. En esta ocasión su disidencia a los comportamientos exigidos a las mujeres mayas chiapanecas provoca su injusta y brutal muerte a manos de la autoridad patriarcal, quien busca hacer valer su poder no sólo para acallar la rebelión de María, sino también para mantener el control sobre las otras mujeres que, como Teresa, se niegan a permanecer bajo las dinámicas de coerción social basadas en el abuso a sus cuerpos. A pesar del asesinato de María, la dramaturga propone en esta escena una vuelta de tuerca a la historia de violencia de estas mujeres mayas chiapanecas, marcándose y agudizándose la tensión creciente hasta el final de la obra, ya que Teresa, tras ser atacada, encuentra un rifle con el que dispara y mata a su padrastro. De esta manera, Teresa logra dotar a su cuerpo del poder de defensa propia al que su madre no pudo acceder. A pesar de que los vecinos le dicen a Teresa que debe calmarse pues su reacción fue un acto que legalmente se justifica como "defensa propia", la joven está convencida de que será encerrada en la cárcel, denotándose de este modo la complejidad y dificultad que las mujeres indígenas mayas tienen que enfrentar cuando deciden resistir la opresión de los discursos locales y nacionales que obsesivamente buscan mantenerlas como cuerpos dóciles sin personalidad social y jurídica.

El temor y la inseguridad de Teresa ante las autoridades muestran claramente la posición de desventaja de esta joven indígena ante el aparato estatal de "justicia", Teresa sabe en carne propia que sus derechos no existen de facto, aunque la Constitución anunció en 1857 que todos los mexicanos, sin importar sexo, raza, o clase social tienen los mismos derechos y obligaciones. Un breve interrogatorio con las autoridades y con un juez que atiende el caso con notable fatiga desnudan ante el espectador la realidad de un sistema jurídico injusto y tendencioso, así como su lógica operativa que anula su derecho a defenderse como le dejan saber al anunciarle: "Por lo pronto vas a quedar detenida, mientras se hacen las averiguaciones. Después, ya veremos" (De la Cruz Cruz 1991: 16). La dinámica del proceso legal mexicano desplegado en el escenario coloca a Teresa en una posición de mayor vulnerabilidad al ser considerada culpable hasta que se compruebe lo contrario, o hasta tener los medios económicos y sociales para tramitar un amparo legal que evite su detención en las siguientes setenta y dos horas dispuestas para las averiguaciones previas. Además, Teresa, como tantos otros indígenas presos, es ante el sistema legal mexicano una "deslenguada" que no domina el idioma oficial del país ni cuenta con la garantía de tener un traductor a lo largo de su juicio por las autoridades del Estado. Como revela Lynn Stephen, se ha comprobado que muchas veces las mujeres y hombres indígenas son forzados a firmar confesiones escritas en un español impecable. De tal manera que estos presos son doblemente invisibilizados pues ocurre en este proceso: "a violent supplanting of their indigenous tongue and identity for a manufactured identity in Spanish words not their own" (1999: 834); palabras que resultan una arma de condenación para los indígenas que no dominan el español.[10]

[10] El 9 de junio de 2008, la Cámara de Diputados (República Mexicana) publicó el *Boletín* # 2674 dedicado a informar sobre la alarmante situación en la que se encuentran

Teresa, como la mayoría de los indígenas del país, no cuenta con ninguno de los recursos que le darían una posición más ventajosa al ser detenida y, antes de convertirse en un número más de los presos indígenas sin juicios justos, se suicida. Las identidades genéricas y étnicas marcan a Teresa como una *mujer desesperada*, condición que pasa de generación en generación como si se tratara de una marca genética y por lo tanto *natural* tal y como se ve en las diferentes escenas de la obra que escenifican las vidas de María y Teresa.

La orfandad social es evidenciada por De la Cruz Cruz como una realidad cotidiana asumida por las mujeres indígenas al interior y al exterior de sus comunidades. Siendo personaje de agitación y resistencia en esta obra, Teresa rompe el destino impuesto a su cuerpo: como depósito del placer unilateral de un padrastro dispuesto a violarla como una forma de perpetuar la costumbre patriarcal del pueblo, como una futura esposa sumisa y aguantadora de privaciones y violencia en un matrimonio tradicional y como una mujer presa sin tener acceso a un juicio justo, o sin siquiera tener el respeto o la credibilidad del peso de sus palabras siendo definida por los aparatos jurídicos como una "simple mujer indígena".

Siguiendo la línea de denuncia, *La tragedia de Juanita*, también de Petrona de la Cruz Cruz, desarrolla la metáfora del cuerpo femenino como espacio que produce exclusión y confinamiento. Como ocurre en *Una mujer desesperada*, en esta obra se exploran los límites y las políticas del cuerpo femenino y se identifican los imperativos culturales que definen lo genérico y lo sexual, haciendo explícito que el género, más que natural, es una construcción cultural que opera como medio regulador del orden social.

Juanita, una niña de nueve años, es objeto del deseo de Ceferino, un cacique mestizo del pueblo. Dada su posición de poder en el interior de la comunidad,

---

más de diez mil presos identificados como indígenas en las cárceles del país. Según la Comisión Nacional para el Desarrollo de los Pueblos Indígenas, los presos de ambos sexos se concentran en las cárceles de los estados de Chiapas, Oaxaca y Puebla. De acuerdo al boletín mencionado los delitos por los que se acusa principalmente a los presos indígenas son la supuesta siembra de estupefacientes y la participación en guerrillas o movimientos políticos que atentan contra el poder del Estado. Sin embargo, como sugiere Lynn Stephen, la mayoría de las acusaciones y juicios se llevan a cabo de forma injusta pues se basan en la desventaja que los indígenas tienen al desconocer sus derechos como ciudadanos mexicanos. De aquí que se trate de presos que son víctimas de la violencia estructural del Estado mexicano. Véanse: <http://www3.diputados.gob.mx/camara/005_comunicacion/a_boletines/2008_2008/006_junio/09_09/2674_hay_en_mexico_10_mil_indigenas_presos_por_falta_de_traductores_los_inculpan_de_falsos_delitos_matias_alonso> y Stephen (1999).

Ceferino presiona a los padres a aceptar dos botellas de licor y una cantidad de dinero, que se presume mucha, a cambio de que Juanita pueda ser su esposa. Aunque los padres piden al cacique esperar a que la niña "sea mujer", Ceferino insiste que la chica ya está preparada para tener un marido. De aquí que las connotaciones de la madurez sexual y la idea tradicional de feminidad completa —o con capacidad reproductora— sean mostradas en esta obra como discursos arbitrarios que pueden ser relativizados según el contexto y según la posición más o menos ventajosa del sujeto que define la corporalidad femenina. La intervención de Ceferino, cuando ve a Juanita por primera vez, hace explícita la relatividad de los valores a propósito del cuerpo femenino y el peso del poder en la construcción de esos mismos valores: "(Lascivo). ¡Nunca pensé que hubiera una niña tan linda como ella! ¡Tengo que conquistarla a como de lugar! ¡Hablaré con sus padres y le pediré ayuda a Caralampio! ¡Con unos buenos pesos no me la negarán!" (De la Cruz Cruz 2005b: 60). La posición del cacique frente a los padres de Juanita, se define también por los tonos empleados cuando va a solicitar a la niña como esposa. Juanita es testigo de la amenaza de Ceferino a su padre: "Pues más le vale que me dé a su hija, porque si no... ¡le va a pesar al viejo!" (2005b: 68), con lo que se evidencia que la jerarquía social sigue demarcada no sólo por el género sino también por la etnia y la clase social.

Desde el inicio de la obra, y evocando los espacios de exclusión de *Una mujer desesperada*, la vida de Juanita está regida por dos sentimientos básicos: el rechazo y la marginación. El guión de la obra señala que la protagonista ocupa cotidianamente los espacios "sin decir nada", y el miedo es parte de la mayoría de las escenas que conforman esta historia. Desde la llegada de Juanita a la casa de Ceferino, tras la aceptación de sus padres, la violencia y el terror se apoderan de la escena. Juanita es golpeada primero por no dejar de llorar, siendo posteriormente asesinada por no querer matar una gallina para alimentar a Ceferino. Como ocurre en la primera obra De de la Cruz Cruz el análisis de las actividades cotidianas, o la incapacidad de cumplirlas, evidencia la demarcación del espacio y poder patriarcal sobre mujeres como Juanita: "Con que no quieres matar a la gallina... ¿Por qué no quieres matarla? ¡Entonces tú morirás primero!" (2005b: 78). Con esta frase la dramaturga evoca la equivalencia de la vida de una niña a la de una gallina desde la doble perspectiva patriarcal de la sociedad dominante y de los usos y costumbres de las comunidades mayas que se representan: tanto gallina como niña son objetos de consumo y pueden ser prescindibles y fáciles de remplazar.

Desde *Una mujer desesperada* hasta *La tragedia de Juanita*, Petrona de la Cruz Cruz examina las prácticas cotidianas de mujeres jóvenes y adultas, haciendo un análisis de las relaciones de poder que construyen los significados de espacio, género y etnia cultural. Como explica Caren Kaplan, evocando los postulados de Michael Foucault, escribir la historia y configuración de los espacios y las prácticas concebidas y ejecutadas en los mismos es también escribir una historia de los poderes que producen espacios de inclusión o exclusión (1996: 144). Al exponer las problemáticas del supuesto espacio privado, De la Cruz Cruz trasciende la división artificial de lo público y lo privado, asumiendo la frase emblemática de diversos feminismos "lo personal es político" y concibiendo un *continuum* entre lo privado y lo público donde actores y asuntos que les atañen son llevados al centro de la discusión (Craske 1999: 22). Con sus agudas revisiones del cuerpo con género, producido y regulado por ideologías patriarcales, evidencia la culturalidad del mismo reconstruyendo así los postulados naturalizantes empleados para justificar la exclusión femenina. De la Cruz Cruz reconfigura el género femenino indígena tradicional, identificado como vehículo pasivo reproductor, y propone cuerpos con capacidad de poder interpretativo en lo político y lo cultural.

Reflexiones sobre la realidad indígena en tiempos del neoliberalismo: el teatro de Isabel Juárez Espinosa

Becaria del FONCA (1992) y escritora de cuentos y dramas, la dramaturga Isabel Juárez Espinosa también se ha destacado por examinar en sus obras las rutinas cotidianas que delimitan, en espacios definidos, mayor o menor agencia socioeconómica para individuos, mujeres y hombres, originarios de comunidades mayas de Chiapas. En palabras de Juárez Espinosa: "Mi enfoque es el teatro popular ya que mis temas están más enfocados en la vida cotidiana de las zonas indígenas y de la sociedad en la ciudad" (citado en Albaladejo 2005: 92). En Juárez Espinosa destaca la preocupación por desentrañar los procesos interculturales, es decir, las dinámicas que revelan la desigualdad entre migrantes indígenas y las estructuras de la ciudad, apegadas a las costumbres e ideología dominantes. Un ejemplo clave de esta temática es *Migración* (1994), tal vez la obra de Juárez Espinosa más representada en escena. A través de una pareja de migrantes tzeltales a la ciudad y la narración de sus desencuentros con una sociedad que no les reconoce ni siquiera como ciudadanos, pues como asegura Carlos en su desesperada búsqueda de trabajo,"Todos preguntaron si tengo papeles para trabajar, si estoy en su sindicato, si tengo experiencia, y como no tengo nada de esas cosas, pues nada me dan" (Juárez Espinosa 1994: 227), la dramaturga examina problemáticas socioeconómicas que afectan cotidianamente la vida de las comunidades indígenas: una falta de identidad social y una constante desterritorialización. Como sugiere Gilberto Giménez (2000) la identidad social de los indígenas inmersos en procesos de choque e intercambio con las culturas dominantes requiere ser reconocida por los demás miembros de las comunidades locales, nacionales y globales para que pueda existir socialmente.

Desde los comienzos de la obra, la falta de identidad social a la que los personajes se exponen tras salir de sus comunidades y enfrentarse a los espacios y costumbres dominantes —que mayormente se identifican con la denominada cultura mestiza— ocupa un lugar protagonista. Además, Juárez Espinosa introduce con su arte teatral agudas reflexiones sobre lo que significa vivir en un ambiente neoliberal que exige la imposición de modos de producción alejados del trabajo de la tierra, el mismo que hasta la década de los ochenta había sido la base de supervivencia económica de la mayoría de las comunidades indígenas en zonas como Chiapas. De acuerdo a Tamara Underiner, en esta obra se exploran los efectos del neoliberalismo a través de la creación de un personaje, Carlos, que no cuenta con "marketeable skills" (2004: 68) resultando en una doble desterritorialización para los personajes: por vender su casa y sus tierras para poder ir a la ciudad donde son finalmente expulsados de los cuartos que rentan. Tras no poder pagar la renta por el desempleo que azota a Carlos, éste se refugia en el alcohol debido a su fracaso como migrante quedando él y su familia en una condición doblemente desterritorializada.

Fernando y Carlos son invitados por Mario a trabajar en la ciudad, pues para éste trabajar la tierra no sólo resulta difícil sino poco redituable: "Aquí es más duro y difícil el trabajo. Tienes que componer la tierra y cuidarla. En cambio en la ciudad no se trabaja la tierra pero se gana buen dinero y puedes comprar hasta un carro. Piénsalo, compadre. Si te animas, me avisas" (Juárez Espinosa 1994: 221). Mientras que Fernando se adhiere por completo al cultivo de la tierra, pues con ese trabajo se puede sobrevivir evitando, además, el "maltrato de los patrones" de la ciudad (Ídem), Carlos parece estar convencido, aun habiendo fracasado en un primer intento, de que vivir en la ciudad es lo que va a aliviar la pobreza en la que él y su familia se encuentran. Poco escucha los consejos de Fernando, quien le advierte que la vida en la ciudad no será tan fácil como tal vez lo es para otros migrantes, pues tanto Carlos como Fernando no conocen bien el idioma ni los modos de relación en una ciudad de costumbres ladinas o mestizas. En este sentido, esta fase de producción teatral de Juárez Espinosa discurre sobre la tensión existente entre los valores propios de las comunidades y aquéllos que se incorporan del exterior como la urgencia de comprar un coche, o de abandonar la tierra para buscar una vida citadina que resulta mucho más dolorosa de lo que parece. Por una parte, en palabras de Underiner, "in this play, the villains are not ladinos but ladino values, embodied in the character of Mario" (2004: 68), haciendo evidente las dinámicas de aculturación que el Estado ha impreso sobre las comunidades indígenas como promesa de integración a la sociedad mexicana.

Por otra parte, en esta obra se vislumbra el análisis de las contradicciones inherentes a los usos y costumbres locales con respecto a la voz casi inaudible de las mujeres cuando se trata de discutir decisiones vitales como la de migrar a la ciudad dejando toda la vida comunitaria detrás. Cuando Carlos decide ir a la ciudad, su esposa Catalina le cuestiona su determinación. Además de exponer la triple jornada de trabajo a la que se tienen que ajustar muchas mujeres cuando sus esposos viajan como migrantes a las ciudades —tienen que cumplir sus labores de madres, el trabajo en la casa y cultivar la tierra para poder sobrevivir— esta mujer se decide a no participar en esa dinámica migratoria pues, aunque la ausencia del marido represente una triple jornada, a través de su trabajo ella ha alcanzado un grado de autosuficiencia. En palabras de Catalina: "Está bueno, si quieres ir, vete, a ver si es cierto, pero no vas a vender ni la casa ni el terreno, yo me quedo a cuidarla y además puedo trabajar yo sola mi terrenito" (Juárez Espinosa 1994: 224). Sin embargo, como ocurre en *Una mujer desesperada* o en *La tragedia de Juanita*, Catalina debe enfrentarse a la reacción violenta de su marido, quien no la reconoce dentro del espacio privado como un sujeto con identidad social: "¡Tú tienes que ir a donde yo vaya, quieras o no! ¡Y el terreno, si quiero venderlo, lo vendo porque es mío! Y voy a avisarle de una vez al compadre Fernando si le interesa comprarlo. *(Sale enojado)*" (1994: 224). La crítica de Juárez Espinosa no se queda allí; en unas líneas posteriores la dramaturga expone paradójicamente cómo las prácticas discriminatorias de los hombres indígenas hacia sus compañeras es experimentada por ellos mismos cuando se enfrentan a patrones de la ciudad, quienes les niegan la posibilidad de trabajar, pues su identidad indígena en el espacio nacional-mestizo equivale a "no saber nada".

A través de esta intervención, Isabel Juárez Espinosa reflexiona sobre la compleja dinámica que se impone en la formación de las identidades étnicas contemporáneas que, además de múltiples, se encuentran inmersas en la interacción con los espacios y prácticas sociales de la cultura dominante e inclusive con las dinámicas derivadas de los proyectos neoliberales. Cuestionar las prácticas locales y globales será una de las tareas que Juárez Espinosa realice agudamente para de este modo concebir, en producciones posteriores y a través de su activismo social, nuevos espacios de poder para las mujeres de comunidades mayas quienes buscan el reconocimiento de su ciudadanía en los diversos ámbitos en los que desarrollan su vivir cotidiano.

Feminismo, políticas de ubicación y nuevos espacios de poder en *Desprecio paternal* (2005) y en *Las risas de Pascuala* (2005)

Una de las más ricas contribuciones del trabajo teatral de De la Cruz Cruz, Juárez Espinosa y el grupo FOMMA, ha sido responder a las políticas de ubicación. Como señala Caren Kaplan desde los postulados de Adrienne Rich, quien cuestionó la categoría universal de mujer como fundamento de la perspectiva feminista, reconocer las posiciones particulares de los sujetos en el entramado social es un medio útil para reconfigurar los discursos de poder que demarcan la exclusión basada en las diferencias (sexuales, étnicas, nacionales, de clase, entre otras): "[q]uestions of location are useful, then, when they are used to deconstruct any dominant hierarchy or hegemonic use of the term 'gender'" (1996: 187). La observación de Kaplan en relación a las propuestas de De la Cruz Cruz y Juárez Espinosa es de vital interés, pues a partir del examen de las intersecciones entre género, etnia, clase social, nivel educativo y prácticas culturales, estas dramaturgas mayas desestabilizan la categoría universal de mujer y exponen las condiciones particulares de las mujeres tzotziles y tzeltales de la zona maya de Chiapas.

Asimismo, estas dramaturgas han logrado incidir en la cultura nacional dominante, desvirtuando los espacios institucionales como sedes de la producción cultural mexicana y han cuestionado, por otra parte, la insistencia de grupos teatrales como La Casa del Escritor (San Cristóbal de las Casas) en mantener una producción artística vinculada a la *pureza* de las costumbres mayas tanto en lo temático y en lo lingüístico como, inclusive, en lo formal. Para organizaciones como La Casa del Escritor ha sido fundamental recuperar una identidad política maya estable, considerada en casos inmutable, definida desde prácticas culturales que muchas veces distan de ser democráticas para las subjetividades femeninas. Los procesos de construcción identitaria que se definen desde la esencialización de la identidad política, ya sea a partir de naturalizaciones de la categoría "mujer" o "indígena" o "mexicano", no resultan productivas en la actualidad, pues, como afirma Caren Kaplan, "location is not useful when it is constructed to be the reflection of authentic, primordial identities that are to be reestablished and reaffirmed" (1996: 187). Dislocar principios universalistas resulta urgente pues al afirmar que una categoría es absoluta, se reproducen dinámicas excluyentes y condenatorias de todo aquello que se salga de esa connotación cultural que se define como aceptable. De aquí que las producciones teatrales de De la Cruz Cruz y Juárez Espinosa, en tanto que negociadoras de cuerpos e identidades culturales, sean de gran valor para la comprensión de las líneas discursivas feministas contemporáneas.

Desde las políticas de ubicación ha sido posible contar las historias de opresión en las diversas realidades poscoloniales. En palabras de Kaplan:

> Place, location, and position offer roots to the histories and identities that many people struggle to achieve and realize in the aftermath of the slave trade, colonial intervention and disruption, and massive migrations [...]. In particular, a set of critics now link analyses of time and space to the histories of colonialism, racism, and feminism (1996: 180).

Específicamente, las propuestas y prácticas revolucionarias de De la Cruz Cruz y Juárez Espinosa se unen a las demandas de la Ley Revolucionaria de Mujeres (1996), concebida por mujeres indígenas pertenecientes al Ejército Zapatista de Liberación Nacional que en 1994 comenzó una lucha armada dedicada a la recuperación de la autonomía y la denuncia de las contradicciones del proyecto nacional mexicano, así como de otras instituciones legitimadoras de la exclusión histórica, social, cultural y económica de los pueblos indígenas. Las mujeres zapatistas, sin embargo, tuvieron que concebir un segundo cuerpo político: el que revolucionara también las concepciones del género en el interior del movimiento. Como sugiere Guiomar Rovira en su recuento de las propuestas revolucionarias de las mujeres del EZLN:

> EZLN women have challenged indigenous tradition deeply on gender issues, they can decide not to take a husband and as soldiers they must avoid getting pregnant, although they do not renounce sexual activity. It is a million miles from village life, where a girl is expected to get married and have children (2000: 44).

De la Cruz Cruz, Isabel Juárez Espinosa y las integrantes del grupo FOMMA han logrado concebir espacios alternativos en donde la base del trabajo es el respeto a la pluralidad y a la diferencia.[11] Si las mujeres zapatistas

[11] Además de Juárez Espinosa y de la Cruz Cruz, FOMMA cuenta con otras integrantes que participan desde hace algunos años en forma activa y profesional como actrices y activistas a través de su arte. El trabajo conjunto de los integrantes de FOMMA, de orígenes distintos y hablantes de lenguas diferentes, muestra la posibilidad de concebir ambientes pluriculturales. Destacan Victoria (de San Juan Chamula), María Pérez (San

han reformulado las actividades diarias y las prácticas de la tradición para así ocupar posiciones de poder e incidencia política dentro del movimiento o en comunidades autónomas, Fortaleza de la Mujer Maya ha sido aceptante de distintos orígenes étnicos —tzotziles, tzeltales, choles, zoques, tojolobales, lacandones—; diversas afiliaciones políticas —mujeres que se asumen como zapatistas o que se desligan de cualquier asociación partidista—; y diferencias religiosas —mujeres practicantes del catolicismo o de alguna vertiente protestante–. Las obras de Petrona de la Cruz Cruz y de Isabel Juárez Espinosa —*Una mujer desesperada*, *La tragedia de Juanita* o *Migración*— denuncian historias de extremada violencia, ausencia de espacios sociales, económicos y jurídicos y la imposición de fronteras culturales que limitan la movilidad y poder de agencia para las mujeres originarias de diversas comunidades mayas en Chiapas.

Trascendiendo fronteras culturales: Desprecio paternal *de Petrona de la Cruz Cruz*

Una obra que representa directamente la creación de nuevos espacios de poder para las mujeres mayas de Chiapas es *Desprecio paternal*, de Petrona de la Cruz Cruz, publicada en 2005. Esta obra cuenta la historia de tres niñas pertenecientes a una comunidad indígena chiapaneca que desde muy pequeñas se enfrentan al rechazo y vigilancia de su padre, quien las considera seres sin valor por no ser hombres. Al mismo tiempo, en esta obra se reflexiona sobre los discursos que producen la desigualdad social para las mujeres indígenas, pues se considera que ellas sólo deben cumplir con sus papeles tradicionales de madres y esposas, sin tener derecho de recibir educación formal. Además de hacer un riguroso análisis de las dinámicas sociales que buscan controlar a los cuerpos femeninos por ser considerados más cercanos a la naturaleza, y por tanto *incivilizados*, la dramaturga propone un destino positivo y de recuperación de ciudadanía al escribir una historia en la que las protagonistas logran trascender los límites de las identidades femeninas tradicionales al recibir educación y convertirse en maestras comunitarias. En este sentido se proponen nociones del género más democráticas y que responden

---

Juan Chamula), Marta Gloria Martínez Álvarez (Huixtan), María Francisca Oseguera Cruz (La Florecilla), Emma Luna Pérez (Tenecapa) y José Jesús (Zinacantán), quien se encarga de dar clases de tzotzil, escribe y participa en otras actividades de la organización. Véase Albaladejo (2005).

directamente a las necesidades de las comunidades indígenas en un ámbito nacional pluricultural.

Desprecio paternal se compone de tres actos que narran la vida de Petrona, Andrea y Juana, quienes viven bajo el poder patriarcal de su padre Pedro. Como parte de su propio proyecto didáctico, el padre les impone intensas jornadas de trabajo y les niega el derecho a la educación formal. La cotidianidad para estas niñas, de 8 a 12 años durante el primer acto, es el temor y el control, pues viven bajo un riguroso horario que, al no ser cumplido, desencadena castigos físicos y emocionales. En palabras de Pedro, quien es cuestionado tímidamente por su esposa: "Pues si no les pego nunca van a corregirse. Además es mi deber como padre. ¡Así que no me sigas diciendo más porque si no contigo me voy a desquitar!" (2005a: 14). La vigilancia y el castigo empleados por el padre resultan parte de las costumbres comunitarias y evocan los discursos y prácticas de aculturación que el proyecto nacional ha impuesto sobre las diversas comunidades indígenas confinadas en el territorio mexicano. Cuando la más pequeña de las niñas, Petrona, se corta el pie en la primera parte de la obra, su padre la trata indiferentemente diciendo que su problema no es grave y que seguro se trata de una más de las "artimañas femeninas" para no trabajar: "¡Y no vayas a pensar que vas a quedarte ahí sentadita, sólo porque te cortaste! ¡Por que siempre buscan pretexto para no trabajar!" (2005a: 17). Con este comentario se muestra que Pedro parece haber asumido el papel coercitivo del Estado nacional frente a los cuerpos que considera alejados de la civilización, incapaces de dirigir su propia vida y de pertenecer al gran conglomerado mexicano.

El discurso nacionalista decimonónico, formulado por liberales como Francisco Pimentel, definió las nociones de lo indígena como incompatibles para el proyecto nacional, pues: "[m]ientras que los naturales guarden el estado que hoy tienen, México no puede aspirar al rango de nación propiamente dicha. Nación es una reunión de hombres que profesan creencias comunes, que están dominados por una misma idea y que tienen el mismo fin" (citado en Florescano 2000: 318). La intervención de De la Cruz Cruz es aguda, al señalar la percepción que se tiene de las mujeres como incompatibles para la manutención de la pureza y estabilidad identitaria aunque, como para el proyecto nacional, los elementos abyectos —indígena/mujer— resultan fundamentales para la construcción de los espíritus fundacionales locales.

Tras el accidente de Petrona, Andrea y Juana quieren hablar con otros niños, pero saben que su padre les tiene prohibido jugar, pues lo considera una pérdida de tiempo. La conversación entre los chicos propone reflexiones sobre la vida de las comunidades indígenas dentro del contexto de globalización y los choques culturales que hay entre lo moderno y lo tradicional. En esta escena se describen dos de los proyectos que conviven en tensión al interior de las propias comunidades: uno que apoya la educación formal como medio de negociación cultural y que busca la inclusión en la arena nacional; y el que sigue apegado al cultivo de la tierra como único medio de supervivencia cultural, económica y social. Cuando Andrea y Juana dicen que ellas no pueden ir a la escuela pues allí no enseñan nada de valor para los mayas chiapanecos, uno de los niños, José, contesta con una actitud cuidadosa de sus palabras pero convincente. Como se puede leer en el guión de la obra: "Bueno, yo (reflexiona)... mi papá dice que debemos prepararnos, que porque el día que nosotros estemos grandes no va a haber tierras para que podamos trabajar" (2005a: 24). El padre de José parece consciente de los cambios en la realidad indígena a partir de reformas legales como la impuesta por el presidente Carlos Salinas de Gortari, quien durante su mandato (1988-1994) transformó los conceptos básicos del reparto agrario posrevolucionario al abolir la propiedad ejidal para los campesinos mexicanos, abandonando el desarrollo de programas rurales y agrícolas. Con la intervención de José, también es visible el proceso acelerado de transformación de los espacios físicos de la zona chiapaneca, sobre todo durante la última década del siglo XX y comienzos del nuevo milenio con la introducción del Tratado de Libre Comercio y del Plan Puebla-Panamá, con el que se han vendido grandes porciones de tierra a compañías de agricultura industrial o a otras industrias características del capitalismo global.[12]

La escena entre los niños evidencia, al mismo tiempo, que las decisiones de lo familiar son todavía consideradas de carácter privado. Aunque Pedro es cuestionado por sus prácticas estrictas, muy apegadas al purismo identitario de lo maya, una abuela testigo de la escena comenta tristemente que no puede opinar sobre el destino de las niñas. Tal y como lo señala el guión de *Desprecio paternal*: "Eso qué importa. Las deje o no las deje jugar es problema de él porque son sus hijas" (2005a: 27). Si bien la obra muestra los discursos que definen la crianza como un asunto privado, la propia escritura y realización de la obra teatral constituyen medios de subversión y de renegociación de los valores tradicionales a propósito de tales creencias.

El examen de los usos y costumbres alcanza dentro de la obra a la madre de las chicas que, sin que el padre pueda impedirlo, arregla con una maestra

---

[12] Para un estudio de las reformas a la propiedad ejidal en México véase el libro de Morett Sánchez (1992).

que sus dos hijas mayores se vayan a trabajar y a estudiar al mismo tiempo a la ciudad. Al proponer un personaje materno capaz de producir una disrupción en las prácticas culturales, De la Cruz Cruz representa una identidad femenina inestable y fragmentada. Aunque la madre parece funcionar dentro del espacio patriarcal pues cumple en apariencia con las expectativas impuestas a su género (trabaja para la casa, respeta a su esposo, es madre, no sale al espacio público sin permiso del marido), De la Cruz Cruz muestra una subjetividad femenina caracterizada por la multiplicidad, principio que se convierte en una fuente de resistencia. Como afirma Stuart Hall en su emblemático ensayo "Who Needs Identity?":

> Identities are never unified and, in late modern times, increasingly fragmented and fractured; never singular but multiply constructed across different, often intersecting and antagonistic discourses, practices and positions. They are subject to a radical historization, and are constantly in process of change and transformation (1996: 4).

A través de los personajes femeninos en esta obra, la dramaturga concibe subjetividades con poder de transformación. Por una parte, De la Cruz Cruz evoca una larga cadena de disidencia entre las mujeres de pueblos de Chiapas que han renegociado los papeles genéricos a través de acciones como la producción y venta de textiles desde la casa, trabajo de parteras sin abandonar su rol de madres, chamanes, entre otras funciones. Como sugiere Christine Eber, y tal y como se verá en *Las risas de Pascuala*, estas labores han permitido a las mujeres permanecer apegadas a la tradición y al mismo tiempo incidir en los ámbitos comunitarios y mestizos. En *Desprecio paternal* se percibe una desestabilización que permite procesos de transformación para los personajes femeninos cuando éstos deciden asumir el poder sobre sus vidas: tanto madre como hijas buscan una democratización del género, sin renunciar del todo a su identidad cultural. Los desplazamientos geográficos de las jóvenes mayas —de la comunidad a la ciudad— se hermanan a lo que Nancy Duncan define como una re-politización de los propios espacios para convertirlos en sitios de resistencia tanto en el ámbito local como global (1996: 1).

En el segundo acto de la obra se discute la contradicción de los valores locales con respecto a lo genérico que reproducen lo más amenazante para las comunidades indígenas según la tradición: la hegemonía y valores del mundo mestizo. Los años han pasado y Pedro se encuentra solo con la hija que se quedó con él después de la salida de sus hijas mayores. La madre ha muerto y el padre aún no puede comprender porqué sus hijas buscaron un destino diferente. En palabras del padre: "No, si lo que querían era irse a cambiar, a ser otras, para que después ni siquiera cuando me muera me vengan a ver" (2005a: 35). Las negociaciones culturales parecen ser vistas como efectos polarizados en los que la salida de la matriz cultural comunitaria es definida como la pérdida de lazos o respeto por la familia y, por lo tanto, por los valores tradicionales. La entrada en el mundo de los mestizos no sólo es vista como una suerte de traición a lo aceptable, sino que también es presentada como la entrada al mundo en donde las mujeres indígenas son consideradas cuerpos disponibles y de fácil explotación. Como se queja el padre: "¡No, si lo que me da coraje es que se hayan ido de criadas de esos desgraciados mestizos! ¡Y todavía mal pagadas! Para colmo, los hombres de la ciudad no las respetan... las embarazan y luego las dejan tiradas" (2005a: 36). La impresión del padre sobre la posición desigual de sus hijas dentro del mundo mestizo que domina en sitios urbanos como San Cristóbal de las Casas no es equivocada. Es bien conocido, como la propia De la Cruz Cruz representa en *Una mujer desesperada* e Isabel Juárez Espinosa en *Migración*, que muchas mujeres indígenas son víctimas de abusos sexuales y económicos, discriminadas racialmente y, en casos graves, asesinadas como si su vida no tuviera valor alguno para la sociedad. Sin embargo, en *Desprecio paternal* se da un revés a la opinión del padre, quien piensa que sólo el mundo mestizo es opresivo para sus hijas.

Petrona, la hija menor de Pedro, quiere ir a estudiar, a lo que su padre responde negativamente, como hiciera con sus hijas mayores. De este modo los usos tradicionales quedan evidenciados, tal y como son los valores mestizos hacia los indígenas, como excluyentes para las mujeres. La intervención de Petrona en el guión no podría ser más explícita: "¿Pero qué quiere que pase el tiempo así? (señala el cuarto). Encerrada, esperando a que un día me case y me llene de hijos como las perras" (2005a: 38). Lo que demanda la voz de la protagonista, en nombre de las mujeres mayas y de otros grupos que se unen a esta práctica revolucionaria, es la revisión de las nociones básicas que definen las limitadas geografías y comportamientos asignados al género femenino y la posibilidad de desarrollar proyectos de vida autónomos.

En el último acto Petrona ha logrado salir a buscar a sus hermanas para de esta manera encontrar un medio de educación para sí misma. Al mismo tiempo la comunidad está reunida para recibir al nuevo maestro comunitario que, con suerte, será bilingüe y capaz de respetar e incluir en los contenidos escolares la cosmovisión de los pueblos mayas a los cuáles dará servicio. Lorenzo, un personaje incidental, se expresa en este sentido en los comienzos del tercer acto de *Desprecio paternal* cuando habla con Pedro: "A ver si [el nuevo maestro] no viene a maltratar a los niños al igual que los otros que se han ido. Porque los otros de balde decían que eran bilingües, porque no hablaban nuestra misma lengua" (2005a: 43). Como sugiere Guillermo Bonfil Batalla en su libro *México profundo* (1996), la competencia por imponer un proyecto cultural y civilizador sobre otro ha sido una de las fuentes principales que aún producen rechazo del mundo indígena a los significados propuestos por las matrices de significado dominantes en México, pues éstos han implicado la anulación del concepto de autonomía de las comunidades indígenas. La falta de maestros que respondan a las demandas de las comunidades es un ejemplo clave de la artificialidad que construye el supuesto consenso de la gran comunidad imaginada mexicana. Pues si bien en las últimas dos décadas se han desarrollado programas de educación indígena y educación bilingüe dirigidos por la Secretaría de Educación Pública, apenas se han publicado libros de texto en seis lenguas indígenas de las más de sesenta que se encuentran vivas en todo el país.[13]

Mientras la comunidad espera al nuevo maestro, Pedro siente que ha fracasado al tener tres hijas desobedientes de la tradición maya. Sin embargo, la pérdida de lo tradicional es representada como una posibilidad de transformar las relaciones de poder inherentes a los usos y costumbres. La nueva maestra comunitaria no es otra que Juana, la hija mayor que regresa después de haber recibido educación y con las herramientas para incidir profundamente en el destino de la comunidad. Con su presencia en el sistema educativo se aboga por las políticas de ubicación al reconocer a un México pluricultural que requiere de transformar sus estructuras de hegemonía basadas en el dominio de los mestizos y los de origen europeo. Al mismo tiempo, la figura de Juana y su papel como maestra promueven el poder de las mujeres en el interior de las comunidades, pues otras niñas como ella serán motivadas y apoyadas en su desempeño educativo. En un gesto radical, De la Cruz Cruz reconfigura los significados de ser mujer en el ámbito local, nacional y de ciudadanía mexicana. Juana deja de ser un cuerpo reproductor de individuos y de costumbres opresivas para las mujeres. Su posición emergente en la escala social le otorga el papel de productora de conocimiento y, por lo tanto, de significados culturales. Es una mujer dispuesta a ejercer su poder de ciudadanía logrando de esta manera una concepción pluricultural de la propia noción de lo mexicano.

---

[13] Sobre los programas de educación indígena y educación bilingüe en México véase <http://www.sep.gob.mx/wb2/sep/sep_Educacion_Indigenista>.

Teatro y agencia económico-social en Las risas de Pascuala *de Isabel Juárez Espinosa*

En *Las risas de Pascuala* (Isabel Juárez Espinosa, 2005) dos mujeres jóvenes, Lorenza y Pascuala, deciden ir a vender sus productos de cerámica y blusas bordadas a un pueblo de costumbres ladinas, es decir, dominantemente mestizo. Lo que comienza como una narración de las diversas rutinas que conforman la preparación de la venta de los productos, la hora del desayuno para Lorenza y sus hijos, así como las preocupaciones continuamente enunciadas con respecto a vender o no la mercancía, resulta una intervención radical para desenmascarar las relaciones de poder implícitas en los espacios patriarcales —comunitarios y nacionales— en los que se mueven las mujeres: la casa, las calles y espacios públicos en el pueblo al que van a vender. Dialogando con Gillian Rose, Juárez Espinosa evidencia que es urgente revisar las actividades cotidianas de las mujeres pues "the everyday routines traced by women are never unimportant, because the seemingly banal and trivial events of the everyday are bound into the power which limit and confine women [...] The everyday arena is the arena through which patriarchy is (re) created and contested" (1993: 17). De aquí que esta obra enuncie una intención política que contribuya a repensar formas alternativas de construir y ejercer la ciudadanía.

Desde el acto I, Juárez Espinosa hace explícitos dos eventos que marcan la vida de estas mujeres: la condición de estar "solas" —Lorenza sin un marido presente y Pascuala soltera— y la condición de estar a cargo de la manutención de sus respectivas familias. Escoger a dos personajes que desde el inicio se ubican fuera de los espacios de la familia patriarcal tradicional evidencia las dinámicas contradictorias que operan sobre la construcción y regulación del género, pues tanto el espacio familiar como el público aparecen como coercitivos para las subjetividades femeninas indígenas. Estas contradicciones, basadas en cierta independencia que a su vez conlleva presión económica y social, se metaforizan singularmente en la figura de la carga que ambas mujeres deben llevar sobre sus cuerpos desde los inicios de la obra hasta el final de la misma. En el caso de Lorenza, la carga de los productos, y su precaria situación económica, se describe como muy pesada, estando a su vez en constante referencia a su experiencia identitaria de ser madre soltera, mujer indígena y pobre. En palabras de los personajes quienes dialogan sobre la carga en cuestión:

> Pascuala: Llevas más que la otra vez.
> Lorenza: Creo que trabajé más ahora. A ver niños, ayúdenme a poner en mi espalda la carga.

Ciro: Ay, mamá, ¿será que vas a aguantar? Pesa mucho.
Abel: Ay, sí cómo pesa.
Lorenza: Pues ni modos, [como sea] tengo que llegar al desvío [para tomar el camión al pueblo] (Juárez Espinosa 2005: 105).

Para Pascuala, esta carga pesada se relaciona principalmente con los efectos que la globalización ha tenido sobre las formas de producción en comunidades campesinas del sur de México. Siendo hija de campesinos, su necesidad de vender sus productos en el pueblo se asocia con aspectos político-económicos que han hecho imposible el trabajar la tierra como solían hacerlo sus padres. Pascuala, como muchos campesinos mexicanos, no cuenta con los apoyos y subsidios del Gobierno que antes de la entrada del neoliberalismo hacían parcialmente rentable el trabajo de la tierra. La dificultad de desarrollar medios de supervivencia económica sustentables, marcados por la disparidad con la que se establecen relaciones económicas entre mujeres como Lorenza y Pascuala y la sociedad dominante, es una de las temáticas principales de las obras de Juárez Espinosa, tal y como se discute en los actos II y III. De esta manera Juárez Espinosa analiza las condiciones de trabajo informal, desiguales y opresivas, que impiden o posibilitan el desarrollo político-económico de mujeres como Lorenza y Pascuala. Además, Juárez Espinosa crea un personaje que sí logra construir una organización formal que visibiliza y responde a las necesidades que ambas tienen como mujeres indígenas. De este modo, Juárez Espinosa introduce en el discurso la identidad de mujeres trabajadoras que, como discute Nikki Craske, ha sido poco considerada tanto en los ámbitos locales como en los nacionales y globales de América Latina (1999: 90).

Una vez que Pascuala, Lorenza y los dos hijos de ésta llegan a la ciudad para vender sus productos, la carga inicial parece aumentar metafóricamente de tamaño sobre las espaldas de estas dos comerciantes, pues tienen que enfrentar desprecio de los dueños de las tiendas, en su mayoría mestizos, no sólo al trabajo artesanal sino también a la propia marca identitaria de lo indígena. Como señala Lorenza al comienzo de su día de venta, una señora que le había encargado mercancía con anterioridad "ni se apuraba a recibirme ni me pagó" (Juárez Espinosa 2005: 109). En este primer momento, Juárez Espinosa muestra cómo Lorenza no puede reclamar sus derechos como comerciante pues se encuentra, como dijera la feminista chicana Gloria Anzaldúa, "deslenguada" ante la opresión de aquéllos quienes tienen el poder cultural, económico y político. Será su propio hijo, Abel, quien le obligue a reflexionar, sin mayor éxito, sobre la necesidad de recuperar su capacidad de enunciar y hacer valer sus derechos: "¿Y qué tal que ya no te paga mami? ¿O se cambia de casa o de lugar? ¿Cómo lo vamos a cobrar después?" (Ídem). La devaluación de las culturas indígenas, consideradas por muchos sólo objetos de ornamento que permiten ganancias redondas a los intermediarios, aparece en esta obra como una constante en las experiencias vitales de estas mujeres comerciantes. En otra escena, Pascuala discute el precio de sus blusas bordadas con Teófila, dueña de una tienda, quien, al principio se niega a pagar el precio pedido por la mercancía, pues con el nuevo precio, no podría ganar el cien por ciento de ganancia acostumbrado:

> Teófila: ¿Cuánto va a ser, entonces?
> Pascuala: Pues ochenta cada una.
> Teófila: No, ya te subiste mucho. Y ¿cómo voy a dar yo? No van a querer comprar si las vendo a ciento cincuenta cada una [...] Bueno, te pago a setenta porque sé que ya subió de precio todas las cosas y sé que les lleva días para hacerlo (Juárez Espinosa 2005: 115).

Aun manteniendo relaciones económicas desiguales con Pascuala, Teófila señala uno de los puntos más relevantes que Juárez Espinosa examina a propósito de las condiciones de producción en las que mujeres de ámbitos locales y globales trabajan. Ellas, como miles de mujeres empleadas en las maquiladoras ubicadas en la franja norte de México, participan en la producción de mercancías que son consumidas sin considerar su historia de vida ni las implicaciones que estos productos tienen en la cotidianidad de un gran número de mujeres. En palabras de Lorenza quien se angustia en la mitad del día al ver que no se vende su cerámica: "Y nada, todos quieren pagar barato, como ellos no sufren por conseguir la leña para cocer, ni el barro [...] lo malo es que no voy a tener para comprar las tortillas y polvito de chicharrón para que coman un poco mis hijos" (2005: 112). Profundizando sobre las condiciones de producción de mercancías, en *Las risas de Pascuala* se discurre sobre los efectos de la masificación de los productos requerida por los proyectos capitalistas neoliberales al insertar en la escena a varios personajes infantiles quienes, encontrándose en una situación de vulnerabilidad socio-económica semejante a la de Lorenza y Pascuala, venden sus mercancías a precios bajísimos. Obligados por la necesidad de vender, y por temor a sus padres –quienes los castigan si no reportan ganancias a la familia–, estos niños establecen acuerdos por demás desventajosos con los que se crean falsos espejismos sobre la supuesta ganancia generada en este tipo de relaciones comerciales. En este sentido, siguiendo las propuestas de Donald Frischmann (2007), las obras de

Juárez Espinosa evidencian que el capitalismo neoliberal tiene mucho en común con el colonialismo. Como sugiere Nicolás, un ansioso vendedor de pulseras de apenas 9 años, una señora de fuera "compra todo, es que va a llevar a otra ciudad y quiere más, le dije que voy a llevarle pero está muy lejos mi casa. Vamos, les van a comprar todo" (2005: 117).

Una de las reflexiones más productivas presentes en las obras de Isabel Juárez Espinosa, como ocurre en las propuestas de Petrona de la Cruz Cruz, es el análisis del espacio, o la falta del mismo, como elemento que perpetúa o deconstruye la exclusión de las mujeres indígenas tanto en los ámbitos comunitarios como nacionales. La última parte de la obra se centra en la urgente necesidad de un espacio socio-económico que mujeres como Lorenza y Pascuala tienen. Pues si el derecho de las mujeres a moverse por las calles libremente, rebasando así el ámbito privado, ha sido una de las principales demandas de diversas corrientes feministas, en este caso el caminar por los espacios públicos para vender implica, contradictoriamente, la evidencia de una falta de espacio económico y una orfandad social. Pascuala, Lorenza y sus hijos, así como los niños comerciantes anteriormente mencionados, son víctimas de la misma falta de personalidad social y de reconocimiento en los espacios capitalistas a los que se enfrentan al querer vender sus mercancías en un pueblo regido por las leyes del Estado nacional. Tras no poder vender sus artículos como vendedoras ambulantes, Lorenza y Pascuala deciden poner sus prendas en el suelo de unos portales ubicados en la zona comercial. Sin embargo, ocupar momentáneamente ese espacio nacional-capitalista no está permitido a estas mujeres indígenas, pues inmediatamente son abordadas por un policía, guardián de las leyes y los intereses económicos de los más poderosos. Como indica el guión: "(Policía, se dirige a Lorenza muy enojado): ¿No saben que no deben vender aquí? Mire, mire, ahí están los negocios y toda esta gente tapa el paso para los que entran a comprar en las tiendas. Así que saca tus cosas o ¿quieres que las lleve a la comandancia?, ¿cuántas veces quieren que se les diga que no se puede vender por aquí?" (2005: 120).

Si bien la amenaza de castigo por ocupar un espacio prohibido para las vendedoras mayas aparece como principal eje discursivo en la intervención del policía, será este intento de expulsión o negación de los derechos a participar en la red comercial lo que produzca una vuelta de tuerca en esta obra. En lugar de permanecer en silencio o inmovilidad, Pascuala reacciona activamente desde el despojo, proponiendo una actitud radical que promueve el empoderamiento de los más vulnerables y sin voz tanto en los ámbitos locales y nacionales como globales. Si para Lorenza es todavía imposible contestar a la represión y abuso del policía, quien es descrito como corrupto pues recibe sobornos tanto de los dueños de las tiendas para "limpiar" los portales, como de comerciantes ambulantes a quienes no deja vender en "su zona", Pascuala se transforma en una mujer con voz desafiante capaz de reclamar sus derechos y los de otros como ella. A partir de este punto, las intervenciones de Pascuala son acompañadas en el guión de acotaciones que indican su poder como generadora de espacios de poder frente a las autoridades y frente a sus propios compañeros comerciantes. Destacan en la última parte de la obra acotaciones gestuales de Pascuala como "(con una postura muy segura de lo que está diciendo)" (2005: 121), "(se ríe a carcajadas, con una decisión firme)" (2005: 123), causando con el propio movimiento y actitud del cuerpo disidencias múltiples. Pascuala no sólo se rebela frente a un policía corrupto quien la trata como a una menor de edad, sino que también contradice las gramáticas de comportamiento impuestas a las *buenas indias* siempre vigiladas en sus cuerpos al evocar el mito fundacional de la Malinche, quien se presenta en los textos socioculturales mexicano como un cuerpo naturalmente proclive a la traición e hipersexualidad.

Tras adueñarse de su propio cuerpo, Pascuala se adueña también de un espacio para ejercer su ciudadanía al organizar legalmente un grupo de comerciantes que les permita insertarse —a ella, a Lorenza y a los niños— en las redes del mercado de manera más igualitaria. Incide, de este modo, en la reconfiguración de su propia posición como mujer indígena en el entramado social mexicano, transformando las redes de subordinación que han caracterizado las relaciones entre las mujeres indígenas y la sociedad mexicana dominante, produciendo de este modo relaciones más democráticas en ese espacio alternativo que se dispone a crear. Como ella misma afirma frente a los niños y Lorenza: "Pero qué bueno sería que tengamos un lugar adonde nadie nos molesta, para eso necesitaríamos juntarnos y estar de acuerdo. Ya no tendríamos que estar andando por las calles ofreciéndola la mercancía" (2005: 125).

El diálogo, el respeto a la diferencia y la horizontalidad en las relaciones serán características necesarias para la reconfiguración de la posición hasta ahora desventajosa para las mujeres tzeltales y tzotziles en la realidad chiapaneca. Pascuala logra, gracias a su perseverancia, una voz fuerte y conocimiento de sus derechos como ciudadana mexicana y un permiso para que ella y sus compañeros puedan vender en un espacio asignado para ellos. Si antes, como sugiere Teresa Marrero, no había lugar para que las mujeres mayas chiapanecas produjeran medios creativos en sus propias comunidades (2003: 316), en la actualidad, el trabajo teatral de Juárez Espinosa, De la Cruz Cruz y la organización FOMMA contribuyen a la constitución de espacios de poder para que las mujeres recuperen su ciudadanía en los ámbitos comunitarios, nacionales y globales. En palabras de Christine Eber: "In this conception of citizenship, indigenous women can be at once individuals, women, indigenous, and Mexican" (1999: 16). Estas dramaturgas dislocan la inmovilidad del modelo femenino indígena producido desde matrices de significado dominantes, representando una imagen de las mujeres mayas activas en el sistema político, social, económico y cultural de sus comunidades, sin la necesidad de renunciar a su lengua e identidad cultural.

Conclusiones

A través de su rica labor como dramaturgas, actrices y activistas, De la Cruz Cruz y Juárez Espinosa definen en el escenario cómo los discursos constituyen fronteras visibles e invisibles entre pueblos, etnias, géneros, lenguas, clases sociales, entre otras diferencias, operando de forma opresiva como demarcadores de jerarquía social. Una dinámica presente en las comunidades indígenas durante el proceso de modernización del país ha sido la desterritorialización de estos pueblos a través de procesos forzados de migración hacia ciudades y zonas alejadas de sus lugares de origen, en los que además de ser explotados, han perdido los lazos familiares y culturales, teniendo que renegociar la identidad desde una posición de desventaja frente a la sociedad mexicana dominante: de aquí que caiga la condena sobre los cuerpos indígenas de parecer incivilizados. Frente a ese choque con la sociedad dominante, las mujeres indígenas resultan las más afectadas en sus procesos de adaptación, no sólo por las marcas de su falta de educación formal, el manejo limitado o nulo de la lengua oficial mexicana, o de su pobreza, sino también porque cargan con su marca de género que, conjugada con otras líneas de marginación, produce choques extremadamente violentos y dolorosos. Narrar y presentar teatralmente la experiencia performativa del despojo femenino indígena es tarea urgente en el panorama cultural contemporáneo, asumido por mujeres como De la Cruz Cruz y Juárez Espinosa, que encarnan una conciencia, asumen su agencia social y abrazan su activismo dentro de marcos de representación social y de agitación comunitaria.

De la Cruz Cruz, Juárez Espinosa y las mujeres de FOMMA, en tanto que *boconas, andariegas, callejeras* y productoras de cultura, atentan contra el orden social-genérico hegemónico dominante al proponer un tercer espacio de geografías socio-étnico-culturales y genéricas en las que la expresión performativa facilita la resignificación y reconfiguración de la subjetividad femenina marginalizada y oprimida. Si los espacios sociales, ya sean físicos o metafóricos, pueden concebirse como una compleja red de relaciones de dominación y subordinación (Massey 1992: 81), De la Cruz Cruz y Juárez Espinosa muestran a través de sus obras los mapas discursivos que configuras la exclusión y maltrato a las subjetividades femeninas mayas de Chiapas. Estas dramaturgas construyen paradigmas que responden a las necesidades propias de las mujeres mayas chiapanecas, subvirtiendo su pertenencia genérica nacional y de comunidad a través de obras que dislocan las narraciones complacientes de la identidad indígena, la tradición y la comunidad imaginada mexicana. De aquí que su labor teatral sea también constructora de cuerpos políticos capaces de renegociación e interpretación cultural. Al producir significados culturales con intenciones políticas, De la Cruz Cruz y Juárez Espinosa buscan la transformación de los espacios culturales, sociales, políticos y económicos anteriormente al margen de las posibilidades de las mujeres indígenas en Chiapas, México.

A través del activismo social, el entrenamiento laboral y el trabajo teatral De la Cruz Cruz, Juárez Espinosa y FOMMA evidencian la fragmentación y multiplicidad de discursos y prácticas que definen las nociones de ser mujer, ser mexicana e, inclusive, de la propia concepción de nación. Al formular un arte que trasciende diversas fronteras culturales, De la Cruz Cruz y Juárez Espinosa reformulan las subjetividades femeninas mayas de Chiapas quienes dejan de representar cuerpos meramente reproductivos y se convierten en agentes capaces de producir nuevas formas de experimentar el género y la identidad maya chiapaneca en el México contemporáneo. El rico trabajo teatral de Petrona de la Cruz Cruz, Isabel Juárez Espinosa y FOMMA se inserta dentro de las demandas urgentes de democratización de la arena cultural del nuevo milenio: producir obras y significados culturales promotores del respeto y la aceptación de las diferencias: ya sea por etnia, lengua, edad, género, orientación sexual, entre otras concepciones. Aunque las obras de FOMMA no han recibido suficiente atención por parte de la crítica mexicana, las propuestas artísticas de este colectivo teatral resultan de gran valor pues rompen con el largo y doloroso silencio de las mujeres maya de Chiapas en los más de cinco siglos de opresión a los pueblos originales de América Latina.

Capítulo 4

Negociaciones con la espectacularidad nacional oaxaqueña en las producciones visuales de Martha Toledo y Yolanda Cruz[1]

La lucha por el poder interpretativo de mujeres que han negociado los significados y prácticas culturales relacionadas con la identidad étnica, el género, la ciudadanía, y la nación, entre otros sistemas simbólicos, se ha producido particularmente a través del uso de medios visuales durante las últimas décadas del siglo XX y los comienzos del nuevo milenio. Enmarcadas dentro de distintos procesos como el acelerado desarrollo de las tecnologías, la economía neoliberal, los fenómenos migratorios, entre otros, estas producciones visuales han dado lugar a diversas negociaciones estéticas e ideológicas que, al mismo tiempo, han reconfigurado la mirada o estética mexicanista, perspectiva ampliamente desarrollada en el campo de las artes visuales en lo que se refiere a los modos de representar visualmente a los grupos indígenas que fueron objeto central del indigenismo cultural posrevolucionario. Dos artistas que destacan en sus reinterpretaciones de lo indígena, entendido como principio inmemorial de la autenticidad nacional, son la fotógrafa zapoteca Martha Toledo y la cineasta chatina Yolanda Cruz. Desde perspectivas que literalmente traspasan los ámbitos locales y nacionales, estas artistas visuales han propuesto revisiones al modo de representación de iconos dominantes del lenguaje visual revolucionario: la mujer originaria del Istmo de Tehuantepec y la mujer de zonas mixtecas y chatinas del estado de Oaxaca.

Ya sea desde la mirada colonialista de viajeros europeos fascinados por el Istmo de Tehuantepec en el siglo XIX, por artistas apegados a las agendas del nacionalismo posrevolucionario e incluso desde miradas feministas contemporáneas de distintas coordenadas, la mayor parte de las representaciones de la feminidad indígena oaxaqueña han perpetuado imágenes ahistóricas, románticas y esencializantes que les han demarcado como bastiones de belleza, de

[1] Agradezco a Martha Toledo y a Yolanda Cruz su generosidad al compartir materiales y experiencias que han servido como base para el análisis de sus producciones visuales. Gracias a Abeyami Ortega y Edward McCaughan por sus valiosas sugerencias.

autenticidad y de exuberancia; siendo representadas en la mayoría de los casos como seres irremediablemente atrapados por la tradición de sus pueblos y por una hipersexualidad derivada de su cercanía con la naturaleza (Campbell/Green 1999: 89). Como propone Elisa Ramírez la memoria visual que ha permitido a los espectadores externos reconocer lo que se define como indígena se ha basado en la repetición de una serie de representaciones basadas en un "arquetipo históricamente dado" y prescrito por distintos canales de discurso —escritos de viaje, etnografías, tarjetas postales, arte, cine, literatura, fotografía, cromos, entre otros— que, más que representar democrática e inclusivamente a los grupos indígenas a través de su inserción como sujetos, han perpetuado las dinámicas de exclusión características de las lógicas del nacionalismo mexicano a ultranza. En palabras de Ramírez: "hablamos de una historia donde la inclusión y la exclusión del indio van de la mano con la imagen que nos formamos de ellos: todo ello conforma nuestra mirada [...]. La inmovilidad de los indios es la contraparte del desconocimiento de los sujetos que en ellas aparecen [...]. Los indios, como todo aborigen, son circunstancias del paisaje, nunca sujetos de historia" (2001: 120). De aquí que sea pertinente señalar que la mirada estereotípica de lo indígena desarrolló una perspectiva de representación en la que los indígenas fotografiados, filmados y estudiados han sido visibles ante la cámara y el espectador, pero invisibles —o no equivalentes— en cuanto al poder real de interpretación de sus propios modos de vivir su subjetividad y los procesos socioculturales y económicos que cruzan la constitución de esa misma subjetividad.

Reflexionar sobre la posibilidad de concebir miradas que se alejen de las fórmulas preestablecidas visualmente por las esferas culturales posrevolucionarias resulta urgente en los comienzos del nuevo milenio, etapa de profunda reflexión sobre el modo en que se definen los rasgos nacionales y sobre quiénes son los actores-productores de esos mismos rasgos. Más que repetir la imagen fija y esencialista, en este caso de la subjetividad femenina oaxaqueña, se requiere de producciones como las de Toledo y Cruz que ofrecen no sólo una interpretación personal incluyente, sino que también proponen una democratización en la relación entre el artista, el sujeto representado y el espectador.

En este capítulo se examina cómo las productoras visuales Martha Toledo y Yolanda Cruz han generado negociaciones con la mirada mexicanista reconfigurando representación del significado de las vivencias indígenas. En un sentido más amplio su trabajo reflexiona sobre las lógicas que producen la espectacularidad asociada a la cultura indígena oaxaqueña y, por ende, a la nación. Tanto Toledo como Cruz proponen miradas negociadoras entre lo externo y lo interno, rompiendo así como la dictomía de indígena/no indígena dislocando al mismo tiempo los significados de etnia, género y nación. En este sentido el estudio de sus obras invita a reflexionar: ¿en qué medida estas nuevas representaciones contestan la mirada colonial que se adueña de su objeto para definirlo?; ¿en qué medida los trabajos de Toledo y Cruz logran romper con la imagen de los indígenas como seres primitivos condenados a un "inframundo etnográfico" (Campbell/Green 1999: 105) fuera de la evolución histórica occidental?; si adoptamos una lectura feminista para analizar estas obras, ¿en qué sentido se narran las diversas formas en que las mujeres (zapotecas, mixtecas y chatinas) se encuentran oprimidas por dinámicas dirigidas por los sistemas patriarcales a los que están suscritas?; y en definitiva, ¿hasta dónde estas producciones dan una vuelta de tuerca a la clásica mirada colonizante que les ha definido durante décadas, dejando de lado las contradicciones que las zonas indígenas experimentan?

Con la finalidad de comprender las disidencias estéticas desarrolladas en los trabajos visuales de Martha Toledo y Yolanda Cruz, este capítulo se divide en tres partes principales. La primera explora las lógicas de constitución del lenguaje visual mexicanista, en particular aquél que se relaciona con la representación de mujeres indígenas oaxaqueñas; la segunda examina obras fotográficas de Martha Toledo como fuentes de negociación entre la estética mexicanista y una interpretación personal de las experiencias de vida de mujeres zapotecas de Juchitán, Oaxaca; la tercera parte estudia las estrategias visuales y discursivas de la cineasta Yolanda Cruz quien, desde un contexto transnacional, documenta las actividades del Frente Indígena de Organizaciones Binacionales (FIOB) que —desde el estado de California, Estados Unidos hasta diversas zonas indígenas de Oaxaca, México— facilitan dinámicas de desarrollo para los indígenas migrantes así como para sus familias, haciendo visibles algunos de los procesos que actualmente influyen en la transformación de conceptos como ciudadanía y pertenencia cultural.

(De)construcción del lenguaje visual mexicanista alrededor de geografías oaxaqueñas

Consideradas como "auténticas joyas del patrimonio histórico y cultural" de México, las diversas zonas y culturas que conforman el mapa del estado de Oaxaca han sido escenarios en donde se ha reproducido, a través de eventos, festividades y rituales, la supuesta autenticidad del carácter nacional. Sin embargo, siendo uno de los estados con más presencia indígena, esta zona se caracteriza por complejos procesos históricos así como por un gran número de procesos culturales, políticos y económicos que han permeado el flujo constante de elementos que reconfiguran, asimismo, los procesos identitarios. De aquí que sea pertinente señalar como punto de partida, que la construcción de un lenguaje visual mexicanista alrededor de las geografías oaxaqueñas ha respondido no a la realidad compleja y mutable que caracteriza a esta zona cultural, sino a una imagen enmarcada dentro de los límites impuestos a lo indígena posrevolucionario como una entidad fuera de los estragos de la modernidad e irremediablemente inscrito a una ritualidad mítica y, por tanto, fuera de los propios contornos de la nación. Si bien todo el estado de Oaxaca y sus habitantes han sido modelos del arte como "medio asimilacionista" (Taylor 2005: 80) ha resaltado la obsesión de artistas y viajeros por retratar a la mujer istmeña como sinécdoque del Estado y la nación enteras. Es por esta razón, que esta sección explora en detalle las lógicas constitutivas de este icono hegemónico de lo indígena oaxaqueño.

Desde el siglo XIX hasta nuestros días, la representación de la tehuana —apelativo que se usa indistintamente para definir a las mujeres del Istmo de Tehuantepec, aunque en realidad sólo se refiere a las mujeres originarias de la ciudad de Tehuantepec— ha respondido a una dinámica contradictoria dentro de los discursos de autenticidad mexicana. Por una parte, esta figura femenina ha sido mitificada como heredera directa del México *intacto* y paradisíaco que inclusive mantuviera el matriarcado como forma de organización social, como bien señaló el antropólogo Miguel Covarrubias (1942) en sus trabajos sobre el Istmo de Tehuantepec. Por otro lado, las comunidades indígenas ubicadas dentro del mapa nacional han sido consideradas estorbos para la modernización y el progreso de lo que se considera el México contemporáneo definido como hegemónicamente mestizo. La estigmatización de lo indígena como aquello que pertenece al pasado premoderno mexicano —y por tanto no tiene una presencia política, social y económica dentro del mapa cultural contemporáneo— es visible en la organización de espacios como el Museo de Antropología e Historia de la ciudad de México,[2] y en múltiples obras plásticas, literarias, cinematográficas y de carácter antropológico. Según Analisa Taylor, lo definido como indígena por la *intelligentsia* creadora del indigenismo posrevolucionario se ha visto por décadas como "un trabajo en proceso" (2005: 5), un elemento que ha necesitado

---

[2] Para un riguroso análisis de la organización de espacios "nacionales" como el Museo Nacional Antropología en la Ciudad de México, véase Errington (1998).

la aculturación para entrar, en un momento determinado, en el tiempo y espacio nacional modernos.

Como sugieren Campbell/Green (1999: 98-99), la creación de representaciones estereotípicas de las mujeres oaxaqueñas, en particular de la istmeña, se ha caracterizado por contener al menos uno o más de los siguientes elementos: 1) Énfasis en el atuendo de las mujeres como signo de marca étnica y signo de su *irremediable condición estética* (énfasis mío); 2) la descripción / adjetivación de sus cuerpos como "bronceados, prominentes y hermosos [...], [situados] en una especie de determinismo geográfico [en el que] su otredad en relación a las mujeres europeas sería producto del ambiente físico primitivo en el cual habitan"; 3) la representación de lo femenino dentro de los parámetros del modelo binario que yuxtapone la hipersexualidad como marca de su cercanía con la naturaleza con la imagen de virgen mítica, objeto de ceremonias y mitificación; 4) el énfasis en el rol que las mujeres oaxaqueñas, en particular las del Istmo de Tehuantepec, tienen como comerciantes poderosas, justificando de esta manera la visión utópica del matriarcado donde las mujeres "dominan el paisaje" (1999: 101); y 5) la incipiente señalización de la participación de las mujeres tanto en conflictos armados durante la etapa colonial como en el México moderno, característica que contradice la participación real de las mujeres indígenas zapotecas, mixtecas y chatinas en la vida política de sus comunidades, dominadas principalmente por subjetividades masculinas.

Producida, distribuida y consumida en los ámbitos locales, nacionales y globales la imagen de la mujer oaxaqueña se ha representado, en más de los casos, desde una mirada no sólo exotizante sino excluyente de los procesos violentos y por demás complejos que conforman la vida cotidiana de estas mujeres. El propio Istmo como zona geográfica se ha representado de la misma manera mitificante desde la llegada de los primeros colonizadores y viajeros europeos quienes se sintieron profundamente atraídos por su situación geográfica y por sus recursos y vitalidad comercial, dejando fuera de la narración no sólo los conflictos y contradicciones internas, sino también la imposición de su propia mirada colonizante que definió desde entonces la representación de dicha zona cultural. Las primeras descripciones que se tienen de la mujer istmeña provienen del cronista Torres de Laguna y del oficial Manso de Contreras, quienes pusieron atención en el atuendo y en la fortaleza y valentía de las mujeres zapotecas de la zona de Juchitán, tras éstas haber participado en la rebelión indígena de 1660.

Como asegura Aída Sierra, desde el siglo XIX la pasión por la mujer istmeña como figura femenina encarnadora de mitos se hizo patente con la publicación de documentos de viaje por el Istmo escritos por exploradores franceses como Mathieu de Fossey y Charles-Etienne Brasseur de Bourberg,[3] quienes establecieron "el tono para los futuros escritos acerca de las matriarcas tehuanas con su colorida descripción de la cuasi-amazona Didjazá de Tehuantepec" (Campbell/Green 1999: 92). Estos dos viajeros pusieron en primer plano la mirada colonialista en busca de catalogar, poseer y dominar al Otro, mirada que se perpetuaría bajo la agenda cultural indigenista de la década de los veinte que inspiró a decenas de artistas tanto mexicanos como extranjeros a colocar como objeto de sus interpretaciones y exploraciones estéticas a la mujer istmeña (zapoteca, huave), así como a mujeres de otras áreas indígenas del estado de Oaxaca. Como sugieren Campbell y Green, desde las intervenciones de los viajeros durante el siglo XIX hasta intervenciones recientes, la representación visual de lo indígena ha seguido una lógica en la que "se exalta el rol del observador quien, de esa manera, controla simbólicamente al objeto, en este caso a las mujeres [indígenas de Oaxaca]" (1999: 93).

La imagen de la mujer istmeña como representante de lo oaxaqueño, y en un sentido más amplio, de lo mexicano, alcanza su auge con la llegada del indigenismo posrevolucionario alentado y desarrollado tempranamente tanto por intelectuales mexicanos como extranjeros quienes se dedican a difundir masivamente iconos que producen lo que Lerner denomina una estética mexicanista: "En este vocabulario visual, la imagen de la tehuana—que incluso llegó a estar impresa en billetes mexicanos—se construye como parte de la iconografía mexicanista compuesta por pintorescos paisajes de sembradíos, tlachiqueros, iglesias y tantos otros símbolos neutrales a través de los cuales se moviliza el orgullo indígena en el imaginario mexicano" (2000: 8).

José Vasconscelos, Diego Rivera, Tina Modotti, Frida Kahlo, Serguei Eisenstein, Edward Weston, Manuel y Lola Álvarez Bravo, Miguel Covarrubias —y en la segunda mitad del siglo XX Elena Poniatowska, Graciela Iturbide, Mariana Yampolski, entre otros— han reproducido, desde distintas perspectivas, el lenguaje visual mexicanista que ha normalizado la imagen

[3] Mathieu de Fossey vivió, junto con otros migrantes franceses, en el Istmo de Tehuantepec durante la década de 1830. Publicó el texto *Le Mexique* (1844), editado a cargo de Ignacio Cumplido. Charles Etienne Brasseur de Bourbourg, etnógrafo y arqueólogo, pasó varios meses en la zona durante 1859-1860. En 1861 publica un texto que se convertiría en emblemático: *Voyage sur l'Isthme de Tehuantepec dans l'etat de Chiapas et la Republique de Guatemala, 1859 et 1860.*

de la mujer oaxaqueña, dejando fuera los conflictos que circunscriben a esa imagen (Zamorano Villarreal 2005: 27). Murales emblemáticos de Diego Rivera y filmes internacionales como *¡Que viva México!* (filmada en fragmentos de 1931 a 1932, no convirtiéndose en película hasta 1979), se encargaron de producir la espectacularidad de la nación a través de esta emblemática figura indígena habitante de un supuesto paraíso anhelado por el proyecto posrevolucionario. En palabras de Aída Sierra:

> Las imágenes de Rivera configuraban otra historia, menos cercana de los sucesos de la región y más ligada a una manera de concebir lo nacional: aquella que evocaba al indígena como ejemplo de la sociedad, exaltaba su condición, y en gran medida, restaba contemporaneidad a su existir, coincidiendo con la idea de un orden armónico anhelado dentro de la vida urbana después de la Revolución (2000: 22).

Como muestran los murales de Rivera ubicados en el primer piso de la Secretaría de Educación Pública, y muy enfocados en la tehuana mítica, las figuras representadas enarbolan la época prehispánica como fundación del México moderno, no volviendo a aparecer en pisos posteriores que se enfocan en el camino hacia la modernidad.[4] Aun siendo protagonistas integrales del arte indigenista, las tehuanas fueron definidas como seres ahistóricos y no como ciudadanas con derechos a participación política, económica y social en el proyecto revolucionario.

En la emblemática película *¡Que viva México!* de Sergei Eisenstein las tehuanas aparecen como protagonistas de la sección titulada "Sandunga", la cual, como afirma Andrea Noble, responde directamente a la visión del México espectacular compuesta y difundida por el indigenismo cultural prevaleciente en la época. El cineasta ruso convierte a las mujeres del Istmo de Tehuantepec en seres exóticos no sólo por el lente enfocado en la desnudez de sus cuerpos, pues llevan descubierto el pecho, sino también por la manera en que la composición fílmica produce el efecto de inmovilidad o pasividad: Tehuantepec y sus habitantes parecen permanecer intactos ante el paso del tiempo y la violencia de la modernidad. Como propone Noble, la naturaleza casi fotográfica del filme produce el efecto mitológico que se busca comunicar:

---

[4] Ubicados en el Patio de las Fiestas y en el Patio del Trabajo del edificio de la Secretaría de Educación Pública en la Ciudad de México, los murales *La Sandunga*, *Tehuana*, *Tehuana con niño* y *Baño en el Istmo de Tehuantepec* (1923-1924) son muestra clara del espacio y tiempo míticos creados alrededor de la feminidad istmeña.

"the stasis [...] replicates the stock primitivism notion of having stood still for the 'premodern' people" (2005: 131). Destaca en esta narración fílmica la noción de pasividad y naturalización de los personajes desde una visión nostálgica de la utopía premoderna que representa el Istmo de Tehuantepec.

Otras producciones mexicanas como *Sandunga* (Fernando de Fuentes, 1938), la interminable performatividad de Frida Kahlo presente en su obra y vida, así como el clásico escrito de viajes del músico, escritor y antropólogo Miguel Covarrubias *El sur de México* (1946) se enfocaron en explotar el mito de la mujer istmeña —y en un sentido más amplio de las mujeres indígenas oaxaqueñas— durante los años más representativos de la cultura posrevolucionaria (1930-1950).[5] Un aspecto que resalta en las intervenciones de Covarrubias es la interpretación de la sociedad zapoteca, que desde entonces quedó definida como una sociedad basada en el comunismo primitivo con rasgos matriarcales debido a la alta participación de las mujeres en los espacios públicos, característica que sigue contrastando frente a la organización de los espacios mestizos-nacionales dominados todavía por los hombres. Covarrubias, asimismo, es el autor de una serie de observaciones positivas de la sociedad zapoteca que, como discuten Campbell y Green, han sido adoptadas en los procesos de autodefinición de los propios zapotecas (1999: 93). Aunque tras los años dorados para la industria cultural definir la autenticidad nacional ha dejado de ser el foco principal de las producciones artísticas, la imagen de las tehuanas sigue presente como punto de partida para la discusión, sobre todo, de la feminidad indígena y la aun persistente noción de Juchitán, Oaxaca, como último bastión de la sociedad matriarcal.

De las imágenes producidas desde una perspectiva feminista que terminan siendo contradictorias y excluyentes de las propias mujeres destacan el ensayo de Elena Poniatowska "Juchitán de las mujeres" (1994) y la serie fotográfica "Los ojos de Graciela Iturbide" de la fotógrafa de nombre homónimo. Si bien Poniatowska construye un recuento de la participación histórica de las mujeres juchitecas en el destino de su ciudad y país, así como un breve retrato de su labor como comerciantes en el mercado principal de la ciudad, resalta la perspectiva exotizadora que identifica a la mujer indígena como más apegada a la naturaleza y, en definitiva, caracterizada por una sexualidad exorbitante: "Mujeres grandotas, mujeres montaña, mujeres tambora, mujeres a las que no les duele nada, macizas, entronas, el sudor chorreándoles por el cuerpo, su boca en estricta correspondencia con su sexo, sus

[5] Para un estudio sobre el proceso de consolidación de la cultura nacional en el auge del régimen posrevolucionario (1930-1950), véase Monsiváis (1978).

ojos doble admonición, mujeres buenas porque son excesivas" (1994: 78). A pesar de que la propia Iturbide documentara la participación de algunas mujeres juchitecas en algunos eventos políticos del COCEI[6] durante la década de los ochenta, su trabajo más reciente resulta en algunos casos reproductor de la visión mítica de las mujeres del Istmo de Tehuantepec. En la serie fotográfica de Iturbide que acompaña al ensayo de Poniatowska, resalta el uso del retrato, logrando con ello una reproducción de la imagen espectacular de las tehuanas que no considera necesariamente las múltiples intersecciones que cruzan la vida de estas mujeres en su intento por sobrevivir en un México caracterizado por la crisis y la desigualdad social.

La mitificación contemporánea de las mujer istmeña, como puede verse también en el libro ilustrado *Tehuana* (2000), publicado por la editorial Artes de México, parece seguir respondiendo a la nostalgia por una cultura nacional de trazos reconocibles y celebratorios, así como una noción uniforme de la feminidad oaxaqueña indígena.[7] Sin embargo, este tipo de publicaciones, enmarcadas en las agendas multiculturales del México del nuevo milenio, han sido modos de reinventar lo indígena a través de un discurso que sigue construyendo la imagen de una nación coherente y estable a pesar de la innegable crisis y diversidad que la caracteriza. De aquí que analizar obras como las de Martha Toledo y Yolanda Cruz, dirigidas a la revisión crítica del espectáculo nacional, así como a la producción de espacios de poder y perspectivas reflexivas sobre las experiencias de género, etnia y nación entre mujeres de distintas coordenadas del mapa indígena de Oaxaca, sea una tarea urgente que permite el reconocimiento de nuevas identidades culturales en el México del nuevo milenio.[8]

---

[6] Desde la década de los setenta se produjo en el Istmo de Tehuantepec, en particular Juchitán, Oaxaca, una lucha por la autonomía cultural y política de los pueblos zapotecos. En 1981, la Coalición Obrero Campesina Estudiantil del Istmo (COCEI) logra expulsar al partido hegemónico PRI, formando un ayuntamiento popular. Se produce desde entonces un florecimiento de la cultura zapoteca que persiste hasta nuestros días. Véase Campbell (1994).

[7] Los libros de arte ilustrados de Artes de México se enmarcan dentro de la agenda contemporánea que busca definir lo nacional desde una supuesta aceptación de la multiculturalidad del país. Sin embargo se sigue hablando de *una* cultura nacional, como sugiere la editorial de Alberto Ruy-Sánchez en el tomo dedicado a la Tehuana. Véase Ruy-Sánchez (2000: 6).

[8] Se han producido obras de gran valor para dislocar las gramáticas nacionales definidoras de la tehuana como figura mítica del espectáculo nacional tales como *Blossoms of Fire* (Dir. Maureen Gosling, 2001,2006) o *Muxe. Auténticas, intrépidas y buscadoras del peligro* (Dir. Alejandra Islas, 2005), entre otras.

Como sugiere Gabriela Zamorano Villareal, desde la década de los ochenta se ha producido una apropiación de los medios por parte de grupos históricamente marginados a partir del desarrollo tecnológico, lo que ha contribuido a una democratización de los mismos y a nuevas maneras de representar. Los resultados de estas transformaciones se adhieren a una estética y posición crítica que rompe con dicotomías esencializantes a propósito de las identidades culturales indígenas y se aleja de los presupuestos de la mirada mexicanista. Estas nuevas maneras de representar permiten el reconocimiento de las mujeres zapotecas, mixtecas y chatinas como agentes históricos enmarcados en violentos procesos propiciados por la economía neoliberal que van de la explotación sistemática, la erradicación de formas culturales de supervivencia económica a los acelerados fenómenos migratorios. En este sentido, resulta pertinente analizar aquellas producciones visuales que, enmarcadas en contextos transnacionales como la de Yolanda Cruz, discuten de modo crítico el surgimiento de nuevas ciudadanías culturales. La representación visual reflexiva del fenómeno migratorio hacia Estados Unidos proveniente de las zonas mixtecas, chatinas y zapotecas, ha permitido la exploración de las relaciones históricas y políticas que han permeado las complejas relaciones de inclusión-exclusión a partir de las cuales pueblos de distintas coordenadas de Oaxaca construyen espacios de poder y proponen un sentido político. Uno de los trabajos contemporáneos que resaltan por la estética compleja de la migración mixteca nacional y transnacional es el trabajo fotográfico de Eniac Martínez. Interesado en documentar las experiencias de los que se van y los que se quedan, así como del no menos complejo viaje entre una región y otra, Martínez representa en su producción visual algunas de las dinámicas de negociación cultural practicadas por estas comunidades binacionales. A través de sus fotografías, Martínez enfatiza que, a través de estos intercambios, la propia identidad mixteca se regenera y ajusta de acuerdo a las circunstancias socioeconómicas y políticas de los migrantes mixtecos.[9]

Analizar la forma de representación de procesos sociales contemporáneos aunados a la desigualdad económica y a la exclusión social entre los que destacan la migración interna y externa, resulta pertinente para comprender cómo estos procesos contradictorios están, al mismo tiempo, promoviendo el surgimiento de nuevas ciudadanías y los modos en que estos grupos se están sirviendo de la tecnología como medio para promover procesos de

---

[9] Véase Martínez (1994).

agencia cultural transnacional. Estas nuevas identidades abandonan la clásica actitud pasiva con la que se les ha representado y adoptan un papel de actores sociales de su propio empoderamiento, por lo que sus intervenciones están no sólo reconfigurando el propio modo de representación de sus subjetividades, sino la propia forma de concebir y utilizar las producciones visuales. Como proponen Varese y Escárcega:

> Estamos asistiendo a un complejo fenómeno social de reconfiguración etno-política y ciudadana, es decir, [al reconocimiento y] al surgimiento de un nuevo ciudadano: [mujeres migrantes], un indígena oaxaqueño, mixteca, zapoteco, chinanteco o trique, binacional transnacional, local y global al mismo tiempo, involucrado de hecho en las políticas locales de su comunidad de origen y en la política de México, California y los Estados Unidos, ubicado por igual en los extremos del capitalismo global avanzado y en la economía pequeño-mercantil y de subsistencia, testigo de algunas prácticas democráticas y, sin embargo, condicionado al ejercicio limitado de sus derechos políticos y ciudadanos en ambos países (2004: 21).

La fotografía de Martha Toledo: miradas negociadoras desde Juchitán, Oaxaca

Martha Toledo, fotógrafa y cantante,[10] originaria de San Miguel Chimalapa, Oaxaca (1966), ha desarrollado una obra fotográfica enfocada en la representación de la subjetividad femenina zapoteca desde los propios parámetros de una artista circunscrita en las prácticas culturales que moldean la identidad zapoteca contemporánea. Su trabajo se ha exhibido tanto en escenarios nacionales como internacionales. Si bien las intervenciones artísticas de esta artista responden en diversos sentidos a la actitud celebradora promovida por organismos gubernamentales que pregonan a comienzos del nuevo milenio el discurso de multiculturalidad como eje de discurso a propósito de la identidad mexicana, los trabajos de Toledo, en particular sus fotografías, dan lugar a repensar críticamente los modos de representación de la mujer istmeña. Toledo imprime en sus fotos una perspectiva que moviliza los iconos posrevolucionarios al

[10] Martha Toledo ha desarrollado una exitosa carrera musical difundiendo la música tradicional del Istmo de Tehuantepec tanto en ámbitos nacionales como internacionales. Su disco *Teca Huiini* incluye también una selección de su serie fotográfica "El ciclo vital de las mujeres juchitecas". Véase <www.maureengosling.com>.

proponer varias perspectivas de un mismo evento, mostrando en algunos casos la performatividad de la identidad femenina juchiteca como un proceso y no como una característica esencial. Por otra parte, la mirada de Toledo reformula los principios colonialistas que el propio indigenismo posrevolucionario mantuviera como perspectiva para representar al Otro, pues sus composiciones fotográficas permiten una lectura de la subjetividad de los sujetos fotografiados.

De aquí que esta sección proponga la revisión de las obras visuales de Toledo como mecanismos de negociación cultural desde los ojos de una artista zapoteca quien concibe una visión reflexiva de las prácticas culturales que regulan las experiencias de género y etnia. En este sentido, resulta pertinente señalar que la vida cotidiana en Juchitán, así como en otras zonas del Istmo de Tehuantepec, está fuertemente marcada por procesos de diferenciación a partir de lo genérico y lo espacial (Rodríguez Cabrera s. a.: 6), y por otros conflictos relacionados con la inserción de estas zonas a proyectos neoliberales que han truncado el desarrollo local y han contribuido a la contaminación de ríos y a la migración como alternativa de supervivencia (Ídem).[11] En consecuencia, puede decirse que los diversos procesos históricos, políticos y económicos han afectado no sólo los modos de vivir la etnia y el género, sino también los significados del ser mujer zapoteca, del matrimonio, la familia, las tradiciones e, inclusive, de la participación de las mujeres en terrenos anteriormente dominados por subjetividades masculinas como la política y las artes. De este modo, la mirada compleja e historizante de Toledo, también puede ser entendida como un ejercicio de negociación visual que a su vez representa las negociaciones y contradicciones culturales que permean la vida cotidiana y las prácticas de identidad cultural de las mujeres juchitecas.

Fotografía como discurso y negociación

El proceso evolutivo de la fotografía en México ha estado, como discute Olivier Debroise a lo largo de sus reflexiones sobre la misma, íntimamente relacionado con las agendas culturales de los regímenes dominantes. Tanto en el Porfiriato, como en la época gloriosa del triunfo de la Revolución mexicana,

---

[11] Para la comprensión de los procesos históricos, políticos y económicos de la zona del Istmo de Tehuantepec y sus luchas contra la globalización y el neoliberalismo véase Campbell (1993).

la fotografía ha servido como medio de legitimación, proponiendo significados que han dependido de la propia definición cultural que se le ha asignado:

> The meaning of photography, like that of any other entity, is inevitably, subject to cultural definition [...] The task here is to define and engage critically something we might call the 'photographic discourse' [...]. The discourse is, in the most general sense, the context of utterance, the conditions that constrain and support its meaning, that determine its semantic target [...]. This general definition implies, of course, that a photograph is a utterance of some sort, that it carries, or is, a message. However the definition also implies that the photograph is an 'incomplete' utterance, a message that depends on some external matrix of conditions and presuppositions for readability. That is, the meaning of any photographic message is necessarily context-determined (Sekula 1982: 84-85).

En este sentido resulta pertinente cuestionar cuál es el discurso que permea la producción de artistas como Martha Toledo, quien disloca, como hicieran otras corrientes de producción visual posrevolucionaria como el fotoperiodismo de Nacho López o la fotografía experimental de Emilio Amero, Carlos Jurado, Lola Álvarez Bravo y Enrique Gutman, algunas de las gramáticas que dieran sustento a la estética mexicanista. Si bien la fotografía de Toledo guarda los principios de verosimilitud propuestos por la fotografía, entendida como medio capaz de trascender el filtro entre el artista y su objeto (Sekula 1982: 87) y por tanto capaz de representar la "realidad", la mirada de Toledo propone profundas reflexiones a propósito del significado de ser mujer istmeña a comienzos del nuevo milenio. En palabras de la artista: "Mi lente es un espejo a través del cual todas las mujeres de mi pueblo nos podemos ver. A través de estos años en que he fotografiado las distintas etapas por las que pasa una fémina, desde su niñez hasta su vejez, he logrado desmitificar muchas cosas existentes en mi propia cultura" (Cuevas 2001: s. p.).

La posición de la artista, como portadora de una mirada reflexiva y como portadora de la visión "desde adentro", se dirige también a evidenciar las complejidades que su posición como artista zapoteca conlleva. Si bien la mirada de Toledo surge de una posición distinta a la mayoría de miradas interesadas en narrar la vida de las mujeres del Istmo de Tehuantepec, en tanto que su subjetividad como mujer zapoteca está marcada por diversos sistemas simbólicos involucrados en la formación y práctica de dicha identidad cultural, su fotografía evidencia las contradicciones que muchas veces se presentan en la producción indígena contemporánea que no puede entenderse como una entidad pura y aislada de los principios colonialistas desde donde se ha formulado y representado su subjetividad. Como afirma Gabriela Zamorano Villarreal:

> El hecho de que una práctica cultural esté diseñada y legitimada por indígenas no necesariamente significa que se encuentre fuera de "la sombra del Estado" [...]. Como otras formas de resistencia política, existen en una compleja dinámica de relaciones de poder tanto dentro de comunidades y organizaciones indígenas como en relación con el Estado y con las políticas instituciones globales (2005: 30).

De aquí que resulte productivo analizar las propuestas de Toledo como terrenos en los que se representan algunas de las dinámicas de poder tanto locales, como nacionales y globales que siguen marcando los complejos procesos de autodeterminación y que marcan la vida de la mayoría de los pueblos indígenas inscritos al mapa cultural mexicano contemporáneo. Si el arte posrevolucionario, e incluso la perspectiva multicultural de comienzos del siglo XXI, han encarnado la propia relación del Estado con los pueblos indígenas enmarcados dentro del mapa cultural mexicano a través de la producción, distribución y consumo de signos icónicos con propiedades estereotípicas y reconocibles, resulta de vital interés analizar los nuevos contornos que artistas como Martha Toledo proponen en relación a la representación de figuras como la mujer istmeña. Tal vez el trabajo de mayor exposición de Toledo ha sido "El ciclo vital de las mujeres juchitecas" exhibido en ámbitos locales, nacionales y globales. En esta serie, Toledo hace un registro fotográfico de las mujeres de Juchitán desde su propia visión como mujer zapoteca y, además, reflexiona sobre los significados que la feminidad juchiteca tiene en el imaginario personal, así como en el local, el nacional y el global. En palabras de la fotógrafa:

> Hacer un registro fotográfico del ciclo de vida de las mujeres juchitecas ha significado para mí, tanto un proceso de autoafirmación dentro de las tradiciones de mi pueblo, como de análisis de interpretación de mis propias emociones ante las diferentes ceremonias por las que las mujeres juchitecas debemos pasar a lo largo de nuestras vidas. No siempre ha sido fácil, sobretodo porque he tenido que enfrentarme con mis propios prejuicios sobre mi imagen romántica de Juchitán, cuando otras veces la realidad me ha puesto otras imágenes bien distintas de mis fantasías (Toledo 2001: 6).

La primera forma de negociar con el lenguaje mexicanista obsesionado con la figura de la mujer istmeña es la reflexión que Toledo propone con respecto a la posición del artista frente a su supuesto objeto. En el caso de Toledo su lente no se distancia de las mujeres que son protagonistas de su fotografía; muy al contrario, es la propia fotografía la que crea un medio de conexión e intimidad con la subjetividad de las mujeres que aparecen retratadas en los eventos comunitarios y con la propia subjetividad de la fotógrafa. La intervención del lente de Toledo, en tanto que envuelve una actividad de autorrepresentación, implicaría una doble confirmación de la presencia del fotógrafo como agente encarnador de la realidad fotografiada. Como sugiere Sekula: "More than an illustration, this is an embodiment: that is, the photograph is imagined to contain the autobiography. The photograph is invested with a complex metonymic power, a power that transcends the perceptual and passes into the realm of affect. The photograph is believed to encode the totality of an experience, to stand as a phenomenological equivalent of [...] being-in-that place" (1982: 100). Sin embargo, más que representar la totalidad de la experiencia de las mujeres juchitecas, Toledo se relaciona individualmente con las historias particulares de las mujeres que aparecen en sus series fotográficas, dislocando, por tanto, la visión tradicional de las fotografías autorreferentes que cumplen una función testimonial. En palabras de la fotógrafa en una entrevista con Concepción Cuevas:

> Registro mi vida cotidiana, voy a las fiestas a Juchitán y siempre llevo la cámara, en las ceremonias o cuando estoy con mis amigas prácticamente la cámara me salió al encuentro, me asaltó, es el medio artístico que encontré para mostrar lo que estaba viviendo, la fotografía es un medio a través del cual puedo tener contacto con el otro, el otro me interesa mucho, actuar con la otra persona pero sobre todo con las mujeres (2001: s. p.).

Al mismo tiempo, la fotografía de Toledo es un poderoso medio de negociación sobre los discursos operantes en la construcción del género, así como sobre los distintos rituales que, practicados en un tiempo y espacio determinados marcados por las fases de vida de las mujeres, evidencian las distintas relaciones que a su vez posibilitan o niegan participación social, política y económica para las mismas. Examinar los ciclos de vida es un medio de análisis rico de comprensión cultural pues, "the latitude in timing (and spacing) of life course stages depending upon access to particular resources, and their interdependence on the choices and practices of those with whom we share our lives. These issues and questions connect production and reproduction, crossing public and private spheres of material social practices" (Monk/Katz 1993: 3). Más que representar a las mujeres de Juchitán, Oaxaca, como seres irremediablemente inmersos en ciclos míticos repetitivos e inmutables, Toledo muestra perspectivas complejas de varios de los eventos que marcan las experiencias subjetivas del ser mujer zapoteca en plena era global. De aquí que sus fotografías sean medios de evidenciar la historicidad de categorías como el género y la etnia. El propio modo de representar esta historicidad responderá desde el lente de Toledo a una lógica que se separa de la noción lineal de la historia de las mujeres, proponiendo la confluencia del espacio/tiempo culturales con los espacios/tiempos personales logrando de este modo no sólo la representación de la etnia y el género como categorías culturales, sino también como ricas maneras de discurrir sobre la división artificial de los espacios públicos y privados. Por esa razón, como definen Monk y Katz:

> [to] understand the life course we need to be aware of both the issue of time, whether this is individual time, family time or historical time, and of the diversity of roles that women assume. Our examination of women's roles has to be extended to what we see them not only as mothers, wives or workers, but also in relation to other generations—as daughters, grandmothers, aunts, and so on—and in domains outside the family and the workplace, their wider community of friends as well in relation to various social and political institutions, which will vary in significance over the life course (1993: 20).

Más que tratarse de una concepción rígida y lineal de las fases apegadas a los cambios biológicos de las mujeres, la producción de Toledo explora las experiencias de familia, de comunidad y de historia que influyen directamente en la constitución del género femenino así como su acceso a los espacios de poder. Además, la composición de los cuadros evidencia la fluidez y las múltiples influencias que construyen el género y la etnia cultural en Juchitán al incluir varias perspectivas de la misma fase de vida. En la mayoría de los casos, las composiciones evocan movimiento, multiplicidad y disidencia hacia la noción esencialista de identidades étnicas o genéricas de la feminidad juchiteca.

En *El Bautismo* (2002) (véase figura 4.1),[12] Toledo presenta tres perspectivas visuales para narrar el proceso que define la entrada de una niña zapo-

---

[12] Las fotografías analizadas en este apartado corresponden a la serie "El ciclo vital de las mujeres juchitecas". Algunas forman también parte de la galería: "Recuerdos de mi tierra. Photographic Gallery", *Blossoms of Fire*. Dir. Maureen Gosling. New Yorker Films, (2002), 2006. Agradezco a Maureen Golsing su permiso para reproducir las fotografías analizadas en este capítulo.

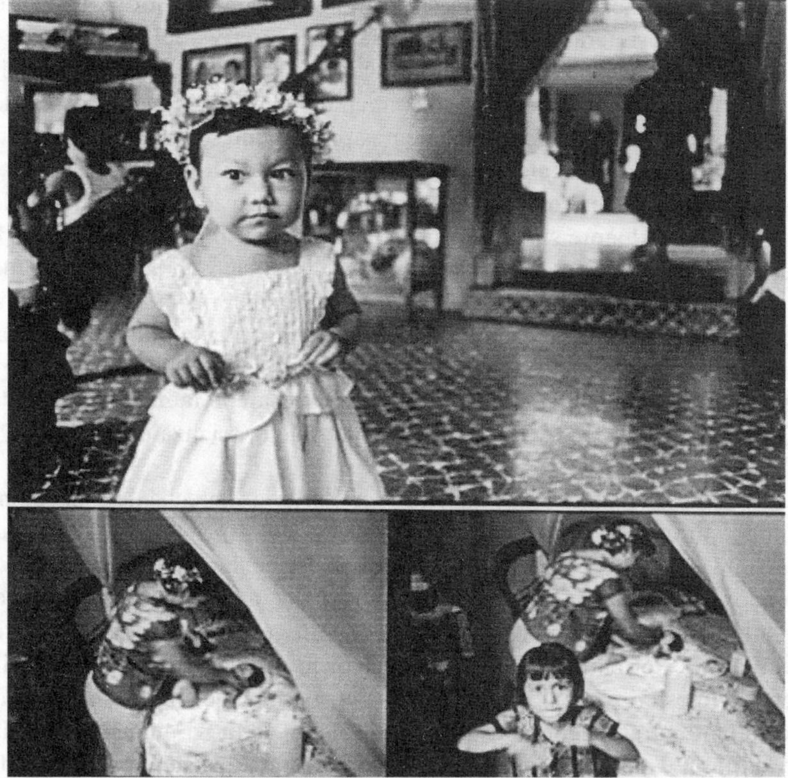

Figura 4.1. *El Bautismo* (2002) (cortesía de Maureen Gosling).

teca a la ritualidad cultural de Juchitán. Sin necesariamente responder a un orden cronológico que proponga una dinámica narrativa cohesiva, esta composición ofrece una visión ejemplar de las composiciones de Toledo: representaciones de las mujeres istmeñas ubicadas en un punto intermedio entre lo espectacular y lo cotidiano, lo mítico y temporal y geográficamente definido y entre la noción de identidad fija e identidad en proceso. Las dos imágenes de la parte inferior del cuadro muestran a una mujer adulta cambiando y preparando a un bebé, quien será protagonista del bautismo. En ninguno de estos cuadros las protagonistas aparecen posando en un terreno paradisiaco o con elementos de la naturaleza que tradicionalmente han acompañado las representaciones de las tehuanas. En contraste, esta perspectiva inicial desnaturaliza la subjetividad femenina istmeña para enfocarse en el espacio donde cotidianamente se experimentan las dinámicas de producción y regulación del género y la etnia: la casa. La imagen inferior de la izquierda muestra una primera impresión de la fase preparativa del bautismo de una niña pequeña. Destacan en el cuadro elementos utilizados en la vida diaria —una botella de talco, un pañal, la cama, el pabellón— que hacen evidente la fluidez e intercambio entre elementos provenientes de los espacios nacionales-globales y los locales-zapotecos. En esta fotografía la mujer adulta que realiza las tareas de preparación de la niña es observada sin que ella se dirija a la cámara o denote su subjetividad más allá del papel de cuidadora que tiene en esta fotografía. Sin embargo, en esta toma resalta la noción de movimiento a partir de la representación difusa de sus brazos, lo que al mismo tiempo evoca la representación de la jornada laboral a la que están sujetas la mayor parte de las mujeres de esta zona cultural, quienes no sólo tienen una gran participación en la obtención del sustento para la familia, sino que también son responsables de mantener el orden de la crianza de los hijos y del espacio privado.

La segunda imagen, ubicada en la parte inferior derecha de esta compleja composición, ofrece una toma panorámica de la primera representación dando más énfasis a la cama y a las actividades de la mujer adulta, e introduciendo en el cuadro la imagen de una niña quien, a diferencia de la madre, se relaciona directamente con la cámara con un gesto y postura que se alejan del rictus performativo solemne propuesto en la mayoría de las fotos de indígenas con estética mexicanista. Resalta en esta imagen, como también ocurre en la fotografía central de esta composición, el movimiento de las manos de la niña. Al mismo tiempo, la fotógrafa enmarca insistentemente las dinámicas constituyentes del género que se repiten al interior de los espacios cotidianos pues la niña que mira a la cámara participa y aprende, ya desde esa edad, las prácticas que constituyen la inteligibilidad cultural de su ser mujer. Como sugiere Marinella Miano Borruso, desde pequeñas las niñas estarán "más cercanas de la madre en las tareas del hogar para aprender toda la gama de conocimientos y comportamientos socialmente asignados a la mujer" (2002: 64).

Siguiendo la narración de este importante evento, la imagen central superior tiene como protagonista a la niña bautizada quien porta un vestido y, como las mujeres adultas, ha sido ataviada con una corona de flores. Si bien resalta la noción festiva del cuadro, también se introducen elementos que dislocan la supuesta naturaleza mítica de la ritualidad zapoteca y que evidencian la construcción identitaria como un proceso y no como una entidad acabada y esencial. La niña, quien mira directamente a la cámara de Toledo con un gesto familiar y en resonancia a las otras dos mujeres de su familia quienes han sido retratadas, mantiene una postura corporal que a su vez hace explícita la procesualidad de su subjetividad pues sus manos y cuerpo parecen encontrarse en movimiento. La negociación con la mirada indigenista en esta fotografía central de *El Bautismo* también se produce a partir de la relación que la fotógrafa establece con aquello que es fotografiado; en este caso, Toledo introduce una mirada que rompe con la visión omnipotente que ha caracterizado el lenguaje visual indigenista al usar una perspectiva no objetivante de los cuerpos femeninos que representa. La distancia que esta fotografía propone entre fotógrafo, objeto fotográfico y espectador es mínima. De aquí que pueda hablarse de un lenguaje intimista que no sólo da representatividad a la subjetividad de la niña fotografiada, sino también de la propia Toledo, quien se mira a sí misma en esta escena, ofreciendo a los espectadores una visión compleja, situada en un tiempo y espacio socio-históricos.

Ubicada en el punto central de la fotografía, y fotografiada desde una perspectiva que toma en cuenta las tres cuartas partes de su cuerpo, la niña bautizada aparece enmarcada por varios objetos que a su vez hacen específica su historia familiar y cultural. La representación del bautismo dentro del espacio cotidiano, que al mismo tiempo es inminentemente cultural, ofrece también la posibilidad de visualizar algunas de las relaciones que forman parte del proceso constitutivo de la identidad étnica-cultural y de género. Resaltan en la parte superior de esta fotografía, retratos de familia que propician la conceptualización de la niña como sujeto histórico más que como una entidad inmersa en el espacio y tiempo ritual inmemorial. Esta noción de temporalidad al interior del cuadro se refuerza a partir de la introducción apenas visible de una figura que está mirando la televisión desde una hamaca al momento de la toma fotográfica. Una figura femenina, tal vez la madre de la niña, aparece también en el fondo de la parte derecha. En este sentido, esta fotografía invita a la reflexión de los elementos múltiples que intervienen en la formación de la subjetividad infantil femenina, que además entrará, a través del bautismo, en prácticas culturales que se repiten performativamente para de este modo lograr la representación de la identidad.

Además, la inclusión de varios niveles de profundidad en el cuadro evocan la ausencia de separación entre los cuartos y, por tanto, una espacialidad fluida en la cual la niña parece tener ya movilidad y participación social a su corta edad. En esta foto la niña aprende a ser ya protagonista de la vida comunitaria pues, como sugiere la socióloga zapoteca Marina Meneses: "desde pequeña, la niña aprende a moverse en público. Así va tomando consciencia, paso a paso, de que en Juchitán ocupa un lugar importante en su comunidad, independientemente del lugar que ocupe en la jerarquía social" (1997: 105).

En esta rica composición el bautizo es parte de una compleja red que se extiende a la participación de las distintas generaciones en las fases de vida de las mujeres de Juchitán. El bautizo se reconoce culturalmente, según Meneses, como el primer compromiso de la niña bautizada con los asistentes y madrinas de la boda. El bautismo implica la entrada a la dinámica del "tequio" o reciprocidad sobre la cual se rigen las relaciones sociales, y en casos económicas, en Juchitán, Oaxaca (1997: 101). La participación de la mujer adulta y de la niña de edad mayor, así como la intervención de la niña bautizada, explicitan los múltiples roles que una mujer desempeña a lo largo de su vida. De este modo se evidencia no sólo la performatividad del género, que se forma de rituales repetidos en un tiempo y espacio determinado, sino también la multiplicidad del mismo.

La llegada de la madurez sexual, seguida por la celebración del matrimonio, confirman que, aun siendo una sociedad donde las mujeres tienen una alta incidencia social y económica, la norma heterosexual sigue organizando el significado de gran parte de las acciones que confirman el paso hacia la adultez de las mujeres. En *El quince años (s/f)* (véase imagen 4.2) se evidencia el permiso social con que la muchacha cuenta para relacionarse con miembros del sexo opuesto. A través de éste, la mujer joven encarna los discursos que delimitan su cuerpo femenino en contraste al masculino. En esta composición hay también un singular juego entre los espacios públicos y privados, así como de la exposición de la joven, quien se considera desde ese momento como una mujer adulta. No sólo se espera que haya alcanzado la madurez sexual, sino que también se busca que a esta edad las jóvenes hayan comenzado a trazar el camino que más tarde les permitirá la solvencia económica para celebrar un matrimonio exitoso. En *El quince años*, las imágenes de la parte inferior muestran a la chica primero de espaldas a la cámara y posteriormente de lado, en conversación con un joven. La composición sugiere un movimiento a través del cual la joven parece irse mostrando paulatinamente tanto a su acompañante masculino, como al lente fotográfico y al espectador.

La foto central dentro de la composición confirma la entrada de la joven a uno de los espacios domésticos en donde se (re)producen los hábitos culturales que se relacionan con la manutención de los valores de género y de etnia: el altar. Como sugiere Marina Meneses, las mujeres están encargadas de celebrar frente al altar las ceremonias más importantes para la vida familiar y comunitaria: la prueba de virginidad, la bendición para los recién casados, el velorio para los muertos, entre otras (1997: 120). La presencia de la joven quinceañera enfrente del altar anticipa el comienzo de una larga carre-

Figura 4.2. *El quince años* (s/f) (cortesía de Maureen Gosling).

ra de compromisos y actividades a través de las cuales las mujeres han de ganarse, para disfrutar en su madurez y vejez, el respeto y prestigio entre sus conocidos. Resalta en esta composición la figura de la joven quinceañera enmarcada por las distintas imágenes que dan sustento a su imaginario y que literalmente se perciben en esta fotografía como un fondo: la Virgen de Guadalupe destacando por encima de las otras imágenes, distintas figuras de santos y, colocadas a la misma altura que otras imágenes religiosas, fotografías de mujeres mayores que pueden ser las abuelas o familiares de la joven y quienes parecen desempeñar el papel de guardianas del orden desde el altar de la casa. La presencia omnipotente de la Virgen de Guadalupe, aunada a la presencia de la joven quien a través de la fiesta de quince años participa en una de las ceremonias católicas más practicadas en la sociedad mexicana, hace evidentes las constantes negociaciones entre la cultura zapoteca y la cultura mestiza dominante, mismas que marcan las experiencias de género e identidad cultural. En este sentido, la posición rígida y bien definida de la joven, nos recuerda también la propia inmovilidad del principal icono femenino en la cultura nacional, la Virgen de Guadalupe, que se considera la encarnación de la feminidad aceptable: maternal, santa e incorruptible. De aquí que esta representación de la feminidad istmeña en plena formación se evidencie como regulada por una serie de discursos que operan para asegurar la constitución de género e identidad cultural estables.

Tal vez una de las fotografías de Toledo con mayor reflexividad a propósito de los usos y costumbres zapotecos en Juchitán, Oaxaca es *La Boda* (2000) (véase imagen 4.3). Como asegurara el escritor juchiteco Andrés Henestrosa desde la época de consolidación de la cultura posrevolucionaria, así como puede leerse en reflexiones contemporáneas de la asesora cultural zapoteca Obdulia Ruiz Campbell, las prácticas sexuales de Juchitán se ale-

Figura 4.3. *La Boda* (2000) (cortesía de Maureen Gosling).

jan mucho de las imágenes paradisíacas que artistas como Diego Rivera, Sergei Eisenstein o Elena Poniatowska plasmaran en obras que hoy en día son consideradas un emblema de la estética mexicanista posrevolucionaria. Siguiendo la misma estructura tríptica de *El Bautismo* y *El quince años*, *La Boda* discurre sobre prácticas culturales tradicionales que muestran dinámicas de control impuestas sobre el cuerpo femenino para la manutención de los valores patriarcales que aún hoy en día permean las relaciones intergenéricas en lugares como Juchitán. La primera imagen que compone *La Boda* retrata uno de los eventos climáticos del arreglo prenupcial: la comprobación de la virginidad de la mujer, primer paso para completar una ceremonia de matrimonio tradicional. Cuando los novios piensan en casarse, el novio "rapta" o "roba" a la joven y la lleva a dormir a su casa donde se practica una desfloración como parte del ritual (Meneses 1997: 110-18). Tras la prueba exitosa de la virginidad las mujeres de ambas familias entran en una negociación para establecer los términos de este importante contrato. En su representación de la comprobación de la virginidad, Toledo se sirve de una mirada estética y estática del cuerpo femenino y discurre sobre esta práctica coercitiva que literalmente exige la inmovilidad de la mujer quien se encuentra bajo el manto ornamental —una sábana blanca cubierta de flores rojas— metáfora de su cuerpo anteriormente "inmaculado" ahora marcado por la sangre de su himen roto. Como sugiere Marinella Miano Borruso el ritual de la virginidad resulta una actividad impuesta y una fuerte invasión pública a la intimidad del cuerpo de la mujer (2002: 67). La visión de la sexualidad mítica contrasta, como discute Obdulia Ruiz Campbell, con las experiencias de violencia que muchas veces la ceremonia del rapto conlleva:

> Rapto [...] is a shameful and denigratory action for women, and they know it. Several of my friends said they felt embarassment, fear, and pain during the rapto, and that sexual pleasure was secondary [...]. My mother and other relatives told me that they were abducted with violent force, that they received blows to their legs so that they would not resist so much and were later pulled by their hands to the houses of their boyfriends where they were deflowered (1993: 139).

Si bien la ceremonia de la virginidad no es practicada actualmente por la generalidad de las mujeres juchitecas —pues también implica un fuerte gasto de recursos económicos— sigue siendo para algunas jóvenes y mujeres maduras un signo para comprobar no sólo el buen comportamiento de la mujer, sino también para mostrar ante los ojos de la sociedad el poder social que cada familia ejerce al momento de las negociaciones sobre el contrato matrimonial. De aquí que, como muestra la imagen inferior de la derecha, la experiencia de género y etnia estén permeadas por relaciones sociales que a su vez implican relaciones de poder.

La segunda imagen de la parte inferior del cuadro retrata a varias mujeres que, vestidas elegantemente, se encuentran afuera del cuarto donde yace la joven tras la ceremonia de la prueba de la virginidad. Como muestra Toledo, el cumplimiento de los rituales necesarios para llevar a cabo un matrimonio exitoso es cautelosamente realizado en el ámbito de los núcleos familiares de los jóvenes implicados. Si escenas como la ceremonia de la virginidad ejemplifican el poder que las mujeres maduras alcanzan en eventos que implican la manutención y transmisión de los valores culturales, hay asimismo, aun para estas mujeres con un alto prestigio social, la exigencia de mantener el rictus performativo en la ceremonia, como muestra esta segunda perspectiva del evento comunitario. Sin embargo, como ocurre en otras composiciones de Toledo, la visión de estas mujeres en plena celebración se aleja de la espectacularidad característica con la que se ha representado a las juchitecas en eventos festivos, siempre enfatizando el colorido y gran elaboración de sus vestidos, así como la actitud sonriente que se ha asociado con esta imagen emblemática del lenguaje visual posrevolucionario.

En la imagen central que compone *La Boda* los novios se encuentran en su recepción matrimonial. Como ocurriera en la celebración de los quince años la presencia masculina resalta en los cuadros que narran los rituales que determinan una identidad genérica estable en la mujer. Desde la perspectiva que Toledo construye en esta toma, la novia y el novio aparecen enmarcados al centro, lo que también evoca la centralidad del matrimonio en el espacio social al cual se hayan inscritos y que les exige, al mismo tiempo, la ejecución de las prácticas culturales que perpetúan las estructuras y relaciones que les otorgan una posición dentro del entramado social. Contraria a las imágenes de casamiento al estilo istmeño representadas en filmes como *¡Que viva México!*, en la fotografía de Toledo ambos novios aparecen sentados sin manifestar una emoción afectiva excesiva, o una hipersexualidad desbordante. La representación de esta joven pareja no implica inicialmente la dominación de una figura sobre la otra; sin embargo, en la parte izquierda de este cuadro central destaca la presencia de una figura masculina quien, a través de su lenguaje corporal dominante, impone su presencia en el cuadro de la boda y, tal vez sin saberlo, evoca una de las principales problemáticas que se viven al interior de las familias juchitecas como son el abuso del alcohol y el uso de la fuerza física como medida de control patriarcal sobre la esposa y los hijos. La tímida participación de una niña, quien apenas asoma su cabeza entre el novio y la figura masculina dominante, invita a reflexionar, precisamente, sobre su poder de intervención —o la falta del mismo— en la estructura familiar tradicional que sigue dominando las relaciones de género en sitios como Juchitán. La reflexión crítica sobre este evento, se produce también a partir del énfasis que la propia composición señala a propósito del factor económico como determinante de las experiencias de vida en el Istmo de Tehuantepec: resalta un enorme pastel de varios pisos que muestra el prestigio de las familias de los novios y de sus invitados, así como las bandejas que ambos novios portan para de este modo recibir más regalos y aportaciones que ayudarán a establecer económicamente a esta joven pareja.

Tras la crianza de los hijos, ya en la edad madura y anciana, las mujeres juchitecas generalmente adquieren mayores compromisos en los ámbitos social y económico. Muchas son elegidas para ser mayordomas de las grandes fiestas; otras se dedican a apoyar a las jóvenes generaciones a formar su propio patrimonio, sin olvidar "ocuparse de sí mismas con gran autosuficiencia" (Meneses 1997: 122). La edad madura para muchas significa el prestigio social que puede culminar en el reconocimiento de las estas mujeres como "Na", apelativo que antecede su nombre e implica el máximo estatus que una mujer puede alcanzar en la sociedad juchiteca. El término de las actividades reproductivas, la madurez e incluso la vejez, traen consigo responsabilidad social y placer. En la fotografía *El abrazo de Dulce* (1998) (véase imagen 4.4), Toledo retrata a tres mujeres maduras coronadas con flores,

Figura 4.4. *El abrazo de Dulce* (1998) (cortesía de Maureen Gosling).

quienes se abrazan disfrutando del protagonismo público. Aunque la edad precisa no se define en la fotografía, las posturas de confianza y cercanía entre las mujeres indican la aceptación, respeto y prestigio que existe entre las mujeres participantes del abrazo. Si bien esta foto contiene varios de los rasgos reconocibles del estereotipo espectacular de la mujer istmeña —vestido, corona de flores, joyería de oro y en definitiva, una mirada estética del evento que captura— vale la pena señalar que se proponen, como en otras fotografías de Toledo, reflexiones agudas a propósito de la construcción y experiencia del género así como la incorporación de la subjetividad femenina juchiteca en el cuadro visual.

Utilizando una mirada íntima que logra producir la sensación de cercanía entre el fotógrafo, el espectador y el abrazo entre estas tres mujeres, Toledo disloca los límites del cuerpo femenino istmeño visto desde la mirada colonial al jugar con contornos de las tres figuras que aparecen en esta composición. En este cuadro la cercanía femenina que forma parte de las propias prácticas culturales de esta zona tampoco implica lo que para muchos ha sido visto como hipersexualidad e, inclusive, como homoerotismo. En sus reflexiones sobre las miradas externas de antropólogos, estudiosos e intelectuales, entre otros, Obdulia Ruiz Campbell hace una aguda crítica al modo en que el constante tacto entre las mujeres juchitecas, así como su costumbre de hacer bromas con referencias sexuales, ha sido leída como la encarnación de una feminidad amazónica cuando la realidad es muy diferente (1993: 138). Más allá de representar una manifestación de afectividad, Toledo visibiliza la importancia de las relaciones sociales en la construcción de la posición social de las mujeres. La reciprocidad representada en esta fotografía hace explícita la necesidad no sólo de construir relaciones sociales a lo largo de la vida, sino también la necesidad de mantener esas relaciones en el espacio cultural comunitario a partir del apoyo mutuo que, visto como un medio de cohesión social, puede también implicar dinámicas de regulación y control de la propia identidad. En un sentido más amplio, el protagonismo social que las mujeres logran en Juchitán tras su fase reproductiva permite vislumbrar prácticas de género que rebasan los límites de la definición tradicional del ser madre-esposa dentro de espacios regidos por la norma heterosexual. El ser mujer no estará sólo definido en contraste a las relaciones con el género opuesto, sino también por las múltiples relaciones adquiridas a través del compromiso con otras mujeres y con la comunidad.

La producción visual de Martha Toledo se enfoca en las intersecciones entre la vida de las mujeres de Juchitán y la organización de los espacios y del tiempo, así como su intersección con la ideología, la división del trabajo, la clase social y los discursos constituyentes de la etnia zapoteca y la comunidad imaginada mexicana. El análisis de la organización de los espacios a través de los cuales las mujeres circulan y constituyen su subjetividad, resulta crucial para entender la articulación entre las relaciones de producción y reproducción (Monk/Katz 1993: 266), que a su vez constituyen dinámicas claves en los procesos de constitución y prácticas del género y la etnia cultural. A través de su fotografía, Toledo logra el reconocimiento de las mujeres de Juchitán como agentes histórico-sociales tanto en el ámbito local como en el global. Al mismo tiempo, resulta de vital importancia comprender no sólo la organización espacial y temporal de la vida de las mujeres, sino la capacidad de movilidad a la que éstas tienen acceso, para así vislumbrar los discursos que definen los comportamientos genéricos que a su vez determinan mayor o menor agencia social, política y económica. Como definen Monk y Katz: " [Women's capacity to move] is often severely constrained by ideologies about sexuality and appropriate behaviors for women, by the responsibilities of their gender roles and by a variety of potential economic, social, and environmental conditions" (1993: 266). Una de las principales formas de negociación de la mirada propuestas por Toledo será el modo en que se representan la organización de los espacios y la relación que ésta tiene en la experiencia cotidiana de las mujeres. Si "la vida cotidiana está compuesta de relaciones de poder; y si bien las actividades políticas no son intrínsecas a la cotidianidad, tampoco son contrarias a ella" (Hernández *et al*. s. a.: 9), analizar las dinámicas existentes dentro de esta cotidianidad resulta un elemento clave para comprender la posición de más o menos poder que las mujeres juchitecas tienen dentro de su espacio comunitario y, en definitiva, nacional.

Nuevas ciudadanías culturales desde la mirada transnacional de Yolanda Cruz

> "Hago una crítica seria y responsable a todos los académicos, antropólogos e historiadores, que han estado estudiando el fenómeno migratorio de nosotros, para que no nos estudien solamente como piezas arqueológicas, sino como seres humanos que tenemos causa y efecto de lo que hacemos" (Rufino Domínguez Santos 2004: 90).

Durante las últimas décadas del siglo XX y los comienzos del nuevo milenio países como México han estado marcados por fenómenos socioeconómicos y políticos que, además de contradictorios, han afectado los contornos de los procesos sociales y culturales. A la par de una acelerada pero no pareja inserción de las nuevas tecnologías en muchas de las rutinas cotidianas de la vida nacional, los proyectos de economía neoliberal en México han producido también una mayor polarización económica entre los miembros de la sociedad que han encontrado la migración como un supuesto remedio a la larga historia de exclusión de las clases mayoritarias, grupos indígenas y, en un sentido más amplio, mujeres de distintas coordenadas culturales sin acceso a educación y a trabajo para su manutención y la de sus familias.[13] Como discute Stephano Varese los grupos indígenas han sido históricamente marginados, pues más del noventa por ciento sigue habitando zonas definidas como de alta marginalidad en México o, visto desde otra perspectiva: de todos los mexicanos que viven en zonas de alta marginalidad, más de cuarenta por ciento son indígenas. La ausencia de programas para el desarrollo rural, consecuencia del rampante proyecto neoliberal, ha contribuido a la migración masiva de "deportados económicos" pues:

> se puede argumentar que durante las cuatro últimas administraciones mexicanas han estado ausentes proyectos orgánicos de desarrollo rural dirigidos a los sectores más empobrecidos y que esta omisión, lejos de ser accidental, corresponde a un modelo de "posdesarrollo" o si se prefiere de "subdesarrollo combinado" en el que la producción agrícola de subsistencia y de mercado del pequeño campesino es descartada e intencionalmente desactivada (Varese 2004: 355).

Si bien estas movilizaciones han traído como consecuencia discriminación y explotación para la mayoría de los grupos migrantes, estas nuevas posicionalidades se están convirtiendo, al mismo tiempo, en sitios de construcción de dinámicas de empoderamiento que facilitan el ejercicio de la ciudadanía en los ámbitos locales y globales. Como sugiere José Manuel Valenzuela Arce, nuevas formas de organizar las identidades "se expresan particularmente en el fenómeno migratorio, pues los procesos diaspóricos son un elemento importante en la definición de cartografías políticas y en la construcción de nuevas identidades colectivas" (2003: 37). Colocar en el centro de la discusión fenómenos como la migración, así como las dinámicas generadas a partir de la negociación constante entre el aquí y el allá, obliga a pensar en cuáles son los procesos que impiden o facilitan a los individuos participar en la creación de

---

[13] De acuerdo al Censo Nacional de Población 2000 se calcula que 8,8 millones de ciudadanos mexicanos viven en Estados Unidos quienes, para el año 2007, estuvieron mandando 23.978.000.000 de dólares en remesas. Véase <www.conapo.gob.mx (6/14/2008)>.

significados culturales. Al mismo tiempo evidencia la urgente reconfiguración de la distribución de los bienes nacionales para así asegurar que los grupos históricamente excluidos puedan tener acceso a recursos fundamentales como la educación y el derecho a la autorrepresentatividad, mecanismos que a su vez contribuyen a la construcción y ejercicio de la ciudadanía.

Los estudios sobre el fenómeno migratorio entre México y Estados Unidos —enmarcados en variados campos del conocimiento e incluso desde perspectivas transdisciplinarias— han identificado significados amplios de la noción de frontera y su relación con los procesos transfronterizos. Además de estudiar los efectos de la imposición de la frontera política al territorio y poblaciones de origen mexicano desde el siglo XIX hasta el día de hoy, los estudios sobre el fenómeno migratorio han planteado la existencia de fronteras menos visibles que pueden definirse como "fronteras culturales" (Valenzuela Arce 2003: 45). Estas fronteras culturales, definidas desde las marcas étnicas, genéricas, de nivel educativo, entre otras categorías, se han interpretado desde el punto de vista de los grupos dominantes a través del control de medios de comunicación como la televisión, el radio o el cine, que se extienden, inclusive, a las publicaciones y mecanismos de difusión propiciados por el uso de nuevas tecnologías. De aquí que analizar representaciones visuales críticas de estos procesos generadores de agencia político-social y económica, y la reflexión sobre la constitución y posible transformación de las fronteras culturales sean tareas urgentes y productivas para reconocer las aristas que dan forma a identidades emergentes de indígenas migrantes originarios de Oaxaca, tal y como propone el documental *Sueños Binacionales/ Binational Dreams* (2006) de Yolanda Cruz. Por otra parte, el estudio de producciones como la que interesan a esta sección "nos recuerdan que [los grupos indígenas migrantes] no son víctimas pasivas ni migrantes anónimos sino actores sociales que están tejiendo nuevas formas comunales y constituyéndose así en sujetos sociales" (Fox 2001: 7).

Nuevas formas de representación: etnia, migración y transnacionalidad

Yolanda Cruz[14] (San Juan Quihije, Cieneguilla, 1974) ha sido una cineasta dedicada a la documentación de la experiencia de los indígenas del estado

---

[14] Biografía basada en la página web de Petate Productions, casa productora de video codirigida por Yolanda Cruz. Véase <www. Petate.com> (9/14/2008).

de Oaxaca, en particular de las comunidades chatinas, de las cuales ella es originaria. Tras haber migrado a Estados Unidos con su familia en la adolescencia, Cruz obtuvo una licenciatura en Artes Liberales (Evergreen State College, 1998) en el estado de Washington. En 2002 completó una maestría en cine, televisión y medios digitales (UCLA). Para la tesis de su maestría produjo *Guenatiza* (*Los que vienen de visita*), un documental de 16 minutos acerca de Ulises, un jardinero indígena zapoteca que vive en Los Ángeles. El filme sigue el viaje a Oaxaca de Ulises y su familia. Otros proyectos fílmicos universitarios hacen evidente el interés de Cruz por reflexionar sobre las condiciones que permean la vida de los indígenas tal y como se presenta en *Oaxacalifornias*, una colección de entrevistas con indígenas oaxaqueños que residen en California, y *Entre sueños,* una cinta experimental acerca de una mujer indígena que busca su identidad en sus sueños. Esta cineasta ha contribuido a la formación de jóvenes indígenas al participar como maestra de videografía como parte del Proyecto de Medios para Chiapas, el cual fue auspiciado por la Fundación McArthur en 1998. Asimismo, Cruz fue ganadora de una beca de la Fundación Rockefeller, con la cual produjo *Sueños Binacionales/ Binational Dreams*.

Las propuestas visuales de Cruz rebasan de este modo las lógicas propuestas por el lenguaje indigenista posrevolucionario para representar a los grupos indígenas. Al mismo tiempo, su trabajo ha dado un revés a los modos de representación de la migración y los procesos transfronterizos más usados tanto por la industria cultural mexicana como por la estadounidense. De esta manera su perspectiva permite concebir la democratización de las formas de representación de los migrantes oaxaqueños como agentes históricos, en particular de las mujeres, y de los significados de la migración como un fenómeno plural, complejo y en casos, generador de empoderamiento. Además, su participación como cineasta, en tanto que se identifica como mujer indígena, representa una democratización del uso de los medios visuales tradicionalmente dominados por esferas privilegiadas en donde el número de mujeres directoras —y de indígenas— es todavía muy reducido.

Desde los inicios de la industria cinematográfica hasta los comienzos del nuevo milenio, las producciones visuales —tanto el cine como la televisión— han sido medios privilegiados que crean y circulan significados acerca los procesos transfronterizos. De acuerdo a Norma Iglesias Prieto de 1938 a 2000 se produjeron alrededor de 300 largometrajes mexicanos en los que se representó de forma estereotípica la frontera y la migración (2003: 329) pues "el cine fronterizo ha sido un importante generador y consolidador de estereotipos sobre la frontera y lo fronterizo, un elemento central en la simplificación de su vida sociocultural" (Ibíd.: 332). Las imágenes que han formado parte de la galería de estereotipos sobre los procesos transfronterizos se resumen a una serie de lugares comunes bien conocidos en el imaginario mexicano: las aventuras y desgracias de la migración (los que se van y se quedan), la frontera como lugar de desenfreno, el México "del otro lado" y los "Pochos" entreguistas o graciosos, la frontera como sitio de narcotráfico y el triunfo del migrante, quien al final decide volver a su "México lindo y querido".[15] En otro sentido, las representaciones comerciales de los procesos transfronterizos han propuesto imágenes uniformes de los propios migrantes basadas en las lógicas del nacionalismo mestizo; si acaso, ha resaltado la intervención de María Elena Velasco como la "India María," quien a través del humor también propuso reflexiones pertinentes sobre la complejidad y diversidad del fenómeno migratorio en la película *Ni de aquí ni de allá* (1988). A través de sus películas, Velasco dialoga con lo que Stephano Varese define un proceso de "indianización" de la fuerza laboral migrante, misma que se ha incrementado en particular desde la década de los ochenta. En muchos de los casos, las producciones visuales de carácter comercial han promovido una visión nostálgica y nacionalista que ha condenado la migración y aplaudido el regreso y la conformidad con las estructuras sociales de desigualdad que prevalecen tanto en México como en Estados Unidos para los que se van, sin tomar en cuenta las complejas dinámicas que estos fenómenos sociales implican. Como sugiere Andrea Noble los filmes dedicados a representar los fenómenos transfronterizos deberían hacer explícito el espacio de la hibridez pues éste es "*the* privileged trope that articulates the fragmentation of social realities in a globalising and fracturing world" (2005: 149).

Si bien las producciones comerciales, gobernadas por los intereses mercantiles, se han preocupado por producir cintas de entretenimiento que no necesariamente responden a la complejidad de los procesos transfronterizos entre México y Estados Unidos, los comienzos del nuevo milenio han sido testigos del surgimiento de una ola de producción documental independiente que se ocupa de ofrecer un retrato más cercano a la realidad cotidiana de los migrantes y los migrantes en potencia y da cabida a la heterogeneidad del propio fenómeno migratorio. Los protagonistas de esta nueva corriente

[15] Vale la pena señalar que, aunque no sea un foco principal en esta propuesta de investigación, el estudio de la representación de la frontera y los procesos migratorios ha sido una de las principales preocupaciones del cine chicano y sus críticos. Véase: Fregoso (1995).

documental no serán sólo varones mestizos campesinos, sino mujeres y jóvenes de edades variadas, mujeres y hombres indígenas de diversas localidades que trabajan en las industrias de servicios estadounidenses, mujeres jóvenes que han sido encarceladas en Estados Unidos tras sufrir juicios injustos y discriminación, jóvenes que sueñan en cruzar al "otro lado" como parte de su transición a la adultez y jóvenes indígenas binacionales que vuelven a sus pueblos de origen en México buscando entender su identidad transcultural, entre muchos otros. Documentales como *Oaxacalifornia* (Sylvia Stevens, 1994), *El rebozo de mi madre* (Itandehui Jansen, 2005), *Mi vida dentro* (Lucía Gajá, 2007), *¿A dónde vas loco?* (Gabriela Enriquez y Óscar Ortiz, 2007), *El recorrido* (Carlos Miguel Bazua, 2008), *Espiral* (Jorge Pérez Solano, 2008), *Los que se quedan* (Juan Carlos Rulfo, 2008) y *Sueños Binacionales-Binational Dreams* (Yolanda Cruz, 2006), por mencionar algunos, ofrecen la posibilidad de estudiar la heterogeneidad del fenómeno migratorio al ofrecer una visión de este proceso social que evidencia, dialogando con los postulados de Yolanda Hernández Albujar, que la experiencia migratoria y transnacional de las mujeres es fuertemente influenciada por las marcas de género (2007: 282). El interés particular de estudiar las propuestas de Yolanda Cruz, surge de la posibilidad que este documental ofrece de discurrir sobre los procesos sociales que permiten el surgimiento de nuevas ciudadanías indígenas enmarcadas en ámbitos transnacionales.

Estudiar el fenómeno migratorio a través del análisis de la producción documental de Yolanda Cruz, revela las dinámicas contradictorias del propio fenómeno migratorio —en tanto que empodera a unos mientras que produce dinámicas doblemente excluyentes para otros— y obliga a pensar en las articulaciones y resignificaciones identitarias que propician tales disparidades en la experiencia de la migración. En un sentido más amplio, el trabajo de Cruz da representatividad a los procesos transculturales que están contribuyendo a las diversas y polarizadas experiencias de migración. Basado en una narrativa visual que contextualiza las complejidades de los fenómenos que analiza, el trabajo de Cruz se sirve de algunos rasgos del documental etnográfico al representar comportamientos humanos, actitudes de la gente y el carácter de sus culturas. Sin embargo, esta directora da un paso más allá de este género documental al asumir no sólo una perspectiva descriptiva, sino también analítica de los procesos sociales, económicos y políticos de los fenómenos migratorios y el surgimiento de nuevas identidades culturales a través del encuentro, modificación e intercambio entre culturas que conviven en un mismo entramado social. En este sentido resulta pertinente retomar para el análisis de dichas representaciones la transculturalidad como perspectiva teórica pues "the notion of cultural difference is used here to rearticulate subaltern identities produced is processes of transculturation, emphazising how such identities are marked, affected and transformed" (Arrizón 2006: 3). Desde las propuestas de Fernando Ortiz en la década de los cuarenta, las observaciones de Ángel Rama en los ochenta y las más recientes discusiones críticas enfocadas en el estudio de la (re)construcción de las identidades culturales en América Latina y las comunidades latinas en Estados Unidos, la transculturalidad como enfoque crítico ha ofrecido la posibilidad de comprender los momentos de encuentro, negociación e intercambio como sitios intermedios-híbridos en los que las relaciones de poder entre las culturas dominantes y las subordinadas pueden ser cuestionadas, transformadas e incluso subvertidas. De este modo, se concibe que las dinámicas transculturales, donde se (re)construyen nuevas identidades culturales, son procesos de negociación continua, no entidades fijas que impiden la revisión de los repertorios culturales para así tener acceso a una mayor agencia social, cultural, económica y política.

Para lograr la comprensión de las dinámicas procesuales que constituyen las identidades en proceso, resulta vital el análisis de la representación visual de las dinámicas producidas entre las diferencias (étnicas, de género), las desigualdades (económicas, de nivel educativo), las desconexiones o conexiones a los campos y medios de comunicación que facilitan o niegan el desarrollo de una agencia cultural, económica o política. Si, como se propone en las ciencias de la comunicación, las diferencias se pueden leer en términos de inclusión/exclusión, o conexión/desconexión, resulta urgente relacionar las dinámicas transculturales con las relaciones de poder que definen a los actores que disponen de mayor acceso a la interpretación y formulación de significados culturales. En este sentido resulta pertinente señalar que estamos frente a nuevos ciudadanos-artistas-activistas como Yolanda Cruz, quienes buscan

> mayor representatividad y responsabilidad política y social a través de organizaciones que rebasan, no solamente fronteras físicas, sino también fronteras conceptuales al diseñar su lucha en numerosos espacios políticos. El fracaso de los gobiernos en dar respuestas concretas y efectivas a los planteamientos de la sociedad civil, ha acelerado la formación de una conciencia político-cultural para proponer nuevas alternativas de justicia social (Escárcega/Varese 2004: 21).

De aquí que la construcción de subjetividades indígenas emergentes inmersas en la producción de significado pueda ser leída, siguiendo las propuestas de Richard Falk (1993), como una globalización desde abajo, o como "una globalización que tiene como eje fundamental la diversidad y heterogeneidad cultural en un nuevo espacio de democracia y justicia social" (Escárcega/Varese 2004: 23).

Visiones transnacionales de identidad cultural: Sueños Binacionales/Binational Dreams

Organizado a modo de díptico, la primera parte de *Sueños Binacionales/Binational Dreams* analiza las experiencias de varios migrantes mixtecos quienes han estado migrando a los campos de California desde las iniciativas del Programa Bracero (1947-1962). La segunda sección se dedica al análisis de la reciente historia migratoria de los chatinos, quienes desde la década de los noventa han migrado sobre todo al estado de Carolina del Norte, en Estados Unidos. La propuesta de Cruz propone la reconfiguración a las gramáticas que han sustentado la narración de los fenómenos migratorios al emplear una estética que permite la ubicación de los indígenas migrantes en un tiempo-espacio inmerso de lleno en procesos contemporáneos como la globalización, y al presentar a los entrevistados como agentes políticos que habitan regiones binacionales donde se configuran complejos sistemas biculturales, que vinculan entramados de redes sociales, procesos de intercambios y circulación de dinero, bienes e información que transforman los asentamientos de los migrantes en ambos lados de la frontera. En este sentido, la propuesta visual de Cruz resulta un medio privilegiado para identificar metáforas de transnacionalidad que son percibidas por el espectador a partir de una edición que yuxtapone, a lo largo de todo el documental, escenas que van desde distintos pueblos indígenas en Oaxaca a los escenarios estadounidenses por los que transitan mixtecos y chatinos, transformando en este espacio transnacional su sentido de identidad. De esta manera Cruz presenta una visión de simultaneidad que al mismo tiempo dialoga con el concepto de "mundo glocalizado" (García Canclini 1995), el cual evidencia la heterogeneidad de los estilos de vida trasnacionales, la reformulación de las tradiciones y de la noción del espacio en relación a las comunidades imaginadas, así como la transformación de rutinas cotidianas que redefinen y reproducen ciudadanías globales cargadas de matices.

Como se discutió con Yolanda Cruz en una entrevista personal, el documental tiene asimismo la intención de documentar la larga historia de discriminación que los indígenas migrantes oaxaqueños han enfrentado como migrantes en zonas —tanto nacionales como transnacionales— que no les reconocen como ciudadanos completos por las marcas de etnia, lengua, nivel educativo y, en algunos casos, género. Al mismo tiempo, el documental pone en el centro a una de las organizaciones binacionales de indígenas oaxaqueños[16] —el Frente Indígena de Organizaciones Binacionales (FIOB)— que, a través de la construcción de programas y acciones directas, ha contribuido a la defensa de los derechos humanos y laborales así como al desarrollo y autodeterminación de los pueblos indígenas oaxaqueños desde ámbitos transnacionales. Si la constante para los pueblos indígenas, tanto en México como fuera de éste, ha sido la desterritorialización, la exclusión y el rechazo, los fenómenos de empoderamiento producidos por organizaciones como el FIOB y las intervenciones culturales de cineastas como Yolanda Cruz dan lugar a pensar, como proponen Stephano Varese y Sylvia Escárcega, en una reterritorialización (2004: 16) —en tanto que se están cambiando las relaciones entre territorio e identidad, etnia y lenguaje e incluso, entre diferencia sexual y etnia—. Como sugiere Jonathan Fox, esta redefinición del concepto de territorio, puede dar lugar a hablar de una ciudadanía comunitaria translocal (2001: 10). La poderosa intervención de organizaciones como el FIOB hace frente a los problemas de carácter binacional que afectan a los migrantes indígenas oaxaqueños: pobreza, abusos, racismo, explotación, problema de vivienda, problemas con las leyes de ambos países, juicios justos. En un sentido más amplio, como propone Rufino Domínguez Santos, quien fungió como coordinador binacional del FIOB hasta mediados del 2008, hace falta "un verdadero trabajo colectivo para resolver los problemas que más nos unen, no solamente a los indígenas sino a todo el pueblo latinoamericano" (2004: 93).

Tanto en la sección "Mixtecos" como en la sección "Chatinos", Yolanda Cruz se ocupa de desarrollar varios de los aspectos que ilustran las dinámicas que están generando nuevas formas de construir y empoderar la identidad indígena oaxaqueña binacional. La primera escena del documental se ocupa particularmente de mostrar la resistencia de los pueblos mixtecos al poder colonial y postcolonial y la obligada existencia multilocal a la cual se

[16] Entre las organizaciones binacionales que trabajan por los derechos de los migrantes indígenas destacan: Central Independiente de Obreros Agrícolas Campesinos (CIOAC), Organización del Pueblo Explotado, Livingston (OPEO), Asociación Cívica Benito Juárez (ACB), Radio Bilingüe de Fresno, Organización Regional de Oaxaqueños (ORO), Federación Oaxaqueña de Comunidades y Organizaciones Indígenas de California (Focoica) en LA, FIOB. Véase Domínguez Santos (2004).

han visto adscritos estos pueblos oaxaqueños. A través de la entrevista con un hombre de edad avanzada que cuenta la leyenda del águila de dos cabezas —la cual se remonta a la época colonial de la comunidad mixteca Apoala, en la cual un cura español mandó matar un águila de dos cabezas que cada noche diezmaba el poder eclesiástico y colonial robando el ganado de la Iglesia—, Cruz produce un juego visual tras la narración del anciano al colocar esta águila de dos cabezas sobre un mapa de México y Estados Unidos mirando en dos distintas direcciones simultáneamente: una cabeza pondrá su atención en la parte norte de la imagen, Estados Unidos, y la otra centrará su mirada en el estado de Oaxaca. La narración de este hombre mayor incita a la reflexión sobre los complejos y mutables procesos que definen la relación entre identidad y territorio. De este modo, Cruz obliga a la reflexión sobre uno de los aspectos que intervienen en el surgimiento de actores participantes al interior de procesos relacionados con comunidades transnacionales entendidos como sujetos políticos y sociales emergentes, en tanto que su acción se proyecta extraterritorialmente, mucho más allá del territorio inmediato. Así la identidad territorial, se convierte en una identidad que es impregnada más por mecanismos virtuales y simbólicos que por los reflejos propiamente espaciales (Martínez Ruiz 2008: 32). A lo largo de todo el documental, esta visión de identidad extraterritorial se percibe gracias a la simultaneidad visual propuesta por Cruz, pues las escenas en sitios diversos, ya sea en Estados Unidos o Oaxaca, se entrelazan para producir una imagen panorámica que presenta diversas aristas del fenómeno migratorio indígena-oaxaqueño. En este sentido, "el espacio es reducido o ampliado por el efecto del tiempo, en razón de un enorme incremento en la velocidad tanto en transportes, flujos de información, comunicación, tecnologías, y por la simultaneidad, es decir, por la posibilidad de asistir y participar en tiempo real en un mismo evento desde distintos lugares" (Ibíd.: 13).

Migrantes indígenas oaxaqueños como sujetos políticos binacionales

Como comenta Rufino Domínguez en *Sueños Binacionales*, los migrantes indígenas oaxaqueños en Estados Unidos se encuentran en posiciones altamente vulnerables no sólo por su condición de migrantes —indocumentados o con documentos— sino también por su identidad étnica que muchas veces es rechazada, inclusive, por otros migrantes mexicanos. En consecuencia, ha sido urgente la creación de organismos que sirvan como frentes de asistencia rural, legal y económica para este particular grupo de migrantes. La insistencia de Domínguez en crear organizaciones como el FIOB para contrarrestar la marginación social, política y económica de estos migrantes, apunta también hacia otro aspecto de gran valor como es la creación de espacios fuera de los patrones de organización nacional, ya sea mexicana o estadounidense, para crear nuevas versiones de la identidad indígena oaxaqueña que a la vez incidan en la reconfiguración de la historia colonial. Sentado en su escritorio como coordinador binacional del FIOB, Domínguez discurre con la directora sobre la importancia que tiene para las comunidades indígenas el crear visiones históricas propias que, lejos de complacer las versiones oficiales de eventos como "la celebración de los 500 años de encuentro entre España y las Américas", hagan evidentes los procesos de exclusión que han caracterizado las relaciones entre los Estados y los pueblos indígenas por más de cinco siglos. Como comenta Domínguez, al principio de su carrera como activista binacional la respuesta que recibía era: "pero si ni siquiera se ve que tú sabes, oaxaquita" o "nosotros no tenemos que respetarte a ti, tú no eres el Estado". Sin embargo, tras más de una década de trabajo organizado muchas veces desde Estados Unidos su voz es reconocida y aceptada, pues se ha servido de la concentración geográfica de representantes de comunidades e intereses diversos para facilitar el planeamiento e implementación de proyectos de desarrollo ya sea en México o en Estados Unidos. De esta manera se ha hecho visible que los pueblos indígenas, inmersos en complejos procesos socio-históricos y económicos, no viven en un tiempo inmemorial irremediablemente anclado en la repetición de rituales. En palabras de Stephano Varese:

> Las imágenes antropológicas convencionales de pueblos indígenas que viven en comunidades rurales indígenas relativamente estables y aisladas del resto de la sociedad nacional, están siendo desafiadas por una nueva y compleja realidad transformada en la que indios de México, Centroamérica y América del Sur migran de manera creciente a los Estados Unidos como trabajadores rurales y urbanos, como deportados económicos y como refugiados políticos (Varese 2004: 353).

La reconfiguración del espacio-tiempo, ha incidido sobre otra importante transformación de la definición de membresía comunitaria, pues muchos pueblos están aceptando la posición binacional como sitio de pertenencia a las comunidades en Oaxaca. En palabras de Jonathan Fox: "En el ir y venir, real e imaginario, entre Oaxaca, el norte de México y California, los migrantes van construyendo un nuevo espacio transnacional en donde se redefinen las relaciones sociales y la cultura" (2001: 16). En la sección dedicada a la revisión de los procesos que afectan a los migrantes chatinos en el estado de Carolina del Norte, Rogelio Cruz comparte desde su oficina su necesidad como joven chatino de mantener los lazos de pertenencia identitaria y comunitaria con su lugar de origen, al mismo tiempo que se sirve de las nuevas tecnologías para crear redes de intercambio que modifican asimismo el papel pasivo impuesto por las políticas indigenistas y la propia representación visual de los indígenas. Los testimonios de este joven migrante chatino, quien está formando su propia organización binacional en Durham, Carolina del Norte, aparecen enmarcados por una serie de escenas que muestran las complejas y muchas veces contradictorias dinámicas que marcan la vida de los migrantes indígenas en Estados Unidos y que, al mismo tiempo, afectan de lleno la vida de los que se quedan en comunidades como San Miguel Cieneguilla, Oaxaca.

Si bien la actitud de Rogelio Cruz es trabajar en Estados Unidos para de este modo contribuir al desarrollo de su propia comunidad en Oaxaca, haciendo evidente en el documental el acceso y apropiación de las nuevas tecnologías como medios de empoderamiento y transformación cultural, las intervenciones de personas de su comunidad de origen muchas veces contrastan y contestan la posición binacional de jóvenes migrantes como Cruz. Resaltan las visiones de un campesino mayor y de un panadero, quienes critican la migración al norte pues no sólo la perciben como un desperdicio de recursos humanos, sino también como la dinámica que está imposibilitando el desarrollo autosustentable de estas comunidades históricamente marginadas. Por otra parte, algunas mujeres reconocen que desde que el pueblo chatino comenzó a migrar masivamente, los pueblos han visto mejorías sobre todo en el flujo de dinero y bienes como la tecnología empleada para la siembra, el riego y otras actividades agrícolas en la región. Como sugiere Fox: "Cabe subrayar que [el concepto de migración transnacional] no sólo se refiere al ir y venir de personas, sino también al de las ideas, los objetos materiales, las relaciones sociales y económicas, las prácticas políticas y culturales, con las cuales se crea un espacio simbólico, altamente significativo, que influye la vida diaria del migrante y del no migrante" (2001: 17). De aquí que las aristas que han definido los significados de identidad estén rebasando las relaciones sociales y los significados de pertenencia comunitaria y ciudadanía tradicionales, así como las definiciones de procesos identitarios como la construcción y regulación de prácticas de género que a su vez inciden en la transformación de conceptos como familia, etnia y membresía comunitaria, nacional y transnacional.

Género, política, binacionalidad y representación

Una de las intervenciones más poderosas en *Sueños Binacionales* es la representación de las mujeres indígenas mixtecas y chatinas como agentes históricos, económicos y políticos. Como expone la entrevistada Centolia Maldonado, coordinadora estatal del FIOB en Oaxaca desde junio de 2008, uno de los aspectos más complejos relacionados con los procesos de reconfiguración identitaria indígena contemporánea son los significados y experiencias del género en el ámbito transnacional que, a su misma vez, está planteando revisiones a los significados y experiencias de vivir la etnia cultural mixteca, chatina, zapoteca, entre otras. Durante la primera parte del documental Maldonado reflexiona sobre los aspectos que afectan la vida de las mujeres que se quedan en las comunidades tras la migración de sus esposos, hijos e incluso hijas, enfrentándose no sólo a un aumento de responsabilidades económicas, sino también de responsabilidades sociales que muchas veces no son reconocidas por las comunidades, pues el concepto de ciudadanía sigue siendo asociado con la identidad masculina. Como sugiere Jonathan Fox:

> los cambios en las relaciones de género también están cambiando los procesos de membresía comunitaria. Para muchas mujeres migrantes hay un cambio en la división de trabajo porque comienzan a ganar salarios como jornaleras [...] También, en las comunidades de origen, en donde la salida de migrantes sigue siendo predominantemente masculina, los grandes cambios demográficos han multiplicado las cargas de trabajo para las mujeres que se quedan. Estos cambios, a veces, también promueven un mayor acceso a los espacios públicos de poder local (2001: 9).

Como coordinadora de los grupos de base del FIOB en las comunidades mixtecas por más de una década, Maldonado ha sido testigo de los múltiples discursos que construyen una triple exclusión de las mujeres indígenas derivada de las marcas de etnia, género, clase social y nivel educativo, pues el acceso que las mujeres tengan a los bienes no se considera una prioridad en tanto que persiste la noción de que ellas no son ciudadanas completas. De acuerdo a Maldonado, una de las grandes contradicciones de los procesos de empoderamiento transnacionales es que, en gran medida, han perpetuado las estructuras de exclusión nacional al marginar a las mujeres que participan de lleno en actividades del FIOB pero que no pueden ocupar posiciones de poder por la falta de educación formal. El caso de Maldonado, que se equipara al de Yolanda Cruz pues ambas son mujeres indígenas que tuvieron acceso a la educación siendo niñas o jóvenes migrantes, resulta una notable muestra de la incidencia positiva y radical que las mujeres indígenas están teniendo en la producción de significados culturales. Resalta también el caso de Odilia Romero, no incluido en el documental, quien ha fungido como coordinadora binacional de Asuntos de Mujeres Indígenas del FIOB desde hace ya varios años. Vale la pena señalar que durante la última Asamblea General Binacional del FIOB (Santiago Juxtlahuaca, Oaxaca, 31 de mayo-1 de junio, 2008) se votó por fortalecer los programas de desarrollo dedicados a atender las necesidades de los niños y las mujeres indígenas oaxaqueños situados en contextos binacionales.

Durante la segunda parte dedicada a la revisión de las experiencias binacionales de los chatinos destaca la intervención de Rosa Cruz. Como madre soltera y sin oportunidades, Rosa Cruz emigró a los Estados Unidos cuando su bebé tenía apenas 10 meses. Desde su llegada a Carolina del Norte, esta joven migrante ha trabajado principalmente en la industria hotelera, con lo que apenas saca para su sustento y el de su bebé. Tanto directora como entrevistada ponen énfasis en señalar a lo largo de sus entrevistas las cantidades que la segunda gana como trabajadora de un hotel: entre 250 y 300 dólares a la semana, de los cuales tiene que pagar 50 a la persona que cuida a su bebé; quedándole el resto para pagar el alquiler, la comida y gastos menores. De aquí que su capacidad de participar económicamente en proyectos relacionados con su comunidad de origen sea para Rosa Cruz una dinámica todavía inaccesible. Por otra parte, destaca la respuesta negativa que Rosa Cruz diera a la directora del documental cuando ésta le pregunta si podría volver a adaptarse a la vida del pueblo en Oaxaca. Para Rosa Cruz, como para muchas migrantes de diversos orígenes, la experiencia migratoria ofrece la oportunidad de reconfigurar las narrativas que dan sustento a las prácticas normativas de género y maternidad. La representación visual de Rosa Cruz, primero en su sitio de trabajo y más tarde en su pequeño departamento, permite concebir a esta mujer trabajadora como un individuo inserto en las dinámicas de explotación perpetuadas por el flujo de mano de obra barata a lugares como Carolina del Norte, mostrando al espectador una imagen disonante de la feminidad indígena oaxaqueña perpetuada por los lenguajes de la antropología visual y el lenguaje visual indigenista, generalmente pasiva e inmóvil. Por otra parte, su lenguaje corporal, en tanto que es pausado y evoca una actitud de constante reflexión a lo largo de sus intervenciones en el documental, deja ver al espectador la representación de una mujer indígena consciente de su posición, en casos desventajosa, y que al mismo tiempo le está permitiendo reevaluar y reconfigurar experiencias de género y etnia más democráticas. Esta multilocalidad, será entonces terreno metafórico privilegiado para propiciar formas alternativas de vivir la ciudadanía cultural y el género en contextos transnacionales.

La producción documental del Yolanda Cruz apunta hacia importantes procesos de democratización relacionados con las experiencias migratorias de indígenas de comunidades oaxaqueñas quienes están promoviendo, a través de dinámicas de organización civil, el desarrollo de identidades emergentes dispuestas a ejercer agencia social, económica y política desde posiciones que contestan nociones tradicionales de ciudadanía, nación, etnia e incluso género. La propia intervención de Cruz como productora de significados debe ser entendida como otro ejercicio de empoderamiento de indígenas migrantes, quienes están logrando acceder a diversos bienes entre los que destacan los medios audiovisuales como herramientas de activismo y discusión de las complejas dinámicas que intervienen en la constitución y práctica de las subjetividades indígenas contemporáneas. Como sugiere Stephano Varese: "es claro que ningún proyecto de autonomía, autodeterminación y de desarrollo e independencia económica indígena en los ámbitos comunal, regional, étnico o multiétnico podrá sostenerse sin el correspondiente proceso de democratización política local y nacional que han estado demandando con insistencia las sociedades civiles mexicanas indígenas y mestizas" (2004: 401). En este sentido resulta pertinente proponer una democratización que inclusive rebase los ámbitos nacionales y que se reconozcan como válidas y urgentes las revisiones de estos grupos ubicados en dinámicas identitarias transnacionales, tal y como se discute a lo largo del documental *Sueños Binacionales/Binational Dreams* de Yolanda Cruz.

Conclusiones

A través de técnicas y tratamientos temáticos innovadores, las obras visuales de Martha Toledo y Yolanda Cruz dislocan, respectivamente, las imágenes tradicionales asignadas a las mujeres indígenas oaxaqueñas por la agenda indigenista posrevolucionaria. En lugar de reproducir la representaciones estáticas y espectaculares de la feminidad indígena oaxaqueña y, en consecuencia, de la mexicanidad, estas artistas visuales evidencian las intersecciones entre la constitución del género femenino, la organización de los espacios y rutinas cotidianas, la etnia, la ideología cultural, la movilidad, la división del trabajo, la clase social, entre otros factores. De esta manera se conciben cuerpos disidentes de las nociones estables tanto del ser mujer en las culturas zapoteca, mixtecas y chatinas como del ser mujer en la nación mexicana y en los contextos transnacionales que son habitados por comunidades de migrantes oaxaqueños en diversas zonas de Estados Unidos.

En la serie fotográfica "El ciclo vital de las mujeres juchitecas", Martha Toledo produce perspectivas visuales que invitan a la reflexión sobre los discursos y rituales propios de la cultura zapoteca de Juchitán para así mostrar no sólo las dinámicas de constitución genérica y étnica, transmitida generacionalmente por las mujeres, sino también de las redes de empoderamiento existentes en la vida de las mujeres desde que son niñas hasta que son adultas. La visión reflexiva de Toledo resulta de gran valor para la arena cultural de comienzos del nuevo milenio pues se fundamenta en la propia experiencia de la fotógrafa como mujer zapoteca quien con su trabajo produce canales alternativos de autorepresentación de la feminidad juchiteca. Sus composiciones fotográficas muestran el dinamismo y multiplicidad de experiencias en cuanto a las dinámicas que construyen y regulan las identidades de género e identidad cultural en Juchitán, Oaxaca. Con sus propuestas, la mujer istmeña estereotípica entra finalmente en el espacio de representación ubicada en un tiempo y geografía determinada, logrando de este modo colocar a las mujeres juchitecas no como elementos emblemáticos de la nación, sino como agentes históricos con subjetividades múltiples. De esta manera, Toledo propone negociaciones entre la representación espectacular de lo femenino indígena propuesto por el indigenismo mexicano y miradas fotográficas críticas que permitan reflexionar sobre las dinámicas que producen experiencias regulatorias y coercitivas del género y la identidad cultural en el contexto de Juchitán, Oaxaca.

En *Sueños Binacionales/Binational Dreams* Yolanda Cruz reflexiona sobre la complejidad del fenómeno migratorio al discurrir sobre las dinámicas que actualmente están generando el surgimiento de identidades emergentes indígenas con poder de crear y ejercer ciudadanías alternativas. Enmarcadas desde posiciones multilocales comunidades y organizaciones oaxaqueñas binacionales luchan por dislocar la posición desventajosa que históricamente han ocupado las comunidades indígenas en México y los propios modos de concebir las identidades étnicas, nacionales, de género, entre otras categorías. Como se muestra en el documental que este capítulo analiza, organizaciones como el FIOB, y cineastas como Yolanda Cruz en tanto que se apropian de los medios visuales para crear la reflexión crítica sobre procesos sociales, se posicionan en contra de la "desigualdad de oportunidades económicas, falta de autonomía política, intermediación de los poderes locales caciquiles [que] se han constituido en las condiciones que operan como diafragmas que regulan la circulación de los bienes materiales, culturales, la información y los servicios del Estado" (Varese 2004: 362).

En lugar de aceptar las dinámicas de aculturación y exclusión que proyectos nacionales como el mexicano o el estadounidense han perpetuado a lo largo de siglos, las nuevas identidades indígenas se organizan en espacios transitorios para desarrollar agendas que protegen "los derechos específicos de los pueblos indígenas migrantes transnacionales [quienes buscan] establecer relaciones cualitativamente distintas con los gobiernos que ejercen soberanía parcial y limitada sobre los espacios (territoriales y sociales) ocupados cíclicamente por los indígenas de la diáspora" (Ibíd.: 403). En un sentido más amplio, Yolanda Cruz propone una visión reflexiva sobre los modos de organización de estos espacios transnacionales que reproducen en casos dinámicas de estratificación y exclusión de identidades femeninas al no considerar a las mujeres como ciudadanas completas o basándose en la falta de educación formal que las mujeres han sufrido debido a la marginación basada en la diferencia sexual en ámbitos nacionales, locales e incluso transnacionales.

Las producciones de Toledo y Cruz dan lugar a la representación de las poderosas intervenciones que identidades emergentes realizan para lograr una autorepresentación que a su misma vez les coloca como productoras de significados culturales y agentes históricos. De esta manera Toledo y Cruz abren espacios de poder e interpretación cultural en las esferas dominantes de los medios de representación visual que a lo largo de casi todo el siglo XX y comienzos del siglo XXI han perpetuado el silenciamiento de las clases mayoritarias, los grupos indígenas y las mujeres. A través de la fotografía y la producción documental Toledo y Cruz introducen el tratamiento de la subjetividad femenina indígena oaxaqueña desde perspectivas visuales e históricas complejas que apuntan hacia la reflexión de las condiciones y retos que actualmente enfrentan los pueblos indígenas oaxaqueños más allá de las cartografías del México imaginado posrevolucionario.

Reflexiones finales

Como sugiere Jean Franco (1989) en su genealogía de las luchas por la interpretación cultural desde las voces de mujeres enmarcadas en el contexto cultural mexicano, el final de los años sesenta representa la emergencia de nuevos discursos que compiten por el poder interpretativo, abriendo espacios de poder para subjetividades emergentes en las estructuras de significación socialmente establecidas que operan de modo interdependiente en los entramados culturales. En palabras de Gilberto Giménez, quien discute las dinámicas inherentes a los espacios simbólicos culturales: "la cultura se define como una telaraña de significados o, más precisamente, como estructuras de significación socialmente establecidas" (2005: 2). Desentrañar los modos operantes de esas estructuras de significación establecidas por el discurso público y prácticas culturales e institucionales ha sido, por varias décadas, un modo productivo que artistas enmarcadas en el entramado cultural mexicano han utilizado para deconstruir dinámicas y discursos que, en un tiempo y espacio determinado, demarcan posiciones y espacios en donde se concibe o anula el acceso al poder.

Este trabajo se ha interesado particularmente en analizar la producción cultural de artistas situadas en múltiples coordenadas —dentro o fuera de los límites geopolíticos de México— que desde tendencias innovadoras han incidido sobre connotaciones socialmente establecidas alrededor de figuras, mitos, comportamientos, actitudes, formas estéticas y dinámicas culturales y sociales enraizadas en la identidad cultural mexicana posrevolucionaria. En un sentido más amplio, estas artistas muestran a través de sus trabajos cómo las prácticas simbólicas asignadas al género han funcionado de forma interdependiente en la definición y rictus performativo de la *mexicanidad verdadera.*

Entre los sistemas simbólicos más prevalecientes en la industria cultural posrevolucionaria, y que contemporáneamente sirven de terrenos de disputa y reconfiguración de los límites de la comunidad imaginada mexicana, se han encontrado discursos provenientes de matrices de significado como la historia, el lenguaje, la religión católica, la literatura, el vestido tradicional, la iconografía, la antropología, la ritualidad cultural, la etnia, el género, la sexualidad, la clase social, por mencionar algunos. Estos sistemas han sido ampliamente avalados, administrados y controlados por instituciones claves en la performatividad cotidiana de los rasgos definidos como únicos cuando se habla de identidades y consenso cultural: la familia, el Estado, los sistemas educativos, la Iglesia, la televisión, la industria cinematográfica, entre otras. Si una de las principales funciones organizativas de estos discursos y prácticas ha sido la concepción estable de la identidad cultural mexicana, lo que ha implicado en más de los casos dinámicas excluyentes y opresivas hacia aquello que no emule el modelo ideal preestablecido, el reto que se han encontrado las mujeres creadoras ha sido trascender las dinámicas que las excluyen como sujetos con poder de significación. La elección por estudiar este grupo artistas se basa en la necesidad de mostrar una trayectoria panorámica, mas no íntegra, de algunas formas de incidencia crítica cultural presentes en la producción cultural de mujeres enmarcadas en el entramado mexicano durante las últimas décadas del siglo XX y comienzos del XXI. Tal y como se evidencia en los trabajos aquí analizados, desde la década del setenta se han vivido rupturas y agotamientos discursivos que han servido de coyuntura para el surgimiento de nuevas formas de organizar y experimentar no sólo las identificaciones sino también las diferencias.

Como se propone en el primer capítulo de esta investigación, incidir sobre los espacios y dinámicas simbólicas que definen la experiencia de la maternidad ha sido una de las principales líneas de intervención cultural por parte de artistas enmarcadas dentro de las corrientes feministas de las décadas de los ochenta y noventa. Uno de los grupos más significativos en reconfigurar el espacio de la maternidad fue el colectivo artístico Polvo de Gallina Negra (1983-1993) conformado por Maris Bustamante y Mónica Mayer. Aunando la perspectiva feminista a una innovadora forma de concebir el arte, estas artistas mostraron contradicciones inherentes a los discursos y prácticas que moldean los significados de ser madres en México: si encarnar el mito materno implica la reproducción de la misión sagrada para las mujeres desde múltiples matrices de significado, esta misma figura ha implicado el ejercicio de discursos y prácticas lacerantes con respecto a los comportamientos y límites del cuerpo femenino.

Bustamante y Mayer mostraron desde producciones artísticas transdisciplinarias la interdependencia entre sistemas simbólicos diversos que, en conjunción a discursos y dinámicas institucionales, han organizado la experiencia de ser madres, sobre todo, para la creación de cuerpos maternos dóciles que mantengan el orden social. Entre los sistemas simbólicos, prácticas culturales e institucionales que cotidianamente definen el género y la experiencia del ser madres examinados críticamente por Polvo de Gallina Negra destacan la familia patriarcal heterosexual; los discursos y prácticas provenientes del imaginario católico con respecto a la virginidad y asexualidad como estados ideales; y el sufrimiento como rictus preformativo constituido también desde discursos religiosos y llevado al límite por las madres cinemáticas de la época de oro del cine mexicano y las telenovelas. Sus obras de arte no objetual también apuntan hacia la revisión y transformación de sistemas legislativos y de salud pública basados en lógicas patriarcales que no reconocen el derecho de las mujeres sobre sus cuerpos y reproductividad. Al mismo tiempo, estos trabajos discurren críticamente sobre diversos rituales cotidianos y festivos asociados con la imagen de la maternidad sagrada— producida y transmitida por la prensa, la televisión, la radio, y otros medios masivos de comunicación. A través de un arte paródico, paradójicamente deconstructor y reconstructor de significados culturales, las madres politizadas de Polvo de Gallina Negra dieron un nuevo sentido al significado tradicional de ser madres: en sus obras abundaron mujeres creativas, fuertes, con poder de decisión sobre cómo y cuándo se convertirían en madres —pues ambas artistas literalmente se embarazaron como parte de su propuesta—, incluyendo en su reconceptualización del ser madres la capacidad de análisis e interpretación sobre su propia experiencia de la maternidad.

Polvo de Gallina Negra dislocó la inmovilidad del icono materno sobre todo a partir de la concepción del magno proyecto *¡Madres!*, que incluyó la realización de eventos artísticos diversos evocando, parodiando y desarticulando prácticas preformativas que cotidianamente definen la maternidad controlada. Como hiciera el periódico *Excélsior* de 1922 a 1968, Polvo de Gallina Negra concibió concursos, festividades y conferencias que, más que repetir el tono melodramático de dichos eventos públicos constituyentes de la comunidad imaginada a través del mito materno, sirvieron como base de reflexión sobre la experiencia de la maternidad *a la mexicana*.

Desde su posición como artistas de vanguardia —que se remonta a la participación de Bustamante en el No-grupo, y a la participación de Mónica Mayer en el colectivo feminista Woman's Building— estas artistas incorporaron elementos estéticos de las artes plásticas y el drama para dar lugar a una de las marcas más reconocidas de su trabajo colectivo feminista transdisciplinario: las acciones plásticas, puestas que evocaron también la fiesta espectáculo del artista chileno Alejandro Jodorowsky. Las artes-acción se caracterizaron por la experimentación y puesta en escena de la naturaleza performativa de las prácticas socioculturales relacionadas con el género y la maternidad con lo que se evidenció su calidad de drama y plasticidad. Las arte-acción de Polvo de Gallina Negra se presentaron en museos, galerías, festivales, escuelas, e, inclusive, en la televisión. De esta manera, sus propuestas no sólo abrieron la posibilidad de concebir nuevas formas simbólicas sino que también resemantizaron la función y naturaleza de instituciones artísticas y culturales encargadas de producir y administrar significados culturales, haciendo de los espectadores actores principales de la acción reflexiva propuesta por la obra no objetual.

Las obras de Polvo de Gallina Negra constituyen un valioso precedente de las intervenciones de mujeres artistas quienes, a través de sus producciones, han buscado reflexionar críticamente sobre las dinámicas que permean la constitución de la diferencia sexual y cómo es que ésta sigue operando para producir redes de poder que definen las posiciones de desigualdad entre los géneros. Estudiar sus trabajos, hasta ahora mayormente ignorados por la crítica, resulta también un sitio clave para la comprensión de producciones contemporáneas de otras artistas mexicanas contemporáneas como Lorena Wolffer, Emma Villanueva, o la congelada de uva (Rocío Boliver), quienes colocan el cuerpo femenino como terreno principal para la discusión de dinámicas que van desde lo cultural, lo social, lo económico y lo político en relación a la constitución de identidades emergentes que disienten de las prácticas y discursos tradicionales con respecto al género, la sexualidad, la identidad cultural, entre otras categorías. Como artistas independientes, hoy en día el trabajo de Bustamante y Mayer sigue cuestionando no sólo la naturaleza del arte sino también el funcionamiento de la industria cultural mexicana y sus lógicas excluyentes de subjetividades no tradicionales.

Una segunda estrategia de disidencia discursiva y cultural por parte de productoras artísticas inscritas en el entramado cultural mexicano ha sido la revisión de las versiones oficiales de la historia desde una actitud irónica y crítica que desarticula las gramáticas de este sistema simbólico como base para la legitimación de una comunidad cultural uniforme y supuestamente unida por el consenso y la historia común compartida. Como se propone en el capítulo 2 de esta investigación, la revisión y manipulación de la historia nacional resalta significativamente en la producción cultural de Astrid Hadad y Carmen Boullosa quienes, desde la década de los noventa, han producido cuerpos artísticos cargados de ironía y sentido crítico desde donde se han expuesto las dinámicas contradictorias de dichos discursos históricos. En los trabajos de Hadad y Boullosa se evidencia la interdependencia entre el discurso histórico y la formulación de mitos, figuras emblemáticas, sentimientos, y procesos delimitadores de la identidad como el mestizaje, basados en lógicas excluyentes de lo diferente.

Desde la recuperación de la carpa, el cabaret alemán, la educación sentimental y una actitud irreverente, y la producción de una literatura disidente del romanticismo, congruencia y verosimilitud como bases del canon histórico, Hadad y Boullosa, respectivamente, discurren críticamente sobre las consecuencias del proyecto nacional propuesto por los sistemas de la República Liberal (1857) y la Revolución mexicana (1910). En momentos diferentes, ambos proyectos estuvieron obsesionados por producir una historia lineal y progresiva que perfilara una estructura capaz de hacer convivir, aun de modo violento, las experiencias históricas dispares de los distintos grupos englobados en lo que se definió geopolíticamente como México. Al examinar críticamente el sentido de progresión asociado con los procesos históricos desde los discursos decimonónicos, Hadad y Boullosa han evidenciado también la parcialidad de la modernidad en el México contemporáneo, apenas accesible para unos cuantos. En este sentido han hecho visibles las contradicciones del neoliberalismo como vía para el cumplimiento de la promesa hecha a los ciudadanos mexicanos desde el siglo XIX hasta nuestros días: el progreso para todos. La contradicción del supuesto progreso sociohistórico también se percibe a través de las ácidas reflexiones que Hadad y Boullosa hacen con respecto a las relaciones de género y las relaciones interétnicas que, desde distintos discursos y prácticas socioculturales, siguen estando marcadas por la violencia, la exclusión y el control de su papel como productores de significados culturales.

Las propuestas de Boullosa y Hadad han puesto en la arena cultural el vacío de la retórica producida por diversos sistemas simbólicos con respecto a la construcción de la historia y los actores de la misma. Sus trabajos se enmarcan, asimismo, en años de complejas dinámicas de manipulación del discurso histórico entre las que destaca la intervención gubernamental del entonces presidente Carlos Salinas de Gortari sobre las versiones históricas de los libros de texto gratuitos, y la celebración del quinto centenario del "encuentro entre los mundos" en 1992. La arbitrariedad y contradicción del discurso histórico se hizo visible en este período con eventos que a su vez cuestionaron el sentido de progreso en México como el levantamiento del Ejército Zapatista de Liberación Nacional y la firma del Tratado de Libre Comercio (TLC; NAFTA en sus siglas inglesas) en 1994. Aprovechando el recurso que ha caracterizado el quehacer de la narración histórica —la manipulación— Hadad y Boullosa reinventan la historia y producen obras cargadas de desestabilización discursiva. En su manipulación de la historia, Boullosa y Hadad también desplazan la narración histórica de su supuesta naturaleza objetiva y proponen —a partir de la reconstrucción de cuerpos híbridos que se desidentifican de la simbólica homogeneizadora del hombre mestizo como representante oficial de lo mexicano— nuevas formas de hacer sentido histórico desde perspectivas más incluyentes de las diferencias. Al colocar su atención en el cuerpo como encarnador de mitos, comportamientos y sentimientos relacionados con la historia como estructura organizadora de la identidad cultural y del género —y valiéndose de sistemas simbólicos como el vestido para reflexionar sobre discursos que se asocian al revestimiento y control del cuerpo individual y social— ambas artistas desarticulan las gramáticas que dan sentido al discurso histórico al evocarlo y parodiarlo desde una perspectiva ácida que lo hace explotar y aparecer en su carácter más esperpéntico.

Además del valor estético que ambas productoras culturales introducen en las esferas artísticas contemporáneas, pues ambas han desarrollado formas originales y antisolemnes de intervenir sobre los significados del arte ya sea desde el cabaret o desde la literatura, Hadad y Boullosa representan dos de las voces contemporáneas más críticas de las dinámicas de construcción de la identidad cultural mexicana. Su trabajo expone y analiza agudamente los procesos de constitución de cuerpos históricos y culturales coherentes, con límite; sin embargo, desde las propuestas de Hadad y Boullosa la identificación de los fragmentos discursivos empalmados que intentan construir ese cuerpo estable serán indelebles, evidenciando por tanto el carácter de texto, práctica discursiva, social, cultural y performativa de las narraciones históricas.

Los dos últimos capítulos de esta investigación examinan algunas líneas discursivas propuestas por artistas enmarcadas en contextos culturales indígenas que, por dinámicas socio-históricas, políticas y económicas excluyentes, han permanecido al margen del poder interpretativo hasta muy recientemente. A través de la intervención artística-activista de Petrona de la Cruz Cruz, Isabel Juárez Espinosa, Martha Toledo y Yolanda Cruz es posible reconocer los contornos y dinámicas constituyentes de múltiples fronteras culturales que operan en los espacios locales, nacionales y globales y que a su vez han perpetuado la exclusión de individuos considerados como ciudadanos incompletos por sus marcas identitarias diferentes al modelo dominante. Durante la segunda mitad de la década de los noventa grupos indígenas ubicados en la zona de Chiapas —bien separados de las agendas del Estado— dieron continuidad a la disidencia de previos movimientos sociales y culturales indígenas como el zapoteca de Juchitán (1970-1980), logrando así nuevos modos de autorrepresentación en distintas zonas con presencia indígena en el país, así como el incremento de la discusión de sus circunstancias de vida y las posibles direcciones políticas, sociales, económicas y culturales que buscan como comunidades.

El capítulo 3 de esta investigación incluye una revisión de las estrategias discursivas y de acción social que el grupo Fortaleza de la Mujer Maya (FOMMA), fundado en 1994 por las dramaturgas-activistas Petrona de la Cruz Cruz e Isabel Juárez Espinosa, emplea para concebir nuevos espacios de poder cultural para mujeres de origen indígena en Chiapas, México. A partir de una visión radical teatral —que dialoga con las diversas formas de activismo social que practica FOMMA— estas dramaturgas trazan el contorno de una comunidad alterna donde la pluralidad y el ejercicio de la ciudadanía de mujeres indígenas son los principales motores de acción. Con sus intervenciones FOMMA se separa de la imagen mitológica de la india sumisa y disponible como botín de guerra —muy evocativa de la Malinche— recreando una performatividad identitaria que, sin abandonar la particularidad étnica-cultural, permite a las mujeres indígenas mayas concebir una subjetividad con poder de agencia social, política, económica e histórica.

El trabajo teatral de Petrona de la Cruz Cruz y de Isabel Juárez Espinosa muestra la compleja relación entre los discursos y prácticas locales y nacionales y cómo es que esta dinámica interdependiente afecta de modo particularmente lacerante a las subjetividades femeninas, pues la propia definición de género en múltiples comunidades indígenas de Chiapas se basa en los principios de exclusión, silenciamiento y subordinación. De la Cruz Cruz y Juárez Espinosa trazan agudas reflexiones de carácter revisionista de los diversos sistemas simbólicos que intervienen en la definición de lo femenino indígena desde dinámicas de castigo y falta de espacio familiar, social, jurídico, económico, entre otros. Destaca en su reflexión la revisión de dinámicas inherentes a la familia patriarcal, los usos y costumbres locales, sistemas jurídicos, políticas educativas, discursos históricos, proyectos económicos como el neoliberalismo, entre otras prácticas.

Una de las principales aportaciones de las producciones teatrales de FOMMA es su capacidad autorreflexiva a propósito de los usos y costumbres locales. Su revisión discute la propia definición de la identidad cultural indígena maya de Chiapas en sus múltiples vertientes lingüísticas y culturales —tzeltales, tzotziles, choles, tojolobales, entre otras—. Habiendo comenzado su carrera como actrices y más tarde como dramaturgas al lado del grupo cultural maya La Casa del Escritor, De la Cruz Cruz y Juárez Espinosa tuvieron que enfrentar al interior del grupo prácticas opresivas pues las propuestas teatrales de las dramaturgas —en particular *Una mujer desesperada* (1992) de Petrona de la Cruz Cruz— resultaban disidentes de los temas y formas tradicionales del teatro maya que el grupo intentaba desarrollar. El colectivo cultural consideró los temas de denuncia una afrenta a la imagen idealizada y estable de las comunidades mayas y sus usos y costumbres. La urgencia por silenciar y estabilizar cuerpos femeninos disidentes en La Casa del Escritor muestra las múltiples luchas que las mujeres mayas enfrentan al experimentar cotidianamente la falta de espacio y poder de agencia cultural, social, económica y política. El trabajo de Juárez Espinosa, De la Cruz Cruz y FOMMA incide entonces en la definición contemporánea de la identidad cultural indígena mostrando las diversas contradicciones inherentes en movimientos de identidad política basados en lógicas no sólo estrictas y englobantes, sino también reproductoras de las lógicas de control patriarcal.

En la rica producción teatral de De la Cruz Cruz y Juárez Espinosa, que lleva desarrollándose desde comienzos de la década de los noventa, resaltan dos estrategias de resemantización de significados culturales y de incidencia sobre los sistemas simbólicos que dan legitimidad a la exclusión sistemática de mujeres mayas de Chiapas. Por una parte —y como puede verse en el análisis de obras como *Una mujer desesperada* y *La tragedia de Juanita* (2005) de Petrona de la Cruz Cruz, así como en trabajos como *Migración* (1994) de Isabel Juárez Espinosa—, se ha empleado una revisión exhaustiva de los discursos y prácticas sociales y culturales que operan en los espacios cotidianos para controlar a subjetividades femeninas tanto en los espacios privados como en los públicos. Ambas dramaturgas dan representatividad crítica al ejercicio cotidiano de la violencia de género como base de la organización social al interior de las comunidades mayas, pues las mujeres están supeditadas a cumplir con rígidos comportamientos que les exigen la invisibilidad como marca de estabilidad genérica, los mismos que traen como consecuencia severos castigos al momento en que alguna se atreve a transgredir las fronteras impuestas a su cuerpo femenino. Su análisis es profundo, pues ambas dramaturgas muestran también la falta de espacio y de movilidad que la mayoría de los personajes femeninos enfrentan también en los espacios no indígenas a los que se inscriben. Si al interior de sus comunidades son castigadas por no ser *buenas* esposas, hijas, o madres, en los espacios mestizos son además discriminadas por su marca étnica, lo que se exacerba por el manejo limitado del español, el desconocimiento de las costumbres mestizas y, en definitiva, por la falta de acceso a medios educativos y a otros espacios institucionales que provean a estas mujeres de alternativas para desarrollar un proyecto de vida para ellas y para sus hijos fuera de dinámicas de violencia intrafamiliar, social, económica e institucional.

La segunda vertiente de las obras de FOMMA, y que tal vez resulta la más productiva, dialoga con las políticas de ubicación al reflexionar críticamente no sólo sobre las dinámicas que producen exclusión, sino también en las acciones y propuestas que reconfiguran el sentido de la identidad cultural y de género de mujeres mayas de Chiapas. En obras como *Desprecio paternal* (De la Cruz Cruz 2005) y *Las risas de Pascuala* (Juárez Espinosa 2005) las protagonistas logran negociaciones entre los sistemas simbólicos que operan local y nacionalmente para definir el papel social de estas mujeres, colocando en escena estrategias de empoderamiento que muestran a espectadores de diversos orígenes nuevas identidades de género y etnia desde visiones más democráticas donde las mujeres rigen el destino de sus cuerpos y de su forma de vida.

En un sentido amplio, las intervenciones de FOMMA reconfiguran el papel silente de las mujeres indígenas dentro del texto sociocultural dominante en México, contribuyendo con su trabajo a una reinterpretación de la subjetividad femenina indígena maya de la zona de Chiapas. Al colocarse ya no como cuerpos ornamentales y disponibles, sino como sujetos capaces de replantear los límites del cuerpo femenino maya, estas dramaturgas y activistas amplían la capacidad de movilidad y de incidencia dentro de los espacios culturales, sociales y económicos para las mujeres mayas de Chiapas.

Las revisiones sobre los significados del ser mujeres indígenas en el contexto contemporáneo mexicano han surgido también de forma singular a partir de las intervenciones de productoras visuales como la zapoteca Martha Toledo y la chatina Yolanda Cruz. Como se discute en el último capítulo de esta investigación, Toledo y Cruz introducen a la arena cultural reflexiones urgentes sobre los procesos heterogéneos que están afectando, desde múltiples direcciones, los significados de pertenecer a una etnia indígena oaxaqueña, así como los conceptos de membresía comunitaria, nacional y transnacional en ámbitos que van más allá de clásica la relación entre identidad y territorio.

Desde una perspectiva visual que rompe con la corriente indigenista en los modos de representación de los grupos indígenas en México, la producción de estas artistas revisa sistemas simbólicos que han definido el papel ornamental e hipersexual de la mujer indígena oaxaqueña en imaginarios locales, nacionales y globales a partir de la conjunción de discursos definidos desde la espectacularidad del arte nacional, diarios de viaje, calendarios, billetes, cromos, textos literarios, producciones cinematográficas, entre otros sistemas productores de significado cultural.

En su trabajo *Ciclo vital de las mujeres juchitecas* (1998-2002), Toledo explora episodios claves en la vida de las mujeres, los mismos que son conmemorados a través de prácticas culturales que determinan los límites del género femenino y de la identidad zapoteca. Más allá de representar una ritualidad inmemorial inmune a procesos como la modernización, como muchas veces se ha presentado en la fotografía de talante indigenista, Toledo coloca su fotografía entre lo mítico y lo temporal sirviéndose de recursos estéticos que si bien representan una mirada espectacular también incluyen perspectivas múltiples del mismo evento. De este modo cada composición fotográfica presenta significados polivalentes desde donde la artista reflexiona sobre algunas de las contradicciones inherentes a las prácticas culturales que se dispone a representar. En un sentido más amplio, Toledo provoca con sus intervenciones visuales un gesto democratizador del medio fotográfico al establecer una relación vertical y no fragmentaria con la persona o situación representada. La subjetividad de la fotógrafa y de la mujer o evento representado se encuentran en la fotografía, produciendo en consecuencia una nueva forma de relación visual que asimismo incluye al espectador.

Al enfocarse en eventos emblemáticos del ciclo de vida de mujeres de Juchitán, Oaxaca, Toledo examina usos y costumbres tradicionales evidenciando esta zona como una compleja área cultural que cotidianamente tiene que negociar con los procesos históricos y económicos relacionados con los proyectos neoliberales presentes en la zona. De este modo, Toledo logra una nueva forma de representación que presenta una visión compleja de la subjetividad femenina zapoteca a finales del siglo XX y comienzos del nuevo milenio.

Ubicada como artista chatina en un ámbito de producción cultural transnacional en Los Ángeles, California, Yolanda Cruz también disloca las gramáticas y modos de representación de las identidades indígenas oaxaqueñas al enfocar su documental *Sueños Binacionales/Binational Dreams* (2006) en varias de las luchas que migrantes indígenas oaxaqueños enfrentan en ámbitos multilocales. Las intervenciones de Yolanda Cruz en la arena de producción visual contemporánea resultan de gran valor porque discuten directamente los discursos doblemente excluyentes que se imponen sobre migrantes oaxaqueños indígenas. Por una parte se examinan las dinámicas inherentes a espacios nacionales mexicanos que no consideran a individuos de origen indígena como ciudadanos completos con pleno derecho a acceder a los recursos de la nación como la educación, los servicios de salud, apoyos gubernamentales, etc. Por otra parte, en el documental de Cruz se expone la complejidad y heterogeneidad del fenómeno migratorio que, en la mayoría de los casos, es doblemente discriminatorio, pues en Estados Unidos los migrantes indígenas son discriminados por la sociedad dominante y por otros migrantes quienes condenan su identidad étnica y lingüística. El trabajo documental de Yolanda Cruz presenta críticamente varias de las deudas pendientes que a comienzos del nuevo milenio siguen marcando las experiencias cotidianas de estas nuevas subjetividades: la falta de democratización en los ámbitos económicos y educativos y, por otra parte, las complejas reconfiguraciones a los significados de etnia y género que los fenómenos migratorios están trayendo como consecuencia en las múltiples geografías que estos grupos migrantes habitan.

La intervención de Cruz como productora visual se equipara a la de Toledo en lograr con su trabajo una reflexión sobre la naturaleza de las formas de representación, la relación entre productor cultural y sujetos representados, y las relaciones con los espectadores-consumidores de la obra. Sirviéndose de una estructura caleidoscópica, el documental en sí mismo evoca las dinámicas multilocales desde donde se negocian cotidianamente significados relacionados con las membresías comunitarias locales y transnacionales, y las experiencias de género sobre todo en las mujeres que salen de sus comunidades como hiciera la propia Yolanda Cruz con su familia en su adolescencia. Esta visión múltiple del fenómeno migratorio se basa también en una mirada no fragmentaria, incluyente de los complejos procesos que permean las experiencias contemporáneas de indígenas migrantes quienes crean organismos no gubernamentales que les permiten mayor incidencia social, política y económica en ambos lados de la frontera. Desde estas nuevas posiciones multilocales, muchos migrantes asumen el papel de nuevos agentes históricos y sociales con capacidad de reorganizar su identidad de acuerdo a sus necesidades y posición en los entramados sociales a los que se suscriben. Las intervenciones de productoras culturales contemporáneas como Petrona de la Cruz Cruz, Isabel Juárez Espinosa, Martha Toledo y Yolanda Cruz anuncian modos alternativos de interpretación que a su vez hacen evidentes nuevas direcciones para responder a luchas aún no determinadas, mismas que han de resultar en la emergencia de preguntas y modos alternativos de concebir la producción de significados culturales.

Si como sugiere Manuel Valenzuela Arce, actualmente "observamos importantes rupturas en las matrices de sentido desde donde se han formado grandes relatos de identificación cultural nacional" (1999: 247), es importante recordar que de esas rupturas están actualmente surgiendo nuevas formas de identificación. Como se ha señalado en la introducción a este trabajo, son amplias las posibilidades de análisis en el campo de los estudios culturales y la producción cultural desde voces de mujeres quienes —desde los ochenta hasta comienzos de nuevo milenio— representan la emergencia de nuevos agentes con poder de interpretación: el cabaret-performance y el activismo de Jesusa Rodríguez, la escritura, música y performance de Rosina Conde, nuevas voces del cabaret como Las Reinas Chulas, propuestas plásticas de la identidad mexicana transnacional como el trabajo de Dulce Pinzón o Margarita Cabrera; trabajos visuales enfocados en políticas de género se encuentran en las producciones de Lorena Wolffer y Ximena Cuevas, respectivamente. En la rama de la producción indígena reflexiva se encuentran los trabajos poco explorados de las escritoras mayas Briceida Cueva Cob y María Luisa Góngora y de la cineasta mixteca-holandesa Itandehui Jansen. Este variado grupo de mujeres artistas sigue contribuyendo al entendimiento de los procesos culturales del entramado mexicano (trans)nacional a través de obras que proponen maneras alternativas y más democráticas de experimentar las identidades tradicionales y las emergentes.

La intención de este trabajo ha sido señalar líneas de disidencia discursiva en la producción cultural de mujeres artistas quienes, durante las últimas décadas del siglo XX y comienzos del nuevo milenio, han intervenido desde perspectivas diversas sobre las matrices de significado y prácticas sociales más relevantes en la definición del género, la etnia, y la mexicanidad como la historia, la familia patriarcal heterosexual, la maternidad, el mestizaje, el arte nacional y su espectacularidad, entre otras. Esta investigación no ha sido, sin embargo, un intento exhaustivo por analizar todos los sistemas simbólicos que participan de forma interdependiente en la formulación de la comunidad imaginada y la identidad mexicanas. Falta por explorar en un futuro sistemas simbólicos y discursos producidos y administrados por programas televisivos, comunidades juveniles, afiliaciones deportivas, géneros musicales y sus recorridos transnacionales, comunidades y prácticas virtuales, formas de alimentación, sexualidades emergentes en particular desde la perspectiva lésbica y bisexual, por mencionar algunos, que también podrán servir para el entendimiento de la función institucional de sistemas educativos, organizaciones religiosas, gubernamentales, políticas, laborales, colectivas que contemporáneamente administran y regulan el significado y organización de las identidades.

BIBLIOGRAFÍA

ACEVEDO, Marta (1982): *El 10 de mayo*. México: Cultura-SEP/Martín Casillas.

AÍNSA, Fernando (1997): "Invención literaria y 'reconstrucción' histórica en la nueva narrativa latinoamericana", en Kohut, Kart (ed.), *La invención del pasado. La novela histórica en el marco de la posmodernidad*. Madrid/Frankfurt: Iberoamericana/Vervuert, 111-121.

ALARCÓN, Norma (2003): "Traddutora, Traditora: A Paradigmatic Figure of Chicana Feminism", en Gutmann, Matthew *et al.*, *Perspectives on Las Américas: A Reader in Culture, History and Representation*. London: Blackwell Publishing, 33-40.

ALBALADEJO, Anna (2005): *La risa olvidada de la madre. 10 años de Fortaleza de la Mujer Maya*. Valencia: Ediciones La Burbuja.

ALZATE, Gastón (1997a): "Expandiendo los límites del teatro: una entrevista con Astrid Hadad", en *Latin American Theatre Review*, 30.2, primavera, 153-163.

— (1997b): "Negotiating Dissidence: Cultural Analysis of the Theater of Jesusa Rodríguez and Astrid Hadad". Diss. Arizona State University.

— (2002): *Teatro Cabaret: Imaginarios disidentes*. Irvine, CA: Gestos.

ALTAMIRANO, Ignacio Manuel (1966): *El Zarco: episodios de la vida mexicana en 1861-1863*. México: Porrúa.

ANDERSON, Benedict (1991): *Imagined Communities: Reflections on the Origin and Spread of Nationalism*. Edición revisada. London: Verso.

ANZALDÚA, Gloria E. (1999): *Borderlands / La frontera*. San Francisco: Aunt Lute Books.

ANZALDÚA, Gloria E./MORAGA, Cherríe (eds.) (1981): *This Bridge Called My Back: Writings by Radical Women of Color.* Watertown, MA: Persephone Press.

ARRIZÓN, Alicia (2006): *Queering Mestizaje: Transculturation and Performance*. Ann Arbor: University of Michigan Press.

BHABHA, Homi (1990): "Introduction: narrating the nation", en íd. (ed.), *Nation and Narration*. London/ New York: Routledge, 3-7.

— (1994): *The Location of Culture*. London: Routledge.

BARBIERI, Teresa de (1990): "Sobre géneros, prácticas y valores: notas acerca de posibles erosiones del machismo en México", en Ramírez Sáinz, Juan Manuel (ed.), *Normas y prácticas morales y cívicas en la vida cotidiana*. México: Universidad Nacional Autónoma de México, 83-106.

BARTRA, Eli, *et al.* (2002): *El feminismo en México. Ayer y hoy*. México: Universidad Autónoma Metropolitana.

BARTRA, Roger (1987): *La jaula de la melancolía. Identidad y metamorfosis del mexicano*. México: Grijalbo.

— (1991): "Mexican Oficio: The Miseries and Splendors of Culture" (trad. de Coco Fusco), en *Third Text*, 14, 7-15.

BASAGLIA, Franca (1983): *Mujer, locura y sociedad*. México: Universidad Autónoma de Puebla.

BEER, Gabriella de (1996): *Contemporary Mexican women writers: Five voices*. Austin: Texas University Press.

"*Boletín* # 2674. Cámara de Diputados. H. Congreso de la Unión de la República Mexicana", en <http://www3.diputados.gob.mx/camara/005_comunicacion/a_boletines/2008_2008/006_junio/09_09/2674_hay_en_mexico_10_mil_indigenas_presos_por_falta_de_traductores_los_inculpan_de_falsos_delitos_matias_alonso> (12 de junio, 2008).

BONFIL BATALLA, Guillermo (1996): *México Profundo: Reclaiming a Civilization*. Austin: Texas University Press.

BOULLOSA, Carmen (1993): *La milagrosa*. México: Era.

— (1994): *Duerme*. Madrid: Alfaguara.

— (2000): "Isabel", en *Prosa rota*. Madrid: Librusa/CIMAC.

BRADU, Fabienne (1991): *Antonieta, 1900-1931*. México: Fondo de Cultura Económica.

BUSTAMANTE, Maris (2000): "Non-Objective Arts in Mexico 1963-83", en Fusco, Coco (ed.), *Corpus Delicti. Performance Art the Americas*. New York: Routledge, 239-255.

BUSTAMANTE, Maris/MAYER, Mónica *et al.* (2001): "Arte feminista", en *Debate Feminista,* 12.23, 277-308.

BUTLER, Judith (1990): *Gender Trouble: Feminism and the Subversion of Identity*. New York: Routledge.

— (1993): *Bodies that Matter: On the Discursive Limits of "Sex"*. New York: Routledge.

— (2003): "Variaciones sobre sexo y género: Beauvoir, Wittig y Foucault", en *El género. La construcción cultural de la diferencia sexual.* México: Universidad Nacional Autónoma de México/Programa Universitario de Estudios de Género.

BÜRGER, Peter (1984): *Theory of the Avant-Garde*. Minneapolis: University of Minnesota Press.

CALDERÓN DE LA BARCA, Pedro (1977): *La vida es sueño*. Madrid: Cátedra.

CAMPBELL, Howard *et al.* (1993): *Zapotec Struggles. Histories, Politics, and Representations From Juchitan, Oaxaca.* Washington: Smithsonian Institution Press.

— (1994): *Zapotec Renaissance: Ethnic Politics and Cultural Revivalism in Southern Mexico*. Albuquerque: University of New Mexico Press.

CAMPBELL, Howard/GREEN, Susanne (1999): "Historia de las representaciones de la mujer zapoteca del Istmo de Tehuantepec", en *Estudios sobre las culturas contemporáneas*, 5.9, 89-112.

CANO, Gabriela (1998): "The Porfiriato and the Mexican Revolution: Constructions of Feminism and Nationalism", en Roach Pierson, Ruth/Chaudhur, Nupur (eds.), *Nation, Empire and Colony: Historicizing Gender and Race*. Bloomington: Indiana University Press, 106-120.

CASTELLANOS, Rosario (1971): *Álbum de familia*. México: Joaquín Mortiz.

— (1973): *Balún Canán*. México: Fondo de Cultura Económica.

— (1975): *El eterno femenino*. México: Fondo de Cultura Económica.

— (1995): *Mujer que sabe latín*. México: Fondo de Cultura Económica.

CASTILLO, Ana (1994): *Massacre of the Dreamers: Essays on Xicanisma*. New York: Plume.

CASTILLO, Debra A. (1998): *Easy Women: Sex and Gender in Modern Mexican Fiction*. Minneapolis: University of Minnesota Press.

ROVIRA, Giomar (sel.) (2003): *Comunicados y documentos del EZLN 5. La marcha del color de la tierra.* México: Era.

CONSTANTINO, Roselyn (2000): "She Wears it Well: Feminist and Cultural Debates in the Work of Astrid Hadad", en Arrizon, Alicia/Manzor, Lilian (eds.), *Latinas on Stage*. Berkeley: Third Woman Press, 398-421.

— (2003): "Politics and Culture in a Diva's Diversion: The Body of Astrid Hadad in Performance", en Taylor Diana/Constantino, Roselyn (eds.), *Holy Terrors*. Durham: Duke University Press, 187-207.

COVARRUBIAS, Miguel (1981): *El sur de México*. México: Instituto Nacional Indigenista.

CRASKE, Nikki (1999): *Women and Politics in Latin America*. New Brunswick, NJ: Rutgers University Press.

CROSBY, Claire (s. a.): "Entrevista con Astrid Hadad", en *Cuaderno Holy Terrors: Latin American Women Perform*, creado por Diana Taylor, en <http://hemi.nyu.edu/cuaderno/holyterrorsweb/astrid/index.html> (20 de noviembre, 2007).

CRUZ CRUZ, Petrona de la (1991): "Una mujer desesperada". Manuscrito inédito.

— (1994): "Theatre and the Problems of Women in Highlands Chiapas", en Taylor, Diana/Villegas, Juan (eds.), *Negotiating Performance: Gender, Sexuality, and Theatricality in Latin/o America*. Durham: Duke University Press, 253-255.

— (2005a): *Desprecio Paternal*. Tuxtla Gutiérrez: Consejo Nacional para la Cultura y las Artes de Chiapas.

— (2005b): *La tragedia de Juanita*. Tuxtla Gutiérrez: Consejo Estatal para la Cultura y las Artes de Chiapas.

Cruz Cruz, Petrona de la/Juárez Espinosa, Isabel (2003): "Entrevista con Diana Taylor", en *Cuaderno Holy Terrors*, New York, julio, <http://www.hemisphericinstitute.com/cuaderno/holyterrorsweb/FOMMA/index.html>, (30 de octubre, 2004).

Cuevas, Concepción (2001): "La mujer en las Artes. Exposición de obras de las artistas Martha Toledo, Ana Miriam Castañeda Montes de Oca", en *Revista Fem*, 26.229, 41-42.

Debroise, Olivier (2001): *Mexican Suite. A History of Photography in Mexico*. Austin: Texas University Press.

"Diseño", en <http://www.rosinaconde.com.mx/diseno.htm> (10 de agosto, 2008).

Domínguez Santos, Rufino (2004): "Migración y organización de los indígenas oaxaqueños", en Varese, Stephano/Escárcega, Sylvia (eds.), *La ruta mixteca*. México: Universidad Nacional Autónoma de México, 77-94.

Duncan, Nancy (1996): "Introduction, Replacing", en íd. (ed.), *Body Space*. New York: Routledge, 1-13.

Eber, Christine E. (1999): "Seeking Our Own Food: Indigenous Women's Power and Autonomy San Pedro Chenalho, Chiapas (1980-1998)", en *Latin American Perspectives*, 26. 3, mayo, 6-36.

"Educación indígena" (s. a.), en Página Oficial de la Secretaria de Educación Pública, <http://www.sep.gob.mx/wb2/sep/sep_Educacion_Indigenista> (6 de junio, 2005).

Errington, Shelly (1998): *The Death of Authentic Primitive Art and Other Tales of Progress*. Los Angeles: California University Press.

Falk, Richard (1993): "The Making of the Global Citizenship", en Brecher, J./Browns Childs, J./Cutler, J. (eds.), *Global Visions Beyond the New World Order*. Boston: South End Press, 39-50.

Florescano, Enrique (1997): *Etnia, estado y nación: ensayo sobre las identidades colectivas en México*. México: Aguilar.

— (2000): *Historia de las historias de la nación mexicana*. México: Taurus.

— (2002): *Espejo Mexicano*. México: Fondo de Cultura Económica/Consejo Nacional para la Cultura y las Artes/Fundación Miguel Alemán.

Fox, Jonathan (2001): "Evaluación de las coaliciones binacionales de la sociedad civil a partir de la experiencia México-Estados Unidos", en *Revista Mexicana de Sociología,* 63. 3, julio-septiembre, 211-268.

Franco, Jean (1990): *Plotting Women: Gender and Representation in Mexico*. New York: Columbia University Press.

— (1993a): *Las conspiradoras: la representación de la mujer en México*. México: Fondo de Cultura Económica.

— (1993b): "Invadir el espacio público; transformar el espacio privado", en *Debate Feminista*, 4.8, 267-87.

Fregoso, Rosa Linda (1995): *The Bronze Screen. Chicana and Chicano Film Culture.* Minneapolis: University of Minnesota Press.

FRISCHMANN, Donald (1994): "New Mayan Theater in Chiapas: Anthropology, Literacy, and Social Drama", en Taylor, Diana/Villegas, Juan (eds.), *Negotiating Performance: Gender, Sexuality, & Theatricality in Latin/o America*. Durham/London: Duke University Press, 213-238.

— (2007): "Buscando el equilibrio. Teatro indígena en la conjunción de milenios", en Montemayor, Carlos/Frischmann, Donald (eds.), *Words of the True Peoples/Palabras de los Seres Verdaderos: Anthology of Contemporary Mexican Indigenous-Language Writers/Antología de Escritores Actuales en Lenguas Indígenas de México*. Austin: University of Texas Press, vol. 3, 48-77.

FUENTES, Carlos (1968): *La muerte de Artemio Cruz*. México: Fondo de Cultura Económica.

— (1979): *Aura*. México: Era.

GAMBOA, Federico (1979): *Santa*. México: Utopía.

GAMIO, Manuel (1982): *Forjando Patria*. México: Porrúa.

GARCÍA CANCLINI, Néstor (1995): *Consumidores y ciudadanos. Conflictos multiculturales de la globalización*. México: Grijalbo.

— (2004): *Diferentes, desiguales y desconectados. Mapas de la interculturalidad*. Barcelona: Gedisa.

GARRO, Elena (1963): *Los recuerdos del porvenir*. México: Joaquín Mortiz.

GILBERT, Dennos (1997): "Rewriting History: Salinas, Zedillo and the 1992 Textbook Controversy", en *Mexican Studies-Estudios Mexicanos*, 13.2, 271-298.

GIMÉNEZ, Gilberto (2000): "Identidades étnicas: estado de la cuestión", en Reina, Leticia (coord.), *Los retos de la etnicidad en los Estados-nación del siglo XXI*. México: CIESAS/Porrúa/Instituto Nacional Indigenista, 45-70.

— (2005): *Teoría y análisis de la cultura. Problemas teóricos y metodológicos*. México: Consejo Nacional para la Cultura y las Artes/ICOCULT, <http://www.Paginasprodigy.com/peimber/cultura.pdf> (27 de julio, 2009).

GLANTZ, Margo (ed.) (1994): *La Malinche, sus padres y sus hijos*. México: Taurus.

— (2001): *Apariciones*. México: Alfaguara.

GRANILLO VÁZQUEZ, Lilia (1993): "La abnegación maternal, sustrato fundamental de la cultura femenina en México", en Granillo-Vázquez, Lilia (ed.), *Identidades y nacionalismos*. México: Universidad Autónoma Metropolitana.

GONZÁLEZ, Noemí (2007): "Celebra Astrid Hadad 25 años de carrera", en *Reforma.com*, 28 de septiembre, <http://www.busquedas.gruporeforma.com/reforma/Documentos/DocumentoArtCom.aspx>.

GUTIÉRREZ, Laura (2001): "Reframing the Retablo; Mexican Feminist Critical Practice in Ximena Cueva's Corazon Sangrante", en *Feminist Media Studies,* 1, 73-90.

— (2000): "Performing identities: Chicana and Mexicana performance art in the 90s". Diss. University of Wisconsin.

GUTIÉRREZ-CHONG, Natividad (2004): "Tendencias de estudio de nacionalismo y mujeres", en Íd. (ed.): *Mujeres y nacionalismos en América Latina*. México: Universidad Nacional Autónoma de México, 19-65.

Hadad, Astrid (s. a. 1): “Historia”, en <www. astridhadad.com> (25 de julio, 2005).

— (s. a. 2): “Shows”, en <www.astridhadad.com> (25 de julio, 2005).

Hall, Stuart (1996): “Who Needs Identity?”, en Hall, Stuart/Gay, Paul du (eds.), *Questions of Cultural Identity*. London: Sage, 1-17.

Hind, Emily (2001): “Historical Arguments: Carlos Salinas and Mexican Women Writers”, en *Discourse* 23.2, primavera, 82-101, <http.//www.muse.jhu.edu/journals/discourse/toc/dis23.2.html> (16 de octubre, 2005).

— (2003): *Entrevistas con quince autoras mexicanas*. Madrid/Frankfurt: Iberoamericana/Vervuert.

Hernández, Aída R. *et al.* (s. a.): “Proyecto colectivo. ‘Viejos y Nuevos Espacios de Poder: Mujeres Indígenas, Organización Colectiva y Resistencia Cotidiana’”. Centro de Investigaciones y Estudios Superiores en Antropología Social, en <http://www.ciesas.edu.mx/proyectos/pagina/t/proyectocolectivo.pdf> (7 de septiembre, 2007).

Hernández-Albujar, Yolanda (2007): “The Symbolism of Video. Exploring Migrant Mother’s Experiences”, en Stanczak, Gregory (ed.), *Visual Research Methods. Image Society and Representation.* Los Angeles: Sage, 281-306.

Hershfield, Joanne (2000): *The Invention of Dolores del Río*. Minneapolis: University of Minnesota Press.

Higgins, Dick (1976): “The Origins of Happening”, en *American Speech* 51.3/4, 268-271.

Hurtado, Aida (2003): *Voicing Chicana Feminisms:Young Women Speak Out on Sexuality and Identity*. New York: New York University Press.

Iglesias Prieto, Norma (2003): “Retratos cinematográficos de la frontera. El cine fronterizo, el poder de la imagen y la redimensión del espectáculo cinematográfico”, en Valenzuela Arce, José Manuel (coord.), *Por las fronteras del Norte*. México: Consejo nacional para la Cultura y las Artes/Fondo de Cultura Económica, 328-363.

Iturbide, Graciela (1994): “Los ojos de Graciela Iturbide”, en Poniatowska, Elena (comp.), *Luz y luna, las lunitas*. México: Era, 97-111.

“Jesusa Rodríguez”, en <http://elhabito.dnsalias.com/inicio.html> (10 de agosto, 2008).

Jodorowksy, Alejandro (s. a. #1): “Bibliografía de Alejandro Jodorowsky”, en <http://www.clubcultura/clubliteratura/clubescritores/jodorowsky/home.htm> (30 de junio, 2005).

— (s. a. #2): “Autoentrevista”, en <http://www.clubcultura/clubliteratura/clubescritores/jodorowsky/home.htm> (30 de junio, 2005).

— (s. a. #3): “Óperas pánicas”, en <http://www.clubcultura.com/clubliteratura/clubes critores/home.htm> (30 de junio, 2005).

Jordan, June (1990): “Black feminism: the politics of articulation”, en Rutherford, J. (ed.), *Identity: Community, Culture, Difference*. London: Lawrence and Wishart, 101-26.

JORGENSEN, Beth (1994): *The writing of Elena Poniatowska. Engaging Dialogues*. Austin: University of Texas Press.

JUÁREZ ESPINOSA, Isabel (2005). "Las risas de Pascuala", en Albaladejo, Ana (comp.), *La risa olvidada de la madre. 10 años de Fortaleza de la Mujer Maya*. Valencia: Ediciones La Burbuja.

— (2007): "Migración", en Montemayor, Carlos/Frischmann, Donald (eds.), *Words of the True Peoples/Palabras de los Seres Verdaderos: Anthology of Contemporary Mexican Indigenous-Language Writers/Antología de Escritores Actuales en Lenguas Indígenas de México*. Vol. 3. Austin: University of Texas Press, 220-229.

KAPLAN, Caren (1996): *Questions of Travel*. Durham: Duke University Press.

KATZ, Cindi/MONK, Janice (1993): *Full Circles: Geographies of Women over the Life Course*. London: Routledge.

LAGARDE Y DE LOS RÍOS, Marcela (2005): *Los cautiverios de las mujeres: madresposas, monjas, putas, presas y locas*. México: Universidad Nacional Autónoma de México.

LAMAS, Marta. "¿Madrecita santa?", en Florescano, Enrique (ed.), *Mitos Mexicanos*. México: Aguilar, 173-78.

— (2003): "Aborto, derecho y religión en el siglo XXI", en *Debate Feminista* 14.27, abril, 139-164.

LERNER, Jesse (2002): "La exportación de lo mexicano. Hugo Brehme en casa y en el extranjero", en *Alquimia-Hugo Brehme. Los prototipos mexicanos* 6.16, 30-38.

LEÓN PORTILLA, Miguel (1989): *Visión de los vencidos: relaciones indígenas de la conquista*. México: Universidad Nacional Autónoma de México.

LÓPEZ, Ana (1993): "Tears and Desire: Women Melodrama in the 'Old Mexican' Cinema", King, J./López, A./Alvarado, M. (eds.), *Mediating Two Worlds: Cinematic Encounters in the Americas*. London: BFI, 147-163.

LÓPEZ GONZÁLEZ, Aralia (1991): *La espiral parece un círculo: la narrativa de Rosario Castellanos: análisis de Oficio de tinieblas y Álbum de familia*. México: Universidad Autónoma Metropolitana.

MALDONADO MARTÍNEZ, Ignacio (1990): "La familia en México: factor de estabilidad o cambio", en Ramírez Sáinz, Juan Manuel (ed.), *Normas y prácticas morales y cívicas en la vida cotidiana*. México: Universidad Nacional Autónoma de México, 127-166.

MALVIDO, Adriana (1993): *Nahui Olin, la mujer del sol*. México: Diana.

MARTÍNEZ, Eniac (1994): *Mixtecos*. México: Editor Grupo Desea.

MARTÍNEZ RUIZ, Diana Tamara (2008): "Tan lejos y tan cerca: La dinámica de los grupos migrantes desde una localidad michoacana en contexto transnacional". Dis. Centro de Investigaciones y Estudios Superiores en Antropología social (México).

MARRERO, Teresa (2003): "Eso sí pasa aquí: Indigenous Women Performing Revolutions in Mayan Chiapas", en Taylor, Diana/Costantino, Roselyn (eds.), *Holy*

Terrors: Latin American Women Perform. Durham: Duke University Press, 310-330.

MASSEY, Doreen (1992): "Politics, Space/ Time", en *New Left Review* 196, 65-84.

MAYER, Mónica (s. a. 1): "La revolución de las comadres", en <http://www.pintomiraya.com.mx/web_pinto_mi_raya/textosgenerales/larevoluciondelascomadres.htm> (15 de agosto, 2005).

— (s. a. 2): "Clase, género y arte: que no las vemos no quiere decir que no están", en *La Pala*, <http://www. Pintomiraya.com.mx/lapala_nuevaweb/articulos/articulo16.htm> (15 de agosto, 2005).

— (s. a. 3): "Del boom a bang: las performanceras mexicanas", en <http://www.creatividadfeminista.org/galeria2000/textos/performanceras.htm> (24 de agosto, 2005).

— (1984): "Propuesta para un arte feminista en México", en *Revista FEM*, IX.33, 12-15.

— (2004): *Rosa chillante*. México: Consejo Nacional para la Cultura y las Artes/Pinto mi raya/AVJ Ediciones.

MCCAUGHAN, Edward (2002): "Gender, Sexuality, and Nation in the Art of Mexican Social Movements", en *Nepantla: Views from the South* 3.1, 99-143.

— (2003): "Navegando pelo labirinto do silêncio: artistas feministas no México", en *Estudos Feministas* 11.1, 89-112.

MENESES VELÁSQUEZ, Marina (1997): "El camino de ser mujer en Juchitán", en Benholdt-Thomsen, Verónica (coord.), *Juchitán, la ciudad de las mujeres*. México: Instituto Oaxaqueño de las Culturas/Fondo Estatal para la Cultura y las Artes, 99-12.

MIANO BORRUSO, Marienella (2002): *Hombre, mujer y muxe' en el Istmo de Tehuantepec*. México: Consejo Nacional para la Cultura y las Artes/Plaza y Valdés.

"Población residente en Estados Unidos" (s. a.), en <http://www.conapo.gob.mx> (14 de junio, 2008).

MONSIVÁIS, Carlos (1978): "Notas sobre cultura popular", en *Latin American Perspectives*, 5.1, invierno, 98-118.

— (1992): *Escenas de pudor y liviandad*. México: Grijalbo.

— (1995): "Mythologies" (trad. de Ana M. López), en Paranagua, Antonio (ed.), *Mexican Cinema*. London: BFI/IMCINE/Consejo Nacional para la Cultura y las Artes.

— (1997): "La izquierda mexicana: lo uno y lo diverso", en *Fractal*, 5, 11-28.

— (1998): "Lo masculino y lo femenino al fin del milenio", en *Masculino y femenino al final de milenio*. México: Díler/Apis, A.C., 7-24.

— (2003): "No estamos en contra de las libertades sino de su ejercicio. (Sobre la derecha en México)", en *Debate Feminista*, 14.27, abril, 3-27.

MONSIVÁIS, Carlos/SCHERER GARCÍA, Julio (1999): *Parte de guerra. Tlatelolco 1968*. México: Nuevo Siglo/Aguilar.

MONSIVÁIS, Carlos/VÁZQUEZ BAYOL, Rafael (1992): *Frida Kahlo: una vida, una obra*. México: Consejo Nacional para la Cultura y las Artes/Era.

Montemayor, Carlos (2004): "Pasado y presente de la escritura en lenguas indígenas", en Montemayor, Carlos/Frischmann, Donald (eds.), *Words of the True Peoples/Palabras de los Seres Verdaderos: Anthology of Contemporary Mexican Indigenous-Language Writers/Antología de Escritores Actuales en Lenguas Indígenas de México*. Austin: University of Texas Press, vol. 1, 8-15.

Montes de Oca Vega, Mercedes (1997): "Los difrasismos en el náhuatl, un problema de traducción o de conceptualización", en *Amerindia*, 22, <http://www.vjf.cnrs.fr/celia/FichExt/Am/A_22_03.html> (30 de junio, 2005).

Morales, Alfonso (coord.) (2005 [1984]): *El país de las tandas*. México: Consejo Nacional para la Cultura y las Artes/Museo Nacional de Culturas Populares.

Morales, Lourdes (2007): "Del libro como estructura", en Debroise, Olivier (ed.), *La era de la discrepancia. Arte y cultura visual en México, 1968-1997*. México: Universidad Nacional Autónoma de México, 160-163.

Morett Sánchez, Jesús Carlos (1992): *Alternativas de modernización del ejido*. México: Diana.

Nash, June C. (2001): *Mayan Visions: The Quest for Autonomy in an Age of Globalization*. New York: Routledge Press.

Noble, Andrea (2005)) *Mexican National Cinema*. New York: Routledge.

Ortiz, Fernando (2002): *Contrapunteo cubano del tabaco y el azúcar.* Madrid: Cátedra.

Ortiz Monasterio, José (2004): *México eternamente: Vicente Riva Palacio ante la escritura de la historia*. México: Fondo de Cultura Económica/Instituto de Investigaciones Dr. José María Luis Mora.

Palomar Verea, Cristina (2004): "Malas madres': la construcción social de la maternidad", en *Debate Feminista* 15.30, 12-33.

Paz, Octavio (1994): *El laberinto de la soledad. Posdata. Vuelta al laberinto de la soledad*. México: Fondo de Cultura Económica.

Pérez Ruiz, Maya-Lorena (2003): "El estudio de las relaciones interétnicas en la antropología mexicana", en Valenzuela Arce, José Manuel (ed.), *Los estudios culturales en México*. México: Fondo de Cultura Económica, 117-207.

Pirott-Quintero, Laura E. (2001): "Strategic Hybridity in Carmen Boullosa's Duerme", en *CiberLetras*, 5 de agosto, <http://www.lehman.cuny.edu/ciberletras> (17 de agosto, 2006).

Polvo de Gallina Negra (1984): "Receta del grupo Polvo de Gallina Negra", en *Revista FEM* IX.33, 53.

— (1987a): "Correo # 5", "El triunfo de Mother-war o El desenlace de las guerras púbicas". *Proyecto ¡Madres!* Documento inédito.

— (1987b): "Correo # 4", "El misterio de la concepción o cómo hacerle para remover los asientos… del difunto". *Proyecto ¡Madres!* Documento inédito.

— (1987c): "Invitación al evento en el Museo Carrillo Gil". *Proyecto ¡Madres!* Documento inédito.

Poniatowska, Elena (1994): "Juchitán de las mujeres", en *Luz y luna, las lunitas*. México: Era, 77-95.

— (2000): *Las siete cabritas*. México: Era.

Pratt, Marie Louise (1994): "Mulher, literatura e irmandade nacional", en Buarque de Hollanda, Heloisa (ed.), *Tendências e impasses. O Feminismo como crítica*. Rio de Janeiro: Rocco, 127-157.

Puga, María Luisa (1983): *Pánico o peligro*. México: Siglo XXI.

"¿Quiénes somos?", <http://www.lasreinaschulas.com/q_somos.htm> (10 de agosto, 2008).

"¿Quiénes somos?", <http://www.cabaretito.com/portal/index.php?option=com_content&task=view&id=15&Itemid=32> (9 de agosto, 2008).

Radcliffe, Sarah/Westwood, Sallie (1996): *Remaking the Nation; Place, Identity and Politics in Latin America*. London: Routledge.

Rama, Ángel (1982): *Transculturación narrativa en América Latina*. México: Siglo XXI.

Ramírez Castañeda, Elisa (2001): "Fotografía indígena e indigenista", en *Ciencias* 60-61 octubre-marzo, 119-125.

Rebolledo, Tey Diana (1995): *Women Singing in the Snow: A Cultural Analysis of Chicana Literature*. Tucson: University of Arizona Press.

"Regina Orozco", en <www.reginaorozco.com> (8 de octubre, 2008).

"Relatoría del grupo de mujeres" (1998), en Anzaldo Meneses, Juan (comp.), *Nunca más un México sin nosotros: el camino del Congreso Nacional Indígena*. México: Centro de Estudios Antropológicos, Científicos, Artísticos, Tradicionales y Lingüísticos "Ce-Acatl".

Rich, Adrienne (1976): *Of Women Born: Motherhood as an Experience and Institution*. New York: Norton.

Riva Palacio, Vicente (1956): *México a través de los siglos: historia general y completa del desenvolvimiento social, político, religioso, militar, artístico, científico y literario de México desde la antigüedad más remota hasta la época actual; obra única en su género* Vol. II. México: Cumbre.

Rodríguez Cabrera, Verónica (s. a.): "Intervencionismo y Transformaciones en las Relaciones de Género en el Istmo de Tehuantepec", manuscrito inédito.

Rosales, Héctor/Béjar, Raúl (1999): "La identidad nacional mexicana como problema político y cultural", en Béjar, Raúl/Rosales, Héctor (coords.), *La identidad nacional mexicana como problema político y cultural*. México: Siglo XXI/CRIM, 25-107.

Rose, Gillian (1993): *Feminism and Geography. The Limits of Geographical Knowledge*. Minneapolis: University of Minnesota Press.

Rovira, Guiomar (2000): *Women of Maize. Indigenous Women and the Zapatista Rebellion*. London: Latin American Bureau.

Ruiz Campbell, Obdulia (1993): "Representations of Isthmus Women: A Zapotec Woman's Point of View", en Campbell *et al.* (eds.), *Zapotec Struggles: Histories, Politics, and Representations from Juchitan, Oaxaca*. Washington: Smithsonian Institute Press, 137-142.

RUY-SÁNCHEZ, Alberto (2000): "La trama de una cultura", en Ruy-Sánchez, Alberto (coord.), *La Tehuana.* México: Revista Artes de México, 6.

"Salarios mínimos 2009", <http://www.sat.gob.mx/sitio_internet/asistencia_contribuyente/informacion_frecuente/salarios_minimos/default.asp> (19 de julio, 2009).

SALDÍVAR-HULL, Sonia (2000): "Epilogue. 'Refugees of a World on Fire'", en *Feminism on the Border. Chicana Gender Politics and Literature.* Berkeley: University of California Press, 161-172.

SALINAS DE GORTARI, Carlos (1994): "México: un paso difícil a la modernidad", en *México cívico. Los Informes de Carlos Salinas de Gortari ante la Nación.* México: Rayuela Editores. [<http://www.analitica.com/bitblioteca/gortari/modernidad.asp> (15 de julio, 2005).]

SÁNCHEZ, Jesús Carlos (1992): *Alternativas de modernización del ejido.* México: Diana.

SANDOVAL-SÁNCHEZ, Alberto/SAPORTA-STERBACH, Nancy (2001): *Stages of Life. Transcultural Performance and Identity in U.S. Latina Theater.* Tucson: The University of Arizona Press.

SEKULA, Allan (1982): "On the Invention of Photographic Meaning", en Burgin, Victor (ed.), *Thinking Photography.* London: Macmillan Education, 84-109.

SERRET, Estela (1999): "Identidad de género e identidad nacional en México", en Béjar, Raúl/Rosales, Héctor (coords.), *La identidad nacional mexicana como problema político y cultural.* México: Siglo XXI /CRIM, 240-75.

SEYDEL, Ute (2001): "La destrucción del cuerpo", en Domenella, Ana Rosa (coord.), *Territorio de leonas: cartografía de narradoras mexicanas en los noventa.* México: Universidad Autónoma Metropolitana/Casa Juan Pablos Centro Cultural, 215-227.

— (2007): *Narrar historia(s). La ficcionalización de temas históricos por las escritoras mexicanas Elena Garro, Rosa Beltrán y Carmen Boullosa (un acercamiento transdisciplinario a la ficción histórica).* Madrid/Frankfurt: Iberoamericana/Vervuert.

SIERRA, Aída (2000): "La creación de un símbolo", en Ruy-Sánchez, Alberto (coord.), *La Tehuana.* México: Revista Artes de México, 16-25.

SOMMER, Doris (1990): "Irresistible romance: The Foundational Fictions of Latin America", en Bhabha, Homi (ed.), *Nation and Narration.* London: Routledge, 71-98.

STEELE, Cynthia (1992): *Politics, Gender, and the Mexican Novel, 1968-1988.* Texas: University Texas Press.

— (1994): "A Woman Fell into the River': Negotiating Female Subjects in Contemporary Mayan Theater", en Taylor, Diana/Villegas, Juan (eds.), *Negotiating Performance: Gender, Sexuality, and Theatricality in Latin/o America.* Durham: Duke University Press, 239-256.

Stephen, Lynn (1999): "The Construction of Indigenous Suspects: Militarization and the Gendered and Ethnic Dynamics of Human Rights Abuses in Southern Mexico", en *American Ethnologist*, 26.4, noviembre, 822-842.

Taylor, Analisa (2005): "The Ends of Indigenismo in México", en *Journal of Latin American Cultural Studies*, 14.1, 75-86.

Taibo I, Paco Ignacio (2002): *La Doña*. México: Planeta.

"Tequilera, La", Producciones Astrid Hadad. Official Site, <http://profile.myspace.com/index.cfm?fuseaction=user.viewprofile&friendid=132916377> (7 de noviembre, 2007).

Toledo, Martha (2001): "Martha Toledo. El ciclo vital de las mujeres juchitecas", en *Private. Fotografía Mexicana de Hoy*, 20, 6.

— (2006 [2006]): "Recuerdos de mi tierra. Photographic Gallery", en Gosling, Maureen (dir.), *Blossoms of Fire*. New Yorker Films.

Tuñón, Julia (1998): *Mujeres de luz y sombra en el cine mexicano. La construcción de una imagen, 1939-1952*. México: El Colegio de México/Instituto Mexicano de Cinematografía.

— (2000): *Los rostros de un mito. Personajes femeninos en las películas de Emilio Indio Fernández*. México: Arte e Imagen/Consejo Nacional para la Cultura y las Artes.

Ubaldi, Norma (2003): "Sobre aborto y políticas públicas", en *Debate Feminista*, 14.27, abril, 165-182.

Underiner, Tamara (2004): *Contemporary Theatre in Mayan Mexico: Death-Defying Acts*. Austin: University of Texas Press.

Valenzuela Arce, José Manuel (1999): *Impecable y Diamantina. La deconstrucción del discurso nacional*. México: El Colegio de la Frontera Norte/Iteso.

— (2003): "Centralidad de las fronteras: Procesos socioculturales en la frontera México-Estados Unidos", en Valenzuela Arce, José Manuel (coord.), *Por las fronteras del Norte*. México: Consejo Nacional para la Cultura y las Artes/Fondo de Cultura Económica, 33-67.

Varese, Stephano (2004): "Entre el tianguis y los designios neoimperiales: etnopolítica de la migración transnacional indígena", en Varese, Stephano/Escárcega, Sylvia (coords.), *La ruta mixteca*. México: Universidad Nacional Autónoma de México, 351-407.

Varese, Stephano/Escárcega, Sylvia (2004): "Introducción", en Varese, Stephano/Escárcega, Sylvia (coords.), *La ruta mixteca*. México: Universidad Nacional Autónoma de México, 15-37.

Vasconscelos, José (1948): *La raza cósmica: misión de la raza iberoamericana*. México: Espasa-Calpe.

Vázquez Mantecón, Álvaro (2007): "Los grupos: una reconsideración", en Debroise, Olivier (ed.), *La era de la discrepancia. Arte y cultura visual en México, 1968-1997*. México: Universidad Nacional Autónoma de México, 194-96.

Velasco, Beatriz (2001): "Astrid Hadad. Mexicana de corazón", en *Reforma.com*, 14 de septiembre, <http://busquedas.gruporeforma.com/reforma/Documentos/

DocumentoArtCom.aspx?ValoresForma=133042,astrid+hadad+mexicana+de+corazon,ArticulosGC_Reforma>.

VINASCO PIÑA, Humberto (s. a.): "Lucha Reyes", en *Vista USA Magazine*, X.102, <http://www.vistausa.com/Nostalgias/LReyesMex.htm> (30 de junio, 2004).

WEBER, Max (1968): *Economy and Society*. Totowa: Bedminster Press, 3 vols.

WITTIG, Monique (1992): *The straight mind and other essays*. Boston: Beacon Press.

"Yolanda Cruz. La cineasta" (s. a.), <http://www.petate.com> (28 de agosto, 2008).

ZAMORANO VILLAREAL, Gabriela (2005): "Entre Didjazá y la Zandunga: Iconografía y autorrepresentación indígena de las mujeres del Istmo de Tehuantepec", en *Liminar* 3.2, 21-33.

Filmografía, videografía, discografía

Blossoms of Fire (2006 [2001]). Dir. Maureen Gosling. New Yorker Films.

Corazón sangrante (1991). Dir. Ximena Cuevas. Perf. Astrid Hadad. Video Data Bank.

Danzón (1991). Dir. María Novaro. Perf. María Rojo, Carmen Salinas, Margarita Isabel, Tito Vasconcelos. Columbia Tristar.

HADAD, Astrid (1990): *¡Ay!* México: Discos Cabaret.

— (1995): *Corazón sangrante.* México: Discos Cabaret.

— (2000): *Heavy Nopal en vivo.* México: Discos Continental.

— (2003): *La cuchilla*. México: Discos Continental.

— (2007): *¡Oh! Diosas*. México: Producciones Astrid Hadad.

HADAD, Astrid/CUEVAS, Ximena (1993): *Corazón Sangrante*. New York: Latin American Video Archives.

La cuchilla (2004), por Astrid Hadad. El Bataclán, Ciudad de México.

"Madre por un día" (1987), por Maris Bustamante y Mónica Mayer (Polvo de Gallina Negra), en Guillermo Ochoa (cond.), *Nuestro Mundo*. Televisa, Canal 2, México, D.F., 28 de agosto.

Muxe: Auténticas, intrépidas y buscadoras del peligro. Dir. Alejandra Islas. Instituto Mexicano de Cinematografía, 2005.

¡Oh, diosas! Por Astrid Hadad. El Bataclán, Ciudad de México, 2006.

¡Qué viva México! Dir. Sergei Eisenstein. (Sovexportfilm, 1979). Kino Video, 2001.

Sandunga, La. Dir. Fernando de Fuentes. Perf. Lupe Vélez, Rafael Falcón, Arturo de Córdova. Films Selectos, 1938.

Sin dejar huella (2000). Dir. María Novaro. Perf. Aitana Sánchez-Gijón, Tiare Scanda, Jesús Ochoa. Tabasco Films.

Sueños binacionales/Binational Dreams (2006). Dir. Yolanda Cruz. Petate Films.

Y si ella es México. ¿Quién la golpeó? (1998), por Lorena Wolffer. Yerbabuena Center for the Arts, San Francisco.

NEXOS Y DIFERENCIAS
ESTUDIOS DE LA CULTURA DE AMÉRICA LATINA

Bencomo, Anadeli: **Voces y voceros de la megalópolis. La crónica periodístico-literaria en México.** 2002, 210 p. (Nexos y diferencias. Estudios de la Cultura de América Latina, 4) ISBN 9788484890683 (N°: 521068)
* *La autora analiza las peculiaridades de la representación urbana en la crónica periodístico-literaria contemporánea mexicana y a través de ella, la cultura urbana y masiva de los habitantes de la Ciudad de México.*

Beverley, John: **Subalternidad y representación. Debates en teoría cultural.** 222 p. (Nexos y diferencias. Estudios de la Cultura de América Latina, 12) ISBN 9788484891505 (N°: 521150)
* *Versión española, revisada y actualizada, de* Subalternity and representation *en la que el autor se interroga sobre el poder y la representación como autoridad cognitiva en las relaciones entre EE.UU. y América Latina.*

Birkenmaier, Anke: **Alejo Carpentier y la cultura del surrealismo en América Latina.** 2006, 292 p. (Nexos y diferencias. Estudios de la Cultura de América Latina, 15) ISBN 9788484891956 (N°: 521195)
* *Basándose en una investigación de autógrafos inéditos o desconocidos del autor cubano, se recrea el ambiente cultural que desemboca en la narrativa surrealista latinoamericana.*

Brugal, Yana Elsa; Rizk, Beatriz (eds.): **Rito y representación. Los sistemas mágico-religiosos en la cultura cubana contemporánea.** 2003, 282 p. (Nexos y diferencias. Estudios de la Cultura de América Latina, 6) ISBN 9788484890850 (N°: 521085)
* *Testimonio sin precedentes del alcance que las diferentes manifestaciones que las culturas de origen africano han tenido en el panorama de las artes y la literatura cubanas, así como en la construcción de la identidad de la isla.*

Casanova Marengo, Ilia: **El intersticio de la colonia. Ruptura y mediación en la narrativa antiesclavista cubana.** 2002, 126 p. (Nexos y diferencias. Estudios de la Cultura de América Latina, 3) ISBN 9788484890676 (N°: 521067)
* *Plantea un acercamiento a la narrativa antiesclavista cubana como producto de diversos intereses de poder. Se estudian las obras* Autobiografía de un esclavo *de Manzano,* Sab *de Avellaneda y* Cecilia Valdés *de Villaverde.*

Duno Gottberg, Luis: **Solventando las diferencias. La ideología del mestizaje en Cuba.** 2003, 236 p. (Nexos y diferencias. Estudios de la Cultura de América Latina, 9) ISBN 9788484890911 (N°: 521091)

* *Aborda los discursos raciales y propone una relectura de figuras canónicas del pensamiento cubano de los siglos* XIX *y* XX. *Entre otros, analiza la ideología del mestizaje en Guillén, Gómez de Avellaneda, Carpentier y Lezama Lima.*

González Stephan, Beatriz: **Fundaciones: canon, historia y cultura nacional. La historiografía literaria del liberalismo hispanoamericano del siglo XIX.** 2002, 300 p. (Nexos y diferencias. Estudios de la Cultura de América Latina, 1) ISBN 9788484890126 (N°: 521012)
* *Desde su primera edición en 1987, cuando recibió el Premio Casa de las Américas, la obra se ha convertido en un clásico de la historiografía literaria hispanoamericana. Esta segunda edición está corregida y actualizada.*

González-Ortega, Nelson: **Relatos mágicos en cuestión. La cuestión de la palabra indígena, la escritura imperial y las narrativas totalizadoras y disidentes de Hispanoamérica.** 2006, 276 p. (Nexos y diferencias. Estudios de la Cultura de América Latina, 16) ISBN 9788484892458 (N°: 521245)
* *El autor suspende las fronteras entre la historia, la literatura y la sociología para analizar como "literatura" textos como el "Popol Vuh", el "Manuscrito de Huarochirí" o los comunicados del llamado "subcomandante Marcos".*

Grossi, Verónica: **Sigilosos v(u)elos epistemológicos en Sor Juana Inés de la Cruz.** 2007, 190 p. (Nexos y diferencias. Estudios de la Cultura de América Latina, 20) ISBN 9788484893103 (N°: 521310)
* *A partir de un amplio despliegue cultural, desarrolla un análisis alegórico de tres obras clave de Sor Juana hasta ahora no relacionadas entre sí:* Primero sueño, El Divino Narciso *y* Neptuno alegórico.

Hadatty Mora, Yanna: **Autofagia y narración. Estrategias de representación en la narrativa iberoamericana de vanguardia, 1922-1935.** 2003, 166 p. (Nexos y diferencias. Estudios de la Cultura de América Latina, 10) ISBN 9788484890874 (N°: 521087)
* *Analiza la crisis de la representación en la obra de los vanguardistas iberoamericanos, un análisis centrado en Benjamín Jarnés, Efrén Hernández, Pablo Palacio, Gerardo Diego, Pedro Salinas, García Lorca, etc.*

Haesendonck, Kristian van: **¿Encanto o espanto? Identidad y nación en la novela puertorriqueña actual.** 2008, 256 p. (Nexos y diferencias. Estudios de la Cultura de América Latina, 22) ISBN 9788484893301 (N°: 521330)
* *Aúna la teoría psicoanalítica sobre la abyección, los discursos recientes sobre la identidad nacional y la lectura detenida de tres novelas puertorriqueñas contemporáneas como acercamiento a la teoría poscolonial.*

Komi, Christina: **Recorridos urbanos. La Buenos Aires de Roberto Arlt y Juan Carlos Onetti.** 2009, 272 p. (Nexos y diferencias. Estudios de la Cultura de América Latina, 26) ISBN 9788484894902 (N°: 521490)

* *A partir de sendos autores, propone una lectura paralela de la literatura y de la ciudad con el objetivo de destacar algunos aspectos de la experiencia moderna y las múltiples connotaciones del espacio urbano.*

Lienhard, Martin: **Disidentes, rebeldes, insurgentes. Resistencia indígena y negra en América Latina. Ensayos de historia testimonial.** 2008, 164 p. (Nexos y diferencias. Estudios de la Cultura de América Latina, 21) ISBN 9788484893493 (N°: 521349)
* *Basado en testimonios directos de rebeldes indios y negros, el libro busca, trasladando los principios de la historia oral al estudio de archivos, enfocar la actuación de los individuos disidentes desde su propia lógica sociocultural.*

Lienhard, Martin (coord.): **Discursos sobre (l)a pobreza. América Latina y/e países luso-africanos. Colaboración/colaboração Annina Clerici y/e Marília Mendes.** 2006, 442 p. (Nexos y diferencias. Estudios de la Cultura de América Latina, 17) ISBN 9788484892496 (N°: 521249)
* *Compilación de estudios que analizan en qué medida los discursos sobre la pobreza (en los medios de comunicación, la literatura, el arte) contribuyen a agudizar la imagen que se tiene de ella, sus causas y erradicación.*

Lienhard, Martin (coord.): **Ritualidades latinoamericanas. Un acercamiento interdisciplinario/Uma aproximação interdisciplinar.** 2003, 440 p. (Nexos y diferencias. Estudios de la Cultura de América Latina, 5) ISBN 9788484890652 (N°: 521065)
* *Compilación de ensayos de prestigiosos especialistas que se interrogan sobre la función, lenguaje y pervivencia de los rituales públicos en las colectividades populares de América Latina y el Caribe.*

Mattalia, Sonia: **Máscaras suele vestir. Pasión y revuelta: escrituras de mujeres en América Latina.** 2003, 328 p. (Nexos y diferencias. Estudios de la Cultura de América Latina, 7) ISBN 9788484890867 (N°: 521086)
* *Investiga el proceso de creación de la identidad femenina en la escritura de mujeres y en distintos momentos del proceso histórico latinoamericano (del Barroco hasta hoy) a partir del psicoanálisis y la crítica feminista.*

Montoya Juárez, Jesús; Esteban, Ángel (eds.): **Entre lo local y lo global. La narrativa latinoamericana en el cambio de siglo (1990- 2006).** 2008, 232 p. (Nexos y diferencias. Estudios de la Cultura de América Latina, 23) ISBN 9788484893929 (N°: 521392)
* *Conjunto de lecturas sobre la narrativa latinoamericana de las últimas dos décadas, la discusión de sus formas de existencia o inexistencia y su transcripción de la complejidad de un mundo marcado por la globalización.*

Moraña, Mabel; Olivera-Williams, María Rosa; (eds.): **El salto de Minerva. Intelectuales, género y Estado en América Latina.** 2005, 342 p. (Nexos y diferencias. Estudios de la Cultura de América Latina, 14) ISBN 9788484892113 (N°: 521211)

** Análisis transdisciplinario de casos de literatura femenina latinoamericana en los que la creación intersecta con las reformulaciones de género y con la institucionalización del poder político y cultural.*

Niemeyer, Katharina: **Subway de los sueños, alucinamiento, libro abierto. La novela vanguardista hispanoamericana.** 2004, 494 p. (Nexos y diferencias. Estudios de la Cultura de América Latina, 11) ISBN 9788484891260 (N°: 521126)

** El presente volumen ofrece, por primera vez, un estudio poetológico y una historia general de la novela vanguardista hispanoamericana en sus múltiples facetas y sus repercusiones coetáneas.*

Ortiz, Lucía (ed.): **"Chambacú, la historia la escribes tú". Ensayos sobre cultura afrocolombiana.** 2007, 404 p. (Nexos y diferencias. Estudios de la Cultura de América Latina, 18) ISBN 9788484892663 (N°: 521266)

** Estudia la obra de autores afrocolombianos, entre otros, Candelario Obeso, Jorge Artel, Juan y Manuel Zapata Olivella, así como la representación del negro en la literatura nacional desde la colonia hasta el presente.*

Peluffo, Ana; Sánchez Prado, Ignacio M. (eds.): **Entre hombres: masculinidades del siglo XIX en América Latina.** 2010, 335 p. (Nexos y diferencias. Estudios de la cultura de América Latina, 27) ISBN 9788484894919 (N°: 521491)

** Propuesta de una lectura sexo-genérica del siglo XIX que busca deconstruir el carácter aparentemente homogéneo de la fraternidad letrada, desvelando la masculinidad como constructo cultural y performativo.*

Perkowska, Magdalena: **Historias híbridas. La nueva novela histórica latinoamericana (1985-2000) ante las teorías posmodernas de la Historia.** 2008, 372 p. (Nexos y diferencias. Estudios de la Cultura de América Latina, 19) ISBN 9788484893196 (N°: 521319)

** Examina la novela histórica como un locus de reflexión acerca de la Historia y el discurso histórico en el contexto de los debates posmodernos sobre esta disciplina, su conocimiento y su narración.*

Quintero, Ángel: **Cuerpo y cultura. Las músicas "mulatas" y la subversión del baile.** 2009, 394 p. (Nexos y diferencias. Estudios de la Cultura de América Latina, 24) ISBN 9788484894216 (N°: 521421)

** Examen de la historicidad de los significados sociales y culturales del baile en la América mulata, especialmente en el Caribe, espacio distinguido por su insistencia, pasión y creatividad en la música y el baile.*

Santos, Lidia: **Kitsch Tropical. 2ª edición. Los medios en la literatura y el arte de América Latina. Premiado por LASA como "Mejor libro sobre Brasil en perspectiva comparada 2004".** 2004, 262 p. (Nexos y diferencias. Estudios de la Cultura de América Latina, 2) ISBN 9788484891185 (N°: 521118)
** Este estudio enseña cómo la utilización* camp *de lo* kitsch *y lo cursi (folletines y novelas rosas, radio y telenovelas, tango y bolero, o el cine norteamericano de los años 40 y 50) ha servido para sobrepasar al realismo.*

Schmidt-Welle, Friedhelm (ed.): **Ficciones y silencios fundacionales. Literaturas y culturas poscoloniales en América Latina (siglo XIX).** 2003, 418 p. (Nexos y diferencias. Estudios de la Cultura de América Latina, 8) ISBN 9788484891017 (N°: 521101)
** Artículos sobre las ficciones y silencios en el proceso de fundación de las literaturas y culturas nacionales, elementos que derivan del afán homogeneizador de los intelectuales de las elites criollas.*

Sklodowska, Elzbieta: **Espectros y espejismos: Haití en el imaginario cubano.** 2009, 342 p. (Nexos y diferencias. Estudios de la Cultura de América Latina, 25) ISBN 9788484894438 (N°: 521443)
** El libro responde a un impulso de abordar los desencuentros cubano-haitianos desde una perspectiva predominantemente crítico-literaria, un tema aún no muy estudiado en el área de los estudios literarios y culturales.*

Suárez, Juana: **Sitios de contienda. Producción cultural colombiana y el discurso de la violencia.** 2010, 310 p. (Nexos y Diferencias. Estudios de la Cultura de América Latina, 28) ISBN 9788484892793 (N°: 521279)
** A partir de las últimas discusiones sobre modernidad y posmodernidad en América Latina replantea el concepto de violencia en Colombia analizándolo como una heterogeneidad de manifestaciones.*

Vanden Berghe, Kristine: **Narrativa de la rebelión zapatista. Los relatos del Subcomandante Marcos.** 2005, 224 p. (Nexos y diferencias. Estudios de la Cultura de América Latina, 13) ISBN 9788484891772 (N°: 521177)
** La autora analiza los relatos literarios del portavoz del así llamado Ejército Zapatista, sus intertextos y su supuesto valor literario.*

